研究生，顾名思义，强调研究。

中国古人造字很有智慧，“研”者，意即将石头打开，探究其纹理、道理；“究”者，意即在洞穴里待很久，强调修练、工夫和坚持。

处于教育系统“塔尖”的研究生教育，对于如何培养杰出人才、创新人才，要做出反思和贡献。寓道创新，不失为其关键。

研究生教育研究

寓道创新

YANJIUSHENG JIAOYU YANJIU
YUDAO CHUANGXIN

肖海涛　曾静　何悦　张盼◎著

華中科技大學出版社
http://www.hustp.com
中国·武汉

图书在版编目（CIP）数据

研究生教育研究：寓道创新/肖海涛等著．—武汉：华中科技大学出版社，2022.6
ISBN 978-7-5680-8286-0

Ⅰ.①研… Ⅱ.①肖… Ⅲ.①研究生教育-研究-中国 Ⅳ.①G643

中国版本图书馆CIP数据核字（2022）第097334号

研究生教育研究：寓道创新 肖海涛 等 著

Yanjiusheng Jiaoyu Yanjiu：Yudao Chuangxin

策划编辑：钱 坤
责任编辑：吴柯静
封面设计：原色设计
版式设计：赵慧萍
责任校对：张汇娟
责任监印：周治超
出版发行：华中科技大学出版社（中国·武汉） 电话：（027）81321913
武汉市东湖新技术开发区华工科技园 邮编：430223
录 排：华中科技大学出版社美编室
印 刷：湖北金港彩印有限公司
开 本：710mm×1000mm 1/16
印 张：17 插页：2
字 数：262千字
版 次：2022年6月第1版第1次印刷
定 价：88.00元

华中出版

前　言

当今世界，科学技术突飞猛进，知识经济已见端倪，国力竞争日益激烈。国力的竞争，归根结底，是科技的竞争，是创新的竞争，是人才的竞争。

人才的造就，离不开教育，特别是高等教育；而高等教育中，研究生教育又特别重要。要从“高等教育大国”，走向“高等教育强国”，没有高质量的研究生教育是实现不了的，对此，研究生教育承担着更大的责任。

研究生教育，包括硕士生教育和博士生教育，处于教育系统的最高层次，是教育系统的“塔尖”，是高等教育中的精英教育，对社会发展具有重要的作用，是国之大计。一方面，它承担着为社会培养高级专门人才的任务，承担着发展科技、追求创新的使命，另一方面它更肩负着促进社会文明进步、引领社会发展方向的使命。如果说，现代高等教育已经成为一个国家核心竞争力的重要指标，那么，研究生教育是其中的关键之一。对此，必须上升到国家战略和国家意志的高度来认识。

应该承认，改革开放以来，我国研究生教育取得了巨大成绩，特别是高等教育大众化以来，研究生教育规模持续扩张。而且研究生教育规模扩张的比例远远超过本科生扩张的比例。目前，中国研究生数量居世界前列，有人戏称为“研究生也大众化了”。研究生教育的发展无疑为中国经济的飞速发展做出了巨大贡献。

研究生肩负重任。研究生群体，是国民教育体系中受教育程度最高的群体，是社会发展和国家创新体系的生力军，是实现中华民族伟大复兴的“中国梦”的重要力量，他们，特别是博士生更应该是拔尖创新人才。所谓拔尖创新，绝不是一般创新，而是追求重大的、原创性的、影响深远的创新。“今天的桃李，明天的栋梁”。研究生不仅要基础扎实，还要专业过硬，力图创新，更要德才兼备，成为社会的栋梁。

但是，毋庸讳言，当前的研究生教育还存在一些问题。这也和现代性中的一些危机是相关的。现代社会高科技飞速发展，物质供应日益丰富，但是人们的幸福感并没有与科学技术发展同步。人们的生存环境日益物质化，日益承受着巨大的竞争压力和生存压力。在“压力山大”面前，不少人在高速生活中匆匆赶路，陷入“忙—盲—茫”之中：整天忙忙碌碌，却经常陷入盲目之中，迷茫之中，仿佛是原地高速旋转的陀螺，快则快矣，却找不到方向，内心世界充溢着焦虑恐惧、空虚疲惫、浮躁不安、彷徨失措，而且价值观混乱、缺乏美感……对于自己内心的声音、内心的安宁，人们无暇顾及，无所适从，无能为力。

科学家钱学森先生曾饱含深情和期待地提出：“为什么我们的学校总是培养不出杰出人才?!”这著名的“钱学森之问”，既是巨大的问号，也是巨大的感叹号，它既是对当前教育和人才培养问题的现实拷问，也是当代社会对杰出人才的热切期盼。它引发出社会的广泛共鸣，不仅是教育层面，还包括学术层面、思想层面，更包括体制层面等。处于教育系统“塔尖”的研究生教育，对于如何培养杰出人才、创新人才当然要做出反思和回应。

因此，现行研究生教育质量需要引起高度关注，特别是研究生探究能力和创新能力不足的问题。发展研究生探究能力，成为当前研究生教育重要的课题，成为社会的热切期盼。但是，相较于一般高等教育研究而言，当前研究生教育研究仍显不足。特别是当前研究生教育中还存在不少问题，需要引起高度重视，进行专题研究。本书试图研究和讨论研究生的人文化素养和探究能力培养。

一、研究生教育的特殊性

研究研究生教育，首先要了解研究生教育的特殊性。

作为处于教育系统最高层次的研究生教育，从教育对象到教学组织、培养方式、制度安排等方面都有其特殊性。大体来说，研究生教育的特殊性包括如下几个方面：

（1）教育对象的高层次性；

（2）教育内容的专深性；

（3）教育活动的探究性；

（4）培养方式的导师制；

（5）教育组织的学术探究性。

（一）教育对象的高层次性

研究生教育的对象具有高层次性。这种高层次性具有两层含义：一是就研究生群体本身而言；二是就培养目标而言。

第一，研究生群体本身具有高层次性。

作为高校学生群体的一个重要组成部分，研究生群体既有高校学生群体的共性，也有研究生特有的高层次性。总体而言，他们是经历过层层考试，层层选拔出来的精英。不论是知识基础、智力水平，还是独立性和心理承受力等，他们都出类拔萃。相较于一般的本、专科生而言，他们在基础知识、基础理论、思维方式、综合能力等方面受过良好的培养和训练，他们的心理素质和思考能力相对成熟，有主见，对自己的能力更加自信；学习与生活上，也具有更高的自觉性，学习方式也更加灵活多样；在人生观上，他们往往追求更高层次的精神需求。

第二，研究生的培养目标具有高层次性。

研究生教育处于教育金字塔的顶层，其教育目的从属于高等教育目的，与本、专科教育目的一脉相承。但是，研究生教育所要培养的人才规格远远高于本、专科教育。而且，随着高等教育普及化的推进，本、专科教育越来越成为高等教育中基础性教育阶段，研究生教育越来越成为精英人才培养的主要阶段，承担起培养精英的社会使命与理想。

研究生教育对象的高层次性表明：研究生教育不同于一般的本、专科教育，在高层次人才培养中，切不可将本科生与研究生简单笼统地混为一谈，将研究生教育本科化。也就是说，一方面，研究生教育必须回应教育对象高层次性的诉求，要立足于研究生群体在思维方式、心理素质、人生观念、价值追求等方面的特殊性；另一方面，也不可就此断定研究生已经具备完全的自主能力，而无须导师指导就能达成研究生教育目标。

（二）教育内容的专深性

研究生教育的内容具有专深性。这里所谓“专深”具有两层含义：一是指“专业”，一是指“高深”。

这里的“专业”，是指由学科知识分化而产生的知识的专业化领域。专业是研究生教育教学活动得以运作的基本载体。“研究生的学习计划要反映学科领域的专业化”，并且，其“学科专业化比任何其他层次的学科专业化更普遍和更受重视”①。由于这种专业化特别明显，实际导致各个专业之间形成了各自独特的研究领域、研究方法，甚至研究思维。俗话说，“隔行如隔山”，讲的就是这种专业性。而为了突出这种专业性，在专门知识领域的学习和创造方面，研究生教育往往有着进一步加深、拓宽的要求。

这里的“高深”，是指高深学问。根据美国学者布鲁贝克在《高等教育哲学》中所述，高深学问是“还处于已知与未知之间的交界处，或者虽然已知，但由于它们过于深奥神秘，常人的才智难以把握”的那些学问②。另外，布鲁贝克也明确指出：“在某种意义上，所谓‘高深’只是程度不同。但在另一种意义上，这种程度在教育体系的上层是如此突出，以致使它成为一种不同的性质。教育阶梯的顶层所关注的是深奥的学问。”③

研究生教育的专深性是为培养高层次专门人才服务的。它不同于本科教育主要致力于学习累积专业基础知识来达到德、智、体、美

---

① 联合国教科文组织教育统计局．国际教育标准分类［M］．国家教育委员会教育发展与政策研究中心，译．北京：人民教育出版社，1988：9.

② ［美］布鲁贝克．高等教育哲学［M］．王承绪，郑继伟，张维平，等译．杭州：浙江教育出版社，1987：2-3.

③ ［美］布鲁贝克．高等教育哲学［M］．王承绪，郑继伟，张维平，等译．杭州：浙江教育出版社，1987：2.

等方面的全面发展，研究生教育以探索知识、发展知识、生产知识等作为基本内容，而且强调引导研究生深入学习专业基础理论和专业知识，并在此基础上，通过科研和实践，使其成为掌握系统的专门知识，具备良好的研究能力、创新能力的高层次专业人才。

值得注意的是，在实践中，研究生教育内容的专深性往往出现“重专轻博”的倾向，甚至是对“博”的忽视。也就是说，在致力于学科纵深发展的同时，忽视不同学科之间的联系；提高学生专业知识和能力的同时，忽视对其道德修养、价值观念、人文修养等的培养。

（三）教育活动的探究性

作为整个教育体系中的最高层次，研究生教育在本质上是以“研究”“探索”为内容、特征和培养方式的一种教育。

研究生教育最基本的特性，就是探究的特性。可以说，研究生教育是探究的场所。研究生教育及研究生教育研究要重视这个最基本特性。正如有学者指出：“研究生教育在不同的时代有不同的含义，但它最基本的含义就是一种培养研究人员的教育……忽视研究的特性，就会给研究生教育乃至整个教育带来不利的影响。”[①] 研究生教育的探究特征，大体表现为以下几个方面：

(1) 在培养方式上，研究生教育是通过研究进行教学，即让研究生参与各种研究活动来进行教育，而且这种培养方式始终贯穿研究生教育的全过程。这不同于其他教育阶段以传授知识、技能及社会实践为主的方式。

(2) 在课程设置上，学术研究是研究生课程设置的逻辑起点，其课程结构和内容必须围绕研究性这一目标来设计。

(3) 在教学方式上，为适应研究生的研究要求，培养研究生的创新能力，教师多采用问题教学法、案例教学法、小组讨论法等研究性教学法。对研究生导师来说，他不仅要进行基本的教育教学活动，还

① 冯增俊．现代研究生教育研究［M］．广州：广东高等教育出版社，1993：41.

必须主动积极地发起或参与科研项目，培养研究生科学研究的能力。对研究生来说，参与科研活动是其基本的学习方式与建构知识的重要途径。当然，研究生的研究工作，与科研院所进行的具体的研究工作和创造活动不同，它虽然可能也包含着新技术、新产品的开发研制，但主要目的还是培养创新能力，培养其将来在实际的专业工作中继续研究和创造的能力。

研究生教育的探究性特征表明，在研究生教育实践中应处理好“探究性”与“人文性”的关系，注重人文教育和科学教育相结合。

（四）培养方式的导师制

导师制是研究生教育中实行的一种由导师对研究生的学术科研、思维方法、生活等进行因材施教、个别指导的教学制度。导师制最早出现在牛津大学和剑桥大学，后来逐渐被各大学使用。目前，我国本科教育中不一定存在导师制，但在研究生教育中，导师制是最重要的培养方式，成为研究生教育的一大特色。

研究生教育的导师制体现了因材施教、全员育人、全过程育人的教育理念。在这个过程中，师生之间存在主体性互动。研究生教育的特殊性，使研究生导师制呈现以下特点：

其一，研究生导师是教育指导者。研究生导师多是由学有所长、造诣深厚，科研能力和指导能力高于一般老师的教授、副教授担任。研究生导师是研究生的指导者，不仅承担着指导研究生的学业、科研、论文写作等任务，也负有对研究生进行思想品德、人格修养和日常生活方面的指导的责任。

其二，更容易实施因材施教。在这种导师制的培养方式中，导师针对学生的个性差异，因材施教。一般来说，导师会为每个研究生制订相应的培养计划，并通过与学生经常性的交流、沟通、参与科研项目或小班教学的方式等，将自身的专业知识、研究方法、治学风格，甚至人格魅力，或直接授受或潜移默化地教给学生。当然，师生互动过程中，学生的自主探索也很重要。

其三，师生关系更为密切。研究生导师制是导师个人负责和导师组集体培养相结合的培养方式，师生关系体现为“一对多”和“多对一”的双重关系。一方面，一位导师不只指导一名研究生，也指导其他研究生；而一名研究生在接受一位主要导师指导的同时，还会接受导师指导小组其他老师的指导。最重要的是，研究生与导师之间关系密切，不仅是师生关系，也是合作研究关系，共同作为科研项目的成员参与研究。

（五）教育组织的学术探究性

作为一个培养人才的组织，研究生教育组织是一个以学术研究为主要活动的组织。“研究生教育制度的精髓是学术自由的原则，即一个真正的从事研究生教育的机构首先是‘自由的科学研究的工作场所’”①。从大范围来说，教育组织的学术探究性体现为，为履行探索新知的使命，处于高等教育系统顶层的研究生教育组织具有相对的独立性和自主性，如在教师的聘任和学位的授予等方面具有较充分的自主性，可根据自身特点和培养需要招聘教授，并进行动态调整等。从小范围来看，教育组织的学术探究性体现为，在教学活动中，导师和研究生在教学、学习、研究上的自由度大、自主性强，能自由地发表新思想和新发现；管理手段上，为适应管理对象的特殊性与差异性，有着区别于本科教育“规范性”的“柔性”管理特质。

二、为什么要进行这样的研究

在上述讨论中，已经或明或暗地包含着讨论“为什么要进行这样的研究”的问题，而将其特别提出来，是为了更聚焦于所要讨论的具体问题。本书研究这样一个话题，是基于以下一些思考。

（一）“业”与“道”：专业性与人文性的问题

人才越是向高层次、高水平发展，就越需要有深厚的人文底蕴做根柢。毋庸置疑，作为最高层次教育的研究生教育，应该是科学精神

① 刘鸿．我国研究生培养模式研究［M］．青岛：中国海洋大学出版社，2007：106.

和人文精神的高度融合。然而，研究生人文教育现状和研究生的人文素养并不乐观。现实的情形是，部分研究生功利思想严重，知识与德行错位，术业专攻与人格完善脱节，责任感与使命感淡漠。更有甚者，近些年来，研究生犯罪数量不断增加，一些恶性谋杀事件更是令人发指。

这些教育领域的社会事实，让人扼腕叹息。与此同时，我们需要痛定思痛，深刻反思：我们的研究生教育到底出现了什么样的问题？何以出现研究生教育“道”“业”分离现象？研究生教育究竟缺失了什么？对于这些问题，恐怕不能遮遮掩掩，或者只是在细枝末节上做些无关痛痒的表面功夫，也不仅需要让研究生“学些法律知识”，或是“关注学生心理”的问题，而是需要在更大范围内，在更深层次上进行认真反思，也就是从根本上反思研究生人文教育的贫瘠。

有研究认为，人文性的缺失，是现代社会唯科学主义带来的现代性的深刻危机。这种现代性危机引发了深刻的人性危机，人与人之间的关系异化，变得越来越工具化，人性价值淹没在唯科学、唯市场的论调之中，人的道德理性被遮蔽，人的人性整体被无情地分离成碎片，不能成为一个健全的人。人性迷失，人性危机出现，社会问题就不断发生，并产生极大的负面效应。

人文教育就是人性、人心的教育，就是要使人成为一个有灵性、有德行的人，成为自由而全面发展的人。人文教育是教育的基本主题，也应是教育的基本内容。研究生教育问题，归根结底，是人的问题。研究生的人文教育，是以人为中心，围绕成就什么样的人这一主旨，成材成人，德才兼备，这是研究生教育的目的。然而，现实情况并不尽如人意，研究生人文教育的现状令人忧心。

目前学术界对人文教育的研究主要是一般性的泛泛而谈，有关研究生人文教育的具体研究相对较少，当然也就不能满足研究生教育的需要。本书聚焦研究生人文教育，这既是对高等教育理论，也是对人文教育理论、研究生教育理论在研究领域、研究对象、研究意义上深层次的拓展。研究生人文教育面对的是“常新”的问题，因而也需要“常新”的研究。

（二）高深性与探究性的问题

研究生，顾名思义，应以“研究”为重。何谓研究？笔者拙见，从字面上理解，中国古人造字的智慧颇有深意：“研”者，即将石头打开，深究其纹理和道理；“究”者，即在洞穴里待很久，强调的是一种工夫和坚持，花工夫，当然是一件需要时间和毅力的事情。

作为高等教育中的精英教育，探究性是研究生教育的题中应有之义。正如我国著名科学家、教育家杨叔子院士所言：“精英教育就是要培养高级专门人才，特别是拔尖创新人才。拔尖创新宛如旅游中攀登无限风光之峰，此峰必远、必高、必险、必奇，又似探寻幽邃神秘之洞，此洞必幽、必深、必危、必奥……只有面向国家发展的战略课题，面向经济建设与国家安全的重大项目，面向世界科技发展的重大前沿，面向人类探索未知的重大基础，方有可能获得客观世界的有关信息，方有可能突破，实现原创性的发明或发现，即拔尖创新。”①

如上文所述，研究生教育的特殊性，如教育对象的相对成熟、教育目标的高层次性和创新性、教育内容的专业性和高深性、教育活动的探究性、培养方式的导师制等，决定了研究生教育与其他层次的教育有所不同，也决定了研究生要有独立的学习能力、良好的思维能力；要有批判精神和创新精神，要具有前沿性的创新知识，在专业上追求原创性的突破；要有独立的科研能力、探究能力和创新能力；要有高尚的品德等。也就是说，研究生之所以为研究生，要讲究“在学习中研究，在研究中学习”，强调学习的主体性和探究性。

然而，现实情形仍有待改善。近些年来，由于研究生教育不断扩张，研究生教育所采取的教学方法、教学组织形式等渐渐缺少探究性的味道，有些沿袭本科教育，不少地方的研究生培养采用大班制教学，而且仍是以注重本学科内容的讲授为主，忽视研究生的学习能力、探究能力的培养，忽视研究生的实践锻炼和经验积累；教师成为知识的“搬运工”，学生们成为知识的“存储器”；师生关系疏离，师生之间的

---

① 杨叔子.《游褒禅山记》对研究生教育的启思[J].中国高教研究，2003(6)：4.

交往往往局限于课堂之上，缺少本质性的对话沟通、交流探讨、质疑问难；研究生缺少学习的主动性、探究性，不少研究生还抱着“混学历”的观念应付差事；制度上也缺少有效可行的分流淘汰机制等。这些都导致研究生教育质量不尽如人意。

不可否认，与国际研究生教育质量相比，我国的研究生教育存在差距，尤其是在研究生创新能力方面，我们与发达国家高水平研究生教育存在相当差距。另外，在博士生培养方面，我国博士学位论文选题的前沿性、创新性不足，缺乏国际视野，博士生在开辟新研究领域、运用新视角新方法、提出独创性见解等方面存在明显不足。

因此，有必要探讨研究生探究性教学的理论和实践，以促进研究生教育质量的提高，国家创新能力的提升。

（三）生活性与学术性的问题

教育即生活。生活需要教育，教育是为了美好的生活。真正的教育提供直抵人心的力量，真正的教育是“灵魂工程”，是“心有灵犀”的活动，只有由心底生发出来，心与心的交流，才能触碰人的灵魂。教育所做的一切，归根结底，旨在促进人的成长，使人从内心理解生活的意义，从而互相关爱、积极生活、报效社会，过有意义的生活。

著名的科学家钱学森先生曾说，教育的最终机理在于思维过程，可见思维的培养是何等重要，也可以从中体味出“钱学森之问”的暗示性和启发性的答案。教育需要激发积极的思维和情感体验。柏拉图的灵魂学说将人的理性、激情与欲望看作灵魂马车的三个部分，理性是驭手，激情是良马，欲望是劣马，只有在理性驭手的指引下，人的情感才会朝着正确的航向，像良马那样带着马车奔向正途。如果失去理性的导航，人内心的欲望就会像一匹劣马带着马车奔向罪恶的深渊。因此，理性牵引下的积极的情感体验、人格的健全发展能推动教育的良好发展。

作为精英教育，注重专业性与学术性、探究性与创新性，是研究生教育的题中应有之义。与此同时，学术也在生活中。研究生教育不应该远离生活、枯燥乏味，更不应人格异化、人性缺失。学术若能生活化、审美化、人性化，则更能促进人的全面发展和学术的发展。

学术沙龙对研究生培养，特别是文科研究生的培养，恰如春风化雨，给研究生教育带来清新之感。学术沙龙具有平等互动、民主开放、自由探究、尊重包容等特点，有助于形成良好的学术氛围，有利于促进人才培养，所以它日渐受到学者、教师的重视，在教育领域的应用也越来越多。例如，著名教育家潘懋元先生的周末家庭学术沙龙影响了一代又一代的学生；深圳大学高等教育研究所（以下简称“深圳大学高教所”）的学术沙龙长期坚持，营造了良好的学术氛围等。

学术沙龙的教育价值有待挖掘，特别是在文科研究生教育中的应用推广，包括其在问题意识、思维方法、沟通表达能力、学术能力等方面的培养价值，有待挖掘。因此，对于学术沙龙教育意蕴的研究，以及对于其在文科研究生教育中的实现等问题的探讨，便具有重要的意义。

三、本书的主要内容和观点

全书为分三编。第一编，寓道于业：研究生人文教育；第二编，探索创新：研究生探究性教学；第三编，沙龙课程化：学术沙龙在研究生教育中的运用。

下面，简介各编的主要内容和观点，并借此简述笔者之管见。

（一） 寓道于业：研究生人文教育

研究生也需要进行人文教育吗?

有些人对此心存疑问，似乎研究生教育是专业教育，因而不需要进行人文教育。这种认识显然是错误的。分析起来，研究生人文教育陷入了“四大误区”，即认识误区、思维误区、实践误区、指导误区。

究其原因，是因为研究生人文教育面临着“三大挑战”：高等教育大众化的挑战；市场经济的挑战；现代科技发展的挑战。这些挑战，一方面有意无意地将研究生教育中的“道”与“业”割裂开来，导致研究生人文教育出现种种问题，另一方面也为“道”“业”的融合提出了更高的要求，设置了更高层次的难题。

研究生人文教育既是必要的，也是可行的，但有其特殊性。研究生教育是高层次的专业教育，毫无疑问，专业教育是研究生教育的主体，但是研究生也需进行人文教育。不过，研究生人文教育不同于一般的人文教育，不能脱离其专业另起炉灶，而是应将人文教育融渗于其专业教育中。在研究生教育中，需要人文为科学启示方向。

在现代社会中，相较于生活节奏快而言，方向正确更为重要。可以说，“方法决定快慢，方向决定对错”。方法是“穿山的路”“过河的桥”[①]，方法当然重要，但是相对于方向而言，方向更为重要。因为如果方向错了，与目标南辕北辙，一切都是徒劳的无用功。这就需要教育的力量，文化的力量，人文的力量。社会越是纷扰复杂，教育越应深思熟虑；社会越是纷扰复杂，教育越应宁静致远。研究生教育需要提供一种直抵人心的教化力量，观照人的心灵建设、人的身心健康，给人以心理支撑与精神慰藉。

生而为人，既有与外在世界相处的社会生活，还有个体内在的自我生活。个体生命质量关乎个体身心的和谐，如《中庸》所说，要“致中和，天地位焉，万物育焉”，这便需要人文的力量。

研究生的人文教育，不同于一般的人文教育，更多应体现“寓道于业”的教育理念。“寓道于业”的研究生人文教育中，“道”，指的是人文、道理；“业”，指的是专业、学业、功业；“道”“业”不可分离。“寓道于业”的研究生人文教育，强调人文教育的融渗性、贯通性，强调潜移默化，强调知行统一。

因此，研究生人文教育的策略构建，立足于研究生教育的特殊性，主要包括：

（1）顶层设计：秉持“寓道于业”的教育理念；

（2）基础建构：优化课程体系与教学方法；

（3）传导路径：师生互动，以仁成人；

（4）关键环节：加强研究生的自我教育；

（5）制度保障：制度管理与人文关怀并重。

---

① 杨叔子口述，肖海涛整理．育人而非制器——杨叔子口述史［M］．武汉：华中科技大学出版社，2020：260.

（二）探索创新：研究生探究性教学

研究研究，既研且究。作为一种高层次的专业教育，研究生教育应培养研究生的探究能力和创新能力。研究生教学应是学术性的教学，是探究性的教学，其本质与探究精神相契合。

探究性教学有着深远的历史源流，将探究性教学置于历史长河中加以分析，从东西方文化不同脉络中对探究性教学进行溯源，有助于了解探究性教学的本质和应坚守的原则。但是，由于高等教育大众化带来的研究生数量激增、教育资源不足以及一些认识上的原因等，现行研究生教学出现了一些问题，如教学上的“固守本科”倾向、“纯科研”倾向、“应付了事”倾向等，不利于研究生探究能力、科研能力和创新能力的培养。

研究生探究性教学，不仅是一种方法，更是一种教学理念，它有着多方面的观照、多方面的维度，如以人为本的教育观，彰显探究精神的目的观，知行合一、实践探究的过程观，合作探究、协同发展的师生观等。我国研究生探究性教学的策略主要从以下几方面考虑：

（1）秉持探究性教学理念，加强教学管理；

（2）师生互动，协作探究；

（3）优化研究生课程教学体系，融渗探究精神。

（三）沙龙课程化：学术沙龙在研究生教育中的运用

作为高等教育中的精英教育、培养方式为导师制的研究生教育，当然应注重研究生人文教育以及问题意识、探究精神、创新精神等的培养，而更为密切的师生关系、更加浓厚的学术氛围、更加宽阔的学术视野、更加深厚的学术涵养等，同样也应是研究生教育的重要特征。然而，当前的研究生教育出现了一些问题，如依然存在“填鸭式”灌输式教育，研究生的课堂参与度、活跃度下降，研究生问题意识、探究精神、创新精神缺失，师生关系疏远、淡薄，学术氛围缺乏等。

改革研究生教育，活跃学术氛围，使研究生教育体现出“研究”“创新”的特质，可引入“沙龙课程化”的教育模式，这对于研究生教育，特别是对于文科研究生教育具有很高的价值。学术沙龙具有平等互动、民主开放、自由探究、尊重包容等特征，具有深刻的教育意蕴。它是实现教育“对话”的有机载体，是实现“协同效应”最大化的有效途径，是形成浓厚学术氛围的重要手段，是培养创新人才的摇篮，是促进人的全面发展的沃土。

学术沙龙具体运用于教育实践中时，可根据实际情况和需要，以多种形式存在。也就是说，学术沙龙可以贯穿于任何的教学活动、教学环节、学习活动、学习环节、师生交往环节之中，它可以渗透在人才培养的方方面面。

深圳大学高教所长期以来坚持学术沙龙教育实践，其特征可总结为全员性、全过程性、教育性、长期性。实践证明，它是行之有效的，有利于提高研究生培养质量，研究其成功之处，可提供不少启发。

以上三个篇章，既相互独立，又相互呼应、相辅相成，共同探寻高等教育从大众化走向普及化时代的研究生教育问题，其针对性是明确的，理论意义和现实意义也自在其中。

目 录

第一编

寓道于业：研究生人文教育

生活无处不人文。人文是文明的初始问题，也是教育的基本主题。人文，从教育的角度而言，实际上是“以文化人”，赋予人以文化生命。人文教育就是要通过教育的方式，使人成为文化意义上的“人”。

随着人类文明之楼日益高耸，人们关注的焦点往往是万丈高楼辉煌的顶层，而忽视了隐藏在地下支撑高楼的地基。陶醉于外物之欲，忽视了人文的基础性作用，遗忘了最本质的东西：“人”。人被物质所绊，人的主体成了物的客体。研究生人文教育，实际上是促成研究生成人成材的问题，也是回归教育的基本主题。

第一章

研究生人文教育的现实忧思

作为最高层次教育的研究生教育应该是科学精神和人文精神的高度融合，它所培养的研究生也应成为“德业双馨”的高层次人才，但现实境况却似乎不尽如人意：一方面，部分研究生匡德济世的道德感与格物修身等精神气象正日渐式微；另一方面，研究生教育在高等教育大众化、普及化以及市场经济、科技发展的进程中经历着缺少人性关怀和道德教育的失落与尴尬。

第一节　研究生人文教育面临的挑战

首先应该承认，改革开放以来，我国研究生教育取得了巨大的成绩，主流是好的，我们要看到研究生所具有的创新科研成果、推动社会进步的巨大能量与潜力。但是，我们也要清醒地意识到研究生教育存在一些令人担忧的情况，不少研究生的专业知识与德行严重错位，甚至出现人性迷失的情况，并由此产生严重的破坏力。

分析起来，研究生教育的忧思主要有以下几个方面：

（1）学风不端。当前研究生学风及学术道德的现状不容乐观，存在着一些如修改甚至伪造实验数据，抄袭剽窃他人科研成果，一稿多投，请人代写论文等学术道德失范现象。事实上，学术道德修养是研究生人文素养最直观的表现，一个学人如果在学术道德上有很大的缺陷，那显然这个学人无法立身于该研究领域。

（2）心理问题严重。由于学业、就业、情感等各方面的压力，不少研究生存在心理问题，有抑郁、焦虑等现象，有的甚至心理问题相当严重，研究生自杀的新闻也时时见诸报端。

（3）功利主义现象严重。不少研究生存在着价值取向过于功利化的问题：有些研究生多年寒窗苦读，只为获得一纸文凭；有些为了个人功利，为达目的不择手段，成为“精致的利己主义者”；有些为了一己私欲，给社会造成巨大损失。

（4）研究生犯罪率上升。时下研究生犯罪乃至凶杀案件时时见诸媒体，“同室操戈”“同门相煎”“反目成仇”“仇杀”“情杀”等悲剧时有发生，而且研究生利用专业知识违法犯罪具有专业性强、隐蔽性强的特点，其社会危害性远远大于常人。

对于研究生教育中存在的问题，著名科学家、教育家杨叔子院士曾鲜明指出，我国研究生教育中存在“五重五轻”现象，即“重论文的写作，轻思维的训练；重成果的获得，轻实践的锻炼；重统一的要求，轻个性的发展；重目前的‘见物’之所需，轻日后的‘见人’之所谋；重功利的立竿见影，轻素质的长期培育。”[①]他认为，“五重”是正确的，“五轻”是绝对错误的。他说：“我国社会上急功近利的思想与作风，深深地危害着我国研究生教育；既危害着研究生的‘志’、‘德’、政治思想素质、文化素质，也危害着研究生的‘力’、‘智’、业务素质、身心素质。”[②] 这些现象反映出当代研究生道德观念淡漠、价值观扭曲、信仰迷失、创新精神缺乏等方面的潜在问题。究其实，是研究生“道”“业”分离教育的直接后果，是研究生教育忽视人文精神

---

① 杨叔子．《游褒禅山记》对研究生教育的启思［J］．中国高教研究，2003（6）：6.

② 杨叔子．《游褒禅山记》对研究生教育的启思［J］．中国高教研究，2003（6）：6.

所倡导的德行、责任、博爱、奉献等所致的问题，应引起我们足够的重视与警觉。

对于这些问题，高校要避免陷入“头痛医头、脚痛医脚”的简单化处理，不要陷入单纯的所谓“关注人才心理”，或是直到出现法律纠纷时才开始关注和处理的窠臼之中，而是要勇敢直面这类教育事实，努力拨开那些萦绕在其周围的重重迷雾，探究其根本，避免研究生无奈地品尝着教育远离人文文化的苦果。我们的研究生教育在着重培养“对社会有益人才”的同时，更要注重对人才的人格塑造和心性培养，保证高层次专门人才的知识能量用于正道，避免他们成为“为非作歹”“蠹国害民”的破坏性人才。

我们更要关注，大多数研究生虽在深远但狭窄的专业研究领域中，但仍渴望拓宽思维，释放生命能量，提升个体生命价值，臻至“修养人、完善人、智慧人”的人文诉求与文化期待。尽管此类诉求与期待往往因缺乏有效的反馈而显得苍白无力，但我们的研究生教育应拓宽渠道、系统部署，主动满足研究生群体对人文自强等的强烈诉求，断不可推诿责任或漠视这种需要。

人才培养离不开整个社会大背景。嵌入社会脉络之中的教育要对社会时事有最基本的人文判断和态度，其判断和态度如何，其受社会不良因素影响如何，直接制约着它的理念精神与人才培养的标准。今天，整个社会环境发生了巨大的变化，研究生人文教育的改革和发展面临着诸多挑战，影响着研究生人文教育的实施。分析起来，当前研究生人文教育面临的挑战主要有三个方面：一是高等教育大众化、普及化对研究生人文教育的挑战；社会转型及市场经济对研究生人文教育的挑战；高科技革命对研究生人文教育的挑战。

一、高等教育大众化、普及化带来的挑战

20 世纪 60 年代末，美国社会学家马丁·特罗（Matin Trow）在国际经济合作与发展组织（OECD）的一次学术会议上发表了名为《高等教育的大众化——量的发展和质的变化》的学术论文。在该论文中，

马丁·特罗将世界各国高等教育的发展进程划分为三个阶段：第一阶段为精英教育阶段，此阶段接受高等教育的人数占适龄人口的15%以下；第二阶段为大众化教育阶段，此阶段接受高等教育的人数占适龄人口的15%～50%；第三阶段为普及教育阶段，此阶段接受高等教育的人数占适龄人口的50%以上。

尽管高等教育大众化看似只是数量上百分比的变化，但其对教育的影响却是深入而持久的，事实上它是一个量与质相统一的变化：量的增长是指接受高等教育的人数占适龄人口的15%～50%。质的变化涉及深层次的因素，包括教育理念的改变，以及教育功能、培养目标、教育模式、课程设置、教学方法、管理方式等教育各要素的变化。从"量"的增长发展到"质"的变化，正是高等教育大众化理论的精华所在。

随着社会经济的持续发展，各行各业对高层次专门人才的需求不断增加，研究生教育在高等教育体系中的地位日益重要，高等教育大众化的趋势愈发不可阻挡。20世纪90年代后期，我国研究生教育伴随着高等教育大众化进程，招生规模与入学数量呈迅速发展态势。到2012年，我国研究生的招生规模比2003年增长了1.17倍，其中博士生、硕士生的招生规模分别增长了37.9%和1.35倍。短短30多年间，当前研究生招生规模已是1978年恢复研究生招生时的50余倍。2018年，我国高等教育毛入学率达到48.1%；2019年，我国高等教育毛入学率超过50%，进入高等教育普及化阶段，我国已经建成世界上规模最大的高等教育体系。面对高等教育普及化，研究生教育的培养对象、培养方式、质量观等也发生了不同程度的变化，从而给研究生人文教育带来了诸多挑战。

其一，生源质量差异化的挑战。

研究生生源质量直接关系到研究生教育的培养质量。研究生生源依托大学本科教育作为基础，在精英教育阶段，本科教育质量相对较高，研究生生源比较乐观。但是进入高等教育大众化、普及化阶段，本科教育质量相对下降，影响到研究生生源质量。同时，研究生招生规模扩大、高校自主办学权利的放松，一定程度上降低了研究生入学的门槛，更多综合素质偏低的本科生得以进入研究生行列。因而，研究生生源在院校层次、学科背景、思想道德水准等方面呈现千差万别、良莠不齐的状况。这必然引起研究生培养在入学形式、培养方式、课程教育、学位标准等方面的变化，从而加深了人文教育因材施教的难度，使得无论在宏观的教育管理过程中，还是微观的导师指导过程中都不可避免地存在诸多困难。

其二，教育资源有限性的挑战。

随着高等教育大众化的实现和高等教育进入普及化，核心资源严重稀释成为影响研究生教育发展的关键性问题，主要表现有以下几个方面。一、导师资源少、研究生数量多的结构性矛盾日益突出。从原来一个导师带1—2个学生，发展到目前一个导师带十几个甚至几十个学生，师生比呈现不断失衡的趋势，导师对每位研究生的指导效果明显不如精英教育时代，这就对研究生导师提出了挑战。二、学术资源摊薄，教师、教室、实验室、科研经费等教学资源不足，使得具有研究生教育特色的小规模、精英化、研讨式的授课方式受到限制，空间和资源的局限致使研究生人文教育被动化。三、研究生人均科研经费不升反降，导师与研究生更多转向市场寻求资源，使自己暴露在教育功利化、教育市场化的十字路口。即使坐得住“冷板凳”的教师，也被迫到处“化缘”，加速了“学术资本主义”的席卷趋势，也对他们自身的思想观念、价值取向提出了挑战。此类种种，不得不使我们思考，如何在教育资源稀缺的条件下，开展高质量、高水平的研究生人文教育。

其三，就业市场的挑战。

长期以来，由于研究生教育处于精英教育阶段，规模小，社会需求量大，往往是供不应求，研究生在就业上属于优势群体，可以说是“皇帝的女儿不愁嫁”。随着研究生规模的不断扩大，本科生和研究生数量的急剧增加使就业人数急剧增加，研究生早已不是当年稀缺的“香饽饽”。多年来就业市场逐渐趋于饱和，使研究生就业面临着日益增加的压力。《2013广东省高校毕业生就业工作白皮书》相关数据显示：研究生就业率连续8年低于本科生和专科生，且研究生自主创业人数也明显低于本科生、专科生。

同时，研究生就业的结构性矛盾也比较突出。相对而言，理工科类研究生就业压力较小，而文史哲类研究生就业压力较大。就业形势的严峻使研究生教育的人才培养模式、培养规格呈现出以就业市场为导向的倾向，也迫使研究生本人的教育价值取向偏重工具理性而轻视价值理性，重知识技能而轻人文素养。

在这样的氛围中，人文教育即使有助于提高道德水平和文化品位，但对找工作貌似帮助不大，于是便难以进入教育教学计划之中。研究生们也很难超越功利的就业动机，发现和享受文化本身独有的旨趣。

二、市场经济带来的冲击

市场经济是一种存在高竞争、高风险的现代社会的基本经济形态。市场经济所特有的游戏规则主要为：

（1）功利追求。功利追求是市场经济产生的内在驱动机制，市场主体参与市场活动的目的是为了利益最大化。这既是市场经济具有生机和活力的关键，也是拜金主义、假冒伪劣等现象滋生和泛滥的导火索。

（2）等价交换原则。也可以说是商品价值等量交换的原则，它是市场经济的一般原则，它意味着在市场经济面前，不存在任何等级、特权、门第等的高低，而只有“价值”的高低。对人来说，要想在市场经济中实现自己的价值，就必须把自己量化为商品并参与到市场经济环节中去。

（3）竞争。这是社会主义市场经济的内在规律。在市场经济条件下，为有力地争夺生产资源和交换市场，商品所有者往往必须展开从价格，到选址、质量、包装、服务等领域的全方位的竞争。

就其表层来看，市场经济是关于经济的问题，关于“物”的问题；而其深层次，则是关于“人”的问题。市场经济要求生而为“人”而不是“物”的“人”，自觉积极地通过“物”来表现和确证自己。马克思把市场经济中这种人与物的关系概括为“以物的依赖性为基础的人的独立性”[①]。从这个意义而言，市场经济为人类提供了生存和发展的必要空间，其游戏规则对身处其中的“人”从生存活动到精神思维上都产生了重要的影响。

市场经济的运行规则，以及这种运行规则所蕴含的价值指向，一方面，既为教育提供了生存和发展的契机和活力，但另一方面，由于其本身所具有的盲目性和自发性等缺点，也造成了教育过程中的潜在矛盾。正因为如此，研究生人文教育不得不考虑的是：市场经济下，“人”能自由呼吸的生存空间究竟有多大？教育的生存空间能有多大？如何利用市场经济法则中对教育有利的因素？如何规避市场经济法则中对教育不利的因素？

其一，教育价值取向的功利性危机。

首先，受市场经济功利追求的影响，研究生教育不可避免地染上功利主义的色彩，过于强调教育为生产力服务、为经济发展服务。比如，在专业设置、培养方案的制定上，倾向于推出能赢得学生青睐的、有市场竞争力和就业前景的专业和课程；有些一级学科的申报、硕士点的设置、国家级实验基地的成立等，隐藏着迎合市场经济发展的功利目的。

其次，在市场经济竞争性的影响下，各研究生培养单位之间为争夺生源，或提高自身教育影响力，或争取教育经费，进入无所不在的竞争之中，因此他们倾向于投资能“量化”、能直接体现规模优势的教育资源，轻视无法立竿见影、立即凸显价值优势的教育资源。

再次，受市场经济等价交换原则的影响，研究生教育机构平庸化，俨然由原先智慧的“神殿”蜕变为庸俗的“商店”“工厂”。学校的建设和发展以学校的形象建设和“经济发展”为优先，教育中“人的价值”让位于“经济价值”，研究生教育由“育人”活动沦落为“制器”活动，教育面对其所负载的培养健全人格的重任，显得步履维艰。

我们需要扪心自问的是，我们的研究生教育，究竟应该是学术职业的基础，还是售卖文凭的渠道？我们是在培养高层次、高素质的专

---

① ［德］马克思，［德］恩格斯．马克思恩格斯全集（第46卷上）［M］．中共中央马克思恩格斯列宁斯大林著作编译局，译．北京：人民出版社，1979：104.

门人才，还是批量生产贴上“研究生”标签的产品？这是研究生人文教育不得不面对的问题。

其二，教育主体间关系异化的危机。

虽然市场经济有利于促进竞争，但它不可避免地具有强烈的功利色彩，引诱一些“经济人”为攫取当下暴利，违背人伦道德的规约走上极端利己主义或道德虚无主义的道路。市场经济的不利因素同样会对教育产生影响，处在社会之中的研究生、导师、管理人员自然也不可避免地受到商品意识、交换法则的侵蚀，在学习、科研、工作过程中存在急功近利的心态。

同时，市场经济也冲击着忠诚正义、修身慎独、重义轻利、仁爱孝悌、讲信修睦的传统伦理规范，导致一些人理想信仰丧失、价值判断混乱、道德失范等，甚至一些教师教书育人的信念也日益消失。加之市场经济条件下，过度竞争冲击着师生之间正常的教学相长、良师益友的人文关系，从而使得师生关系疏离。

另外，受市场等价交换原则的影响，教师“教书育人”的责任与学生“求学问道”的需求，被异化为可以等价交换的商品，以致师生之间出现了“老板制”“打工式”等非常态的功利型师生关系，管理者与被管理者等非人性化的管理关系，导师与导师之间也出现了竞争性的利益关系。研究生与导师在思想观念、道德行为上的异化，使得教育主体有被“物”所奴役、被“商品逻辑”所控制的危险，部分人的教育信念、人格追求日益瓦解。在这样的环境中，研究生人文教育很容易成为空话或走过场。

三、高科技带来的挑战

人类社会正处于以信息科学和微电子技术为主要标志的大科学、高科技时代，科学技术正以迅猛的速度，全方位地向社会各个领域渗透、扩散，其影响范围之广，影响程度之深远，是前所未有的。概括起来，现代科学技术发展表现出四个突出的特征：

(1) 科技发展高速化。这主要表现在两方面：一是科学新发现和科技新成果增加的速度日益加快。比如，20 世纪 80 年代即有文章认为，人类的知识的增速在 19 世纪是 50 年增加一倍，到 20 世纪中叶是每 10 年增加一倍，到 20 世纪 70 年代是每 5 年增加一倍，而目前大约是 3 年增加一倍。

(2) 专业知识更新周期越来越短。研究发现，18 世纪专业知识更新速度为 80—90 年；到 20 世纪初，专业更新周期缩短为 30 年；20 世纪 50 年代以前，专业知识更新周期缩短为 15 年；20 世纪 50 年代以后，专业知识更新周期缩短为 5—10 年；20 世纪 90 年代以来，知识更新加速到 3 到 5 年翻一番。[①]

(3) 现代科学技术既高度分化，又高度综合。20 世纪以来，科学技术已发展成为庞大的理论体系，其学科门类分化速度加快，科学技术的专业门类越分越细。另一方面，当代科技在理论层面以及应用层面上出现了统一与融合，边缘学科、交叉学科大量涌现，比如系统论、集成电路技术等。

(4) 技术科学化与科学技术化特征鲜明。科学技术发展到今天，越来越依赖于技术为它提供最先进的观察、实验、分析、计算、研究的仪器设备。现在的科学与技术可谓是“你中有我，我中有你”。

科技发展是研究生教育发展状态的强大社会背景，它同时也不可避免地带来一些教育上的困境。

(1) 教育的“专业化”“科学化”困境。

研究生教育主要是高层次的专业教育，那么，是否可以说研究生的人文教育、道德教育处于从属地位呢？当然不能这么说，但现实之中，它被置于一种可有可无的从属地位。现代科学技术的既高度分化又高度综合，使研究生教育的专业化程度越来越高，教育越来越被当作一种“科学”。在大科学、高科技深入“骨髓”的研究生教育领域内，人文教育特别容易被科学主义范式所限制。当前科学主义范式主导着研究生教育的内容、方法和标准。

---

① 习近平．习近平在中央党校建校 80 周年庆祝大会暨 2013 年春季学期开学典礼上的讲话［EB/OL］．(2013-03-04)［2018-12-16］．https：//www.ccps.gov.cn/xxsxk/zyls/201812/t2018 1216 _ 125682.shtml.

从内容上来说，科学知识被片面强调为最完善的知识范式，在这种知识观的指导下，专业教育无限膨胀，甚至本来充满生命体验、充满人文精神的人文文化也仅仅作为一种“器”在传授。这导致的后果便是“填鸭般地用那些诸如形而下之‘器’的东西，塞满学生的头脑，而对本真存在之‘道’却一再失落而不顾，这无疑阻挡了学生通向自由精神之通衢”①。

从方法上来说，不顾教育对象、教育层次的特殊性，片面地把自然科学研究的研究方法和思维方式不加选择地直接移植到人文教育的课程设置与教学方法中，并希望以此改造人文教育，形成人文教育的“科学方法”，这无疑会水土不服。这类方法在标准上，“聚焦于‘其文’或‘其人有关文章之事实’”②，即关注的只是知识内容的判定、知识体系的构建，而无意关注学子个人的人性养成与道德修养；在质量评估标准上，通常诉诸科研成果的多少，以及技能的高低等可“量化”的技术化评价标准。科学主义范式甚至还控制着更广阔的教育信念与价值。

总而言之，科学技术风气的日益张扬，研究生教育的“专业化”“科学化”现象越来越严重，人文教育的地位岌岌可危。

（2）教育世界的“抽象化”困境。

随着科学技术日益发展，人们对物质日益依赖，科学世界日益强化，使得科学世界观似乎逐渐成为唯一的世界观。胡塞尔认为，“科学世界的基本特征是‘不可知觉的客观性’，即人们永远也无法实际知觉和经验到这个世界本身，而只是以形形色色的概念原理、规律与规则的形式呈现出来的世界的‘图像’”③。这对研究生教育的影响是，具有原初意义的、生动鲜活的生活世界被科学世界所束缚，生活世界中，师生感性的、生动的、丰富多样的活动与关系被抽象的、客观的、以

---

① ［德］雅斯贝尔斯．什么是教育［M］．邹进，译．北京：生活·读书·新知三联书店，1991：33.

② 陈国球．文学史书写形态与文化政治［M］．北京：北京大学出版社，2004：23.

③ 潘建红．现代科技发展与道德教育重建［D］．武汉：华中科技大学，2006：67.

“真”为目的的概念、逻辑和命题所消解，使得立足科学的研究生教育的世界越来越抽象、越来越破碎，人文教育也因为失去了生活世界这一依托而流于形式、虚空，变成没有真实生活情感的空洞说教。人文教育在科学世界观的主宰下，失去了其本有的精神性。

在这样冰冷的、缺乏人情味的科学世界中，更容易制造出冰冷的人格，复制出缺失灵魂的傀儡，生产出会推理的机器罢了。事实上，生活世界本身具有人文教育的价值，它能满足教育培养人的理智、情感、意志等多方面的需要，同时它也是人文教育的最终归依。

这就对研究生教育敲响了警钟：警惕科学世界编织的“切割”之网，走出科学世界的技术藩篱，回归被遗忘、被冷落的生活世界。

（3）人的生存方式的“技术性”与“即时性”困境。

随着高科技的发展与人对高科技的日益依赖，现代人已经陷入“技术性”与“即时性”困境。“技术性”困境是指人几乎沦为科技理性的奴隶，逐渐失去了自我而陷入物的世界之中，人与人之间亲密友好的关系被简单的工具理性所取代，“我-他”关系统领世界，“人”被置于边缘状态；在人与自然的关系上，人们享受着科技带来的便利，但同时也借助科技的力量杀鸡取卵、竭泽而渔，大量消耗、透支人类的生存资源。

而人的精神状态亦有陷入“即时性”困境的危机。科学技术几乎将人的精神空间挤占殆尽，很多人只有“现在”的概念，似乎只有今天，没有昨天和明天，这种“今天的节奏”将我们过去所有的持久的历史感稀释，人普遍缺乏对传统历史的认同感和敬畏感，许多人在精神上陷入一种迷路般的失落中。

在研究生教育领域，教育主体的“技术性”与“即时性”困境同样存在，表现为：① 教育对象的机械化，即教育对象逐渐被科技理性所俘虏；② 教育关系的工具化，主要表现为研究生师生关系的异化，而且师生普遍更关注眼下局势，缺乏对教育的未来、自身的长远发展的全局性战略意识；③ 教育内容的无根化，即作为精神性价值载体的人文课程，尤其是传统文化知识的生存空间被大量挤占等现象。在这样的氛围中，研究生人文教育的任务任重而道远。

第二节　研究生人文教育的四大误区

审视当前的研究生教育，可以发现研究生人文教育存在一些误区。这些误区可以分为：认识误区、思维误区、实践误区与指导误区。这些误区互相关联，互相影响，互相作用，反映出了研究生教育中“人”的缺位。

一、认识误区

认识是人脑对客观事物的反映。研究生人文教育存在认识误区，主要是指研究生人文教育的主体，包括研究生导师、研究生本人、研究生人文教育实践工作者等，在对待研究生人文教育问题的态度上存在一些问题，包括主观性、简单性、盲目性、盲从性等，因此造成了一些认识误区，典型的有：不需要论、无为论、混同论。

（一）不需要论

有些人认为，研究生教育作为我国教育系统中的最高层次，在本质上是以“研究”“探索”为内容、特征和培养方式的一种教育，这使研究生不仅有学习专业知识的任务，更有发现知识、探索知识的任务，因而研究生需要把主要精力放在专业学习、课题研究、科研训练、学位论文等方面，任务繁重，且时间有限，研究生阶段无须再进行人文教育了。而且，研究生已在大学本科及之前的学校教育中接受了长达十几年之久的人文素养的系统教育与培养，绝大多数已经具备了相当高的个人修养，足够很好地适应社会和本人继续发展的需要，因此，再进行研究生人文教育就是多此一举了。这种想法多半来自研究生、研究生导师及任课教师。尽管这种观点在公开场合中很少被提及，但很容易在一些研究生培养单位里成为局部的强势舆论，进而减少人文教育的可能性，其负面影响不可掉以轻心。

“不需要论”主要是因为对研究生内在的人文诉求把握失准，对研究生人文教育与研究生专业教育的辨证关系，研究生人文教育的深刻内涵、本质特征、目标要求等认识模糊而造成的。

首先，“做人”这一问题应该是一生的课题，不存在一个阶段接受了人文熏陶，另一个阶段就不需要再进行人文熏陶的论断。作为高层次人才的研究生同样不可缺少人文熏陶，甚至应在更高的层面上继续加强人文文化的熏陶。

其次，我国研究生在研究生阶段之前所受的教育，名为文化素质教育，实为应试教育。应试教育是一种片面狭隘地以分数高低论英雄，以应试为主要教育目标的，忽略人性和谐健康发展的教育模式。因此，我们更不能忽略对应试教育背景下成长起来的研究生的心性培养。

最后，对于研究生来说，“研究高深之学问”与“养成健全的人格”并行不悖，如果把研究生教育的本质特征限定在狭隘的专业教育观念上，以狭窄的、孤立的专业教育为依据和准绳来培养研究生，势必将研究生的视野限制在专业的桎梏中，导致对其精神素养的轻视，造就无灵魂的“机器人”。因此，研究生需要自己的人文教育，这是规律使然，也是逻辑使然。

（二）无为论

这种观点承认研究生群体需要全面发展，需要心性完满，需要人文熏陶，但在人文教育由谁进行，以及怎样进行等认识上，走向了偏颇。他们认为，研究生是从众多本科生中脱颖而出的，不论是智力、知识储备还是心理承受力、独立性，他们都可称得上出类拔萃，而且他们的价值观、人生观、道德观已相对成熟，完全有能力通过自我教育完成人文教育，因此也就不再需要导师、培养单位对其进行系统的人文教育了。而且，研究生已经成年了，对待其道德问题，应该视为个人私事，由其个人承担责任，研究生教育机构应该心照不宣地“无为而治”。持这种观点的人为数不少，主要是研究生的教学工作者和管理者。

这里的“无为”就是“顺其自然”的意思。“无为论”就是强调培养单位的“顺其自然”“无所作为”，强调研究生的自我教育。但问题是，是不是研究生仅仅通过自我教育就能达到人文教育的目标和要求？这显然是对研究生人文教育的地位重视程度不够，也是对研究生自我教育概念的理解不准，更是对研究生群体的认识不清。自我教育立足于培养自身主体精神，以发展良好的个性品格，追求理想人格的自我圆融、自我发展、自我实现为目标。它确实是实施研究生人文教育的关键和重要途径，能充分发挥研究生的主体意识和主观能动性。

但是，尽管研究生能自我教育，注重追求理想人格的实现，成就意识、成才意识强烈，但仍具有一定的脆弱性。尤其在面对困境与挫折时，他们容易摇摆不定，显得困惑和难以应付。如果把人文教育的主动权完全交给研究生，这中间的盲目性也是毋庸置疑的。“其实聪明人更需要受教育，因为一个活泼的心理如果不去从事有用的事情，它便会去从事无用的、希奇的、有害的事情。”[①] 研究生的自我教育单靠研究生本人有限的自我约束力还远远不够，需要与之相配合的研究生培养单位、导师团队的辅助与指导。

（三）混同论

“混同论”是在认可专科生、本科生、研究生都需要进行人文教育的基础上，在研究生人文教育要不要独立进行的问题上出现了认识偏差，它导致了研究生人文教育实践中“本科模式”的形成。持这种观点的人认为，“研究生和本科生都是大学生，同样的一所大学，同样的教师队伍，同样是高等教育，同样是高级专门教育，同样的教育条件和环境，同样是要为国家培养高层次专门人才”[②]，因此，在进行人文教育时就没有理由，也没有必要分别对待。而且，从高校来说，研究生教育与本科教育的无区别对待，是对校内教育资源的重复配置与使用，能有效节约资源成本，降低高校压力。

“混同论”错误观点的形成一方面在于“大学生人文教育”“高校文化素质教育”这些常见的模糊的提法，导致人们普遍产生“混同”

① ［捷克］夸美纽斯．大教学论［M］．傅任敢，译．北京：人民教育出版社，1984：42.

② 戴继天．论研究生德育理论体系的独立构建［D］．长春：东北师范大学，2007：22.

的错觉，另一方面在于对本、专科生人文教育与研究生人文教育的区别认识不清。尽管研究生人文教育与本、专科生人文教育在教育方向上存在一定的共性，但是，毫无疑问，研究生教育在培养方式、管理模式、培养层次等诸多方面，以及研究生群体的生源构成、思维方式、行为方式、阅历等都与本、专科生有明显的差异，这就决定了不能简单笼统地把二者混为一谈。

实际上，人文教育在教育对象、教育目标、教育内容上，都有其对应性、层次性。处于教育阶梯顶层的研究生教育，其人文教育在层次上应高于本科阶段的人文教育，在性质形态上应截然不同于社会上其他群体的人文教育。因此，研究生有自己的人文教育，且研究生人文教育必须结合研究生教育的特性以及研究生群体的特殊实际，有针对性地展开。

二、专业思维误区

我们怎样去“思考”教育就决定了我们怎样去“做”教育，一旦思维不当，就容易把人的行为引入误区，导向歧途。专业思维误区是一个不太引人注意的误区，以至于不专程研究探讨就无法深入了解。但这样一个误区已经对研究生人文教育产生了多方面的制约，影响研究生人文教育的大局，造成认识上的偏差与行为上的错误。

所谓思维方式是一定时代“人们的理性认识方式，是人的各种思维要素及其综合，按一定的方法和程序表现出来的、相对稳定的定型化的思维样式，即认识的发动、运行和转换的内在机制与过程。通俗地说，就是人们观察、分析、解决问题的模式化、程式化的‘心理结构’”[①]。专业思维方式是由于认识特定研究对象的需要，所形成的适应本学科专业的专门的理性认知方式，具有一定的科学性和稳定性，对专门研究具有积极的促进作用。

“对专业思维，应从两方面理解。一方面，专业思维指的是围绕专

① 余自强．生物课程论［M］．北京：教育科学出版社，2006：151.

业工作对象所形成的使命思维与工作理念；另一方面，专业思维指的是有效从事专业活动所应有的思考问题的具体思维与逻辑，如哲学专业的本体思维以及建立在本体思维基础上的从应然到实然，再到应然的思考路径；再比如管理专业的目的性思维以及建立在其基础上的从假设到实现目标的路径选择的逻辑思维，如定位思维、系统思维与辩证思维。"① 确切地说，专业思维方式正是研究生专业化教育和培养孜孜所求的，问题是，它所暴露的狭隘与局限，却在很大程度上束缚着研究生人文教育的认识与实践。

（一）专业思维偏见

专业思维偏见是指重专业轻其他，主要表现为研究生及其导师、管理工作者在围绕专业工作对象过程中所形成的专业思维与工作理念倾向于"抬高"自身，"轻视"其他，将自身学科重要性和优长性绝对化。研究生教育主要依托精细划分的学科专业而成，且各专业间缺乏必要的沟通和交流，研究生及其导师在围绕专业展开学术研究的过程中，逐渐产生了较强的专业认同感与归属感。随着学习、研究的深入，这种认同感与归属感进而被强化为较强的专业优越感。这本无可厚非，但问题是，难免会有部分研究生或导师片面强调自己所学专业的重要性，产生孤芳自赏、自命清高、高傲的优越感等情绪，同时，倾向于采用居高临下的姿态轻视甚至无视其他学科专业。这就无怪乎"文人相轻""学术门户林立"、专业间"老死不相往来"的现象在研究生教育领域内仍具有一定的市场了。

从微观层面来看，这种思维偏见更明显地表现在以下两点上：首先，认识上的偏颇。部分理工类院校、研究生导师和研究生片面认为自身所学专业重要，能及时满足社会的实用性，从而漠视无法立即产生经济效益的人文知识，轻视人文学科。而人文社科类院校、研究生导师和研究生片面认为自身学科已经具备丰富的人文资源，只需按部就班地加强专业学习，系统的人文教育便无须注重。这种

① 阎峻．论研究生的专业思维与专业能力［J］．中国电力教育，2010（6）：70-71.

认识所导致的后果，就是研究生人文教育往往流于表面化、形式化或是虚无化。其次，在教育管理上，专业思维偏见体现为教育资源分配不公，特别是表现在财政划拨、资源分配、学科设置、教育质量评估等问题上的偏颇、狭隘，有意无意地减少了人文教育的教育资源与生存空间。

（二）专业思维定式

所谓思维定式，是指按照积累的思维活动经验教训和已有的思维规律，在反复使用中所形成的比较稳定的、定型化了的思维路线、方式、程序、模式等。研究生及其导师、教育管理者在围绕专业工作对象，形成较强的专业优越感的同时，也形成了本专业的特定思维模式与逻辑，主要表现为其看问题、想问题、处理问题时从自己的思维定式出发，以自己的专业思维方式为依据和准绳，用片面的视角观察其他事物和问题。而且，在特定的专业训练和专业教育中，研究生、教育工作者所形成这种专业思维的速度更快、程度更高、稳定性更强。

这种思维定式会带来一定的负面效应，主要表现为以下三点。

其一，在人文教育理论建设过程中，研究者普遍采用主客二分的对象化的认识范式，将人文问题全盘当作某一领域的学术问题来处理，习惯于以某一学科领域的研究程序来解开生命的奥秘，尤其热衷于概念辨析和逻辑论证（概念辨析是几乎所有学科领域研究的起点），最后却往往致使教育抛弃以生命本身作为尺度，导致人文教育深陷于“物化”“对象化”“唯概念”的线性思维“洞穴”中。

其二，在人文教育实践中，受专业思维惯性的影响，不少人对待人文教育像物理科学家发现物理规律一样，用了解物质世界的方法来理解人的精神问题，试图在此基础上发现人文教育规律，形成人文教育的“科学方法”，导致人文教育嬗变为一种技术教育。

其三，由于人文的思维与方法从认识上未被列入专业思维中，导致管理者、研究生群体普遍倾向于将人文教育当成“外在化”的实体教育，从而忽视教育的整体性、联系性和变化性，忽视个体自身的切己体察和收获，人文教育、人文知识遭遇被“悬置”、被遮蔽的困境。也正是受这种思维的影响，研究生教育愈发规范化、机械化、专业化，全面培育人情感道德和陶冶人性情的人文教育被逐渐消解。

无论是思维偏见，还是思维定式，都已经在很大程度上束缚了研究生人文教育的认识与实践。究其误区根源，主要来自误解或曲解了研究生教育“导人向善”的终极旨归。教育应始终坚持其独立的价值和尊严，复教育本然之善。因此，突破“专业思维局限”将是研究生人文教育有效实施的重要着力点。

三、实践误区

实践是人们改造客观世界的活动。实践中，往往由于认识偏差、把握不准等原因导致实践变异，因未能及时发现而演化成误区。研究生人文教育的实践误区主要表现为以下几点。

（一）“固守本科”模式

研究生人文教育有其特殊性，不能完全因袭本科人文教育的模式。而现实中存在一些固守本科模式的做法，比如：模仿本科“课程＋活动”的培养模式，忽视研究生在科研实践过程中的培养；模仿本科以年级为单位抓工作，忽视从学科专业的角度着手；模仿本科集体学习、集体活动，弱化研究生培养小班教学的影响；模仿本科重视人文知识的学习，忽视对人文精神的培养与实践等。

这些表现忽视了研究生教育、研究生群体的独特性，导致一些人将研究生教育仅仅理解为本科生教育的延伸，非常自然地用本科生教育的模式来套研究生教育的实际，用本科生教育的规范及其价值定位来评定研究生教育，从而模糊了研究生人文教育所需的针对性，削弱了研究生人文教育的实效。这在一些地方院校、新型院校中表现得尤其突出，主要是受长期存在的高等教育资源短缺、研究生教育体制不完善及经费投入不足和本科教育惯性的影响。

显然，研究生教育应比本科教育高出一个显著的台阶来，每一位研究生的个性禀赋、学习风格和价值观都有所差别，仍采用统一的本科培养模式难以满足千差万别、兴趣各异的研究生学习科研的需要，研究生教育亟待加强整合。因此，无论在教育内容上，还是在教育方法上，研究生人文教育都要突出针对性。

（二）“简化替代”行为

主要表现为在实践中将人文教育简化，浓缩为人文学科教育、思想政治教育、人文活动教育，而人文学科教育常常被“科学化”，基本的人文底蕴、能力、创造性等被作为一种技巧来训练；思想政治教育过于形式主义、教条主义；人文活动教育过程中，倾向于以少数研究生学生干部的活动来概括全部研究生的活动，或以有限的活动形式，代替研究生人文教育的全过程。

对于研究生阶段来说，一方面，这些内容与方法过于单一，远远解决不了研究生心灵的饥渴，反而成为一种额外负担；另一方面，也消解了研究生培养单位、研究生导师“因地制宜”“因材施教”进行人文教育的责任，也就忽视了研究生专业教育本身所内蕴的特殊性和人文性。

（三）“维持会”现象

“维持会”现象，是指研究生人文教育实践误区的一种不良工作状态，体现出研究生人文教育缺乏系统的制度安排和制度环境。主要表现为：在机制上，研究生人文教育倾向于表面化，有名无实，尽管表面上有一些专职机构和专业人员，对思政理论课专业教师及研究生导师队伍也提出了严格要求，但这些工作大都没有落到实处；在管理上，规章制度大多停留于纸面，或者为了方便管理，强调共性要求，没有对专业不同、性别不同、人格特点不同的研究生进行差异化的教育等。人文教育似乎成了工具、衬托品。

诸如此类的现象，从教育的角度来看，是由于人文文化往往不能产生立竿见影之效，无法满足一些功利追求。这是违反教育的教书育人、管理育人、服务育人精神的，偏离了教育应注重德性培育的本意。这是现行研究生人文教育应该深切反省的。

四、指导误区

（一）指而不“导”

研究生教育实行的是导师制。导师，顾名思义，其重要任务就是“导”，包括导思想、导人格、导学术、导方法、导创新等，其中导思想、导人格更是研究生导师义不容辞的首要责任。但是现实生活中，研究生导师对研究生的指导存在一种“指而不导”的现象。“指而不导”主要是指研究生导师在其教育行为上，比起关心学生个人的生活、精神和道德状况，更偏重于关心如何指导学生修好课程学分、熟练进行课题或实验、撰写单篇学术论文、完成学位论文等。

研究生导师在教育行为方面的“指而不导”主要有以下表现：第一，以雇佣关系、工具性交往代替师生关系、心灵交往，只把研究生当作廉价的科研劳动力随意支配和使用，忽视其对研究生的育人职责；第二，以纯粹学术交往取代思想的沟通和情感的交流，即导师与学生的互动交往片面局限于学术科研领域，较少涉及学生的思想品德和日常生活领域；第三，对研究生的课程学习和思想道德教育放任自流，敷衍了事。

（二）“小作坊式”指导

研究生教育在培养制度中明确规定实行导师制，并强调要进行导师组指导。但在实际培养中，存在一些“小作坊式”指导。这种“小作坊式”指导过于侧重导师中心式的指导，导师组的团队效应和群体力量发挥的作用较小。

研究生人文教育需要培养研究生的大胸怀、大智慧、大境界、大品德。在小作坊式的培养方式下，不利于形成良好的人文氛围，不利于研究生开拓视野，因此应建立导师组，建立合理稳定的学术梯队，使研究生在“导师负责，集体培养”的良好学术生态中得到提高。

第二章

研究生人文教育的理性探讨

危机越是纷至沓来地出现，我们的思想和制度就越是需要长远的观察和深入的思考。为使我们对研究生人文教育的认识与设想不至于远离事物的本质、脱离事物的实际，在审视剖析研究生教育的实然状态，以及考察与之联系的现实背景的基础上，我们需要立足研究生教育组织，对研究生人文教育的现实忧思做出回应，即回答研究生人文教育有何必要。同时，在肯定研究生人文教育须“在其位”的同时，还要分析研究生人文教育的特殊性，为更具针对性、时效性地研究生人文教育如何恰如其分的“谋其政”提供理论工具。

第一节　人文教育的内涵与实质

什么是人文教育？其实质是什么？有哪些基本观念？研究人文教育首先要回答这些问题。

一、人文教育的内涵

（一）"人文"溯源

人文教育体现着教育的"人文"价值追求。人文，作为人类文化的文明基因，作为朴素自然的习惯和意识，古已有之。

在中国古代汉语词汇里，"人文"一词有三个基本含义：第一，与"天文"相对，指诗书礼乐等以人自身为观察和思考对象的文明或文化内容。《周易·贲卦》的象辞云："刚柔交错，天文也；文明以止，人文也。观乎天文，以察时变；观乎人文，以化成天下。"这里的"人文"是指教化天下的理论和思想，与包括自然现象及其变化规律在内的"天文"相对应。第二，泛指人伦之事。《后汉书·公孙瓒传论》有云："舍诸天运，征乎人文。"其意指凡事不依赖于天运，而致力于人事。第三，与人道相通，指为人之道或道德规范。宋代程颐释："天文，天之理也；人文，人之道也……天文，谓日月星辰之错列，寒暑阴阳之代变，观其运行，以察四时之迁改也……人文，人理之伦序，观人文以教化天下，天下成其礼俗，乃圣人用贲之道也。"[①] 这里所言"人文"，大体指的是社会中以人为主体的道德伦理和礼法制度。这是从狭义上来讲的，如果从广义上理解，就是《辞海》的解释，"'人文'泛指人类社会各种文化现象"[②]。

（二）人文教育概说

人们对什么是人文教育，有不同的解读。有观点认为，人文教育就是指"文学、史学、哲学基础学科以及语言和艺术学科的教育"[③]；

---

① 程颐．伊川易传［M］．上海：上海古籍出版社，1989：85-86.

② 辞海编辑委员会．辞海［M］．上海：上海辞书出版社，1980：302.

③ 张岂之．论大学人文教育与人文学术研究［J］．中国高等教育，2000(17)：32.

有的认为“人文教育，就是人性化教育，是通过人文的濡染与涵化，从而使人学会做人的教育形式”①；有的认为人文教育是关于“成人”的教育，它的实质是人性教育，核心是涵养人文精神，其核心学科是文、史、哲、艺等人文类学科②；有的认为“抽象地把握，人文教育是指弘扬人性，强调人文精神的教育”③；有的认为“所谓人文教育，简单地说，就是培养人文精神的教育。它通过把人类积累的智慧精神、心性精粹与阅历经验传授给下一代，以期使人能洞察人生、完善心智、净化灵魂，理解人生的意义与目的，找到正确的生活方式”④。

追本溯源，考证“人文教育”一词的使用背景，可使我们对其理解更为深入透彻。“人文教育”一词在我国广泛使用是在 1995 年人文精神讨论高潮之后。当时处于经济转轨时期，商业文化的冲击及其诱发的功利主义，使学界，包括哲学界、文学界、经济学界以及教育学界等，都热烈讨论人文精神问题。

教育学界从理论到实践，系统地参与到人文精神的讨论中来，认为教育必须承担恪守与弘扬人文精神的使命。此后，讨论日益深入，深入到全球化问题的激化给人类带来的危害、社会模式的嬗变对人类发展的挑战、科学至上的教育价值观对人格塑造的阻碍等。凡此种种，迫使人们提出并广泛使用人文教育的概念，加强对人文教育的研究，以期通过人文教育来恢复人性，革新人的精神，解决现实领域人的问题。从这个意义上来说，人文教育是人性的教育，是陶冶人文素养、涵养与凝练人文精神的教育。

然而，仅从教育的使命和目标追求这一层面来概括人文教育的内涵是不全面的，它会使人们陷入讨论的误区。教育的使命和目标追求最终要落实到具体的人才培养活动中，才能真正体现人文教育既“顶天”又“立地”，兼顾思想与实践的含义。因此，人文教育涵盖人文精

---

① 邹诗鹏．人文教育怎样才能成为“做人之学”[J]．高等教育研究，2000(4)：29.

② 文辅相．我对人文教育的理解 [J]．中国大学教学，2004 (9)：21.

③ 杜时忠．人文教育及其相关概念辨析 [J]．教育研究与实验，1995 (4)：12.

④ 张应强．论科学教育与人文教育的整合 [J]．高等教育研究，1995 (3)：50.

神的培养（“顶天”），以及培养过程中人文精神的体现（“立地”）。人文教育应该达到这个层次，在教育活动中既体现一种精神追求，又追求一定的精神。[①] 如果只追求一定的精神，在教育实践活动中无法体现精神追求，流于形式，就会成为徒有其表、缺失灵魂的教育。

二、人文教育的实质：人文精神

人文教育在本质上应是人文精神的培养，以及教育过程当中人文精神的贯穿。人文教育的实质是精神性的、智慧性的。因此，厘清什么是人文精神，人文精神的核心是什么，是我们揭示人文教育本质与内涵的关键。

（一）人文精神

一定程度上可以说，人文教育是“人”的教育，人文精神是对人的存在、人的价值、人的生存意义、人类命运的思考与探索。人文精神的基本内涵就是要自觉地坚持和弘扬人的精神主体性，肯定人的价值。

对人文精神有许多不同的解读。有人认为，“人文精神的实质和核心，是强调‘人之所以为人’”[②]。有人认为，“人文精神应该看成是一种建基于对人之为人的哲学反思之上的批判态度和批判精神”[③]，它们被当作一种带有社会意义的态度“表示”，一种对现实环境的评价和批评。有人强调人文精神的超越性，认为“人文精神属于人的‘终极关怀’，显示了人的终极价值”[④]。有人强调，“人文精神的实质又是关怀现实的，是现世性的精神追求，是‘入世’的而不是‘彼岸’的。应当说，人文精神关怀的中心是现实生活中人的身心全面价值的实现，

① 杜时忠．人文教育论［M］．南京：江苏教育出版社，1999：3.

② 杜时忠．人文教育论［M］．南京：江苏教育出版社，1999：3.

③ 吴国盛．科学与人文［J］．中国社会科学，2001（4）：5.

④ 王晓明．人文精神寻思录［M］．上海：文汇出版社，1996：34.

而且通过文化的建设与创造来加以实现”[①]。

就具体的人文精神而言，因其属于不断进化发展的历史范畴，故有其不同的历史形态，其具体的历史的内涵要置于一定的文化共同体、一定的历史阶段中才能得以揭示。

西方人文精神起源于古希腊思想，它的嬗变与发展是通过不同时期的人道主义理想、人文主义思想文化运动以及人本主义哲学思潮表达出来的，但其主流内核一脉相承，集中体现在西方所经历的三次解放上：“第一次解放是从蒙昧原始状态进入到文明社会，通过否定野蛮而进入文雅。其思想成果体现在古希腊的自然哲学向人本哲学的转化上。第二次解放是从宗教神学的统治下解脱，进入尘世、现世生活，通过否定神性而弘扬人性。其思想成果体现在‘文艺复兴’人文主义思想文化运动上。第三次解放，即从极端片面发展的工业文明中解放出来，从物质主义的统治中走出来进入物质与精神、灵与肉和谐发展的境界。其思想成果则体现在科学人文主义的呼唤上。”[②] 综观三次思想解放的成果可以发现，西方文化的人文精神特质，更多地体现为以人的主体性为基础的自由、民主精神。

中国人文精神赖以生存的基础与语境迥然不同于西方，它植根于农耕文明，其生长脉络具有一脉相承、横跨古今的特点。有人认为，兼收佛、道之精髓，并以儒家为主体的中国传统文化，其人文精神意蕴主要体现在三个方面：在人与自然的关系上，顺自然而以人为本；在人与社会的关系上，循人伦而以和为本；在人与自我的关系上，重体验而以乐为本。[③]

中国近代人文精神的转型，以鸦片战争为标志。西方列强的坚船利炮惊醒了沉睡中的雄狮，西方近代科学与民主思想涌入中华大地，冲击着传统思想文化体系，有志之士批判性地继承与吸收中西文化，从而实现了中华传统人文精神的近代转型，以民主、独立、自由、平等为中心内容的新的人文精神日益深入人心，而传统人文精神日渐

---

① 张弘．再回首：’95人文精神热潮［M］//本书编委会．中国大学人文启思录（第一卷）．武汉：华中理工大学出版社，1996：229.

② 杜时忠．人文教育论［M］．南京：江苏教育出版社，1999：79.

③ 杜喜荣．传统文化与人文教育［N］．中国教育报，2006-06-13（3）.

式微。改革开放以来，市场经济大潮下功利主义的泛滥，现代社会各种文化思潮的冲击，都冲刷、侵蚀着中国的人文精神，人文精神的隐痛以人的主体性丧失为表现，当今国人愈发被自己所创造的物质世界束缚着思想与灵魂，犹如浮萍之根。因此，找回失去的文化之根，寻求当下的精神资源，解放人的精神个性和思想自由，尊重人类所赖以生存的环境，追求真善美正日益成为我们遏制不住的群体冲动。

通过以上对人文精神抽象的、具体的、历史的讨论和梳理，我们可知，中国的人文精神是一种思想，作为一种“彼岸”的精神点亮人性的光亮，也作为一种“入世”的精神深深扎根于现实。无论是“彼岸”还是“入世”，它都始终围绕一个中心问题，那就是天地人相接相处的智慧，是做人之“道”，是成人之“道”。

（二）当代人文精神的具体内涵

与传统人文精神受宗教或迷信的禁锢不同，当代人文精神被物质所羁绊，所面对的“敌人”是片面发展的科学技术及其物质文化成果，以及社会多元价值观念的矛盾冲突对人和人性的压抑，对社会秩序的撼动。因此，一个现实的“我们需要什么样的人文精神”的问题已经迫在眉睫。新的时代背景赋予人文精神更明确的内涵，主要包含以下几方面的要素。

（1）人格、个性。

对人的关注，是构建当代人文精神时无可置疑的出发点。审视今天人的生存现实：首先，在机器工业的高度发展下，人被“异化”为机器的附庸和奴隶，成为生产流水线上的一个环节；其次，在庸俗的物质主义的引诱下，人被“物化”成没有理性、人性、正义的“空心人”，人的“主体”成了物的“客体”；最后，在主流意识形态的宏大观念下，人被“同化”为千篇一律的某一类人，是群体本位的抽象物，只有社会角色意识而无个体性内核，“个人”被矮化或是被扭曲。

这就意味着，在多样化、个性化的信息时代，当代人文精神担负着解放人、高扬人的主体意识，尊重个体人格价值、倡导个性发展的使命与责任。具体实践路径上，整个社会，包括家庭、学校、企业等都要为健康人格的塑造、人的自由而全面的发展、人的个性和才能的自由发挥创造条件，构建平台。

（2）科学、真理、理性。

若为现代人，科学不可排除在生活之外。表面而言，科学求真，推崇理性至上，解决对客观世界及其规律的认识问题，而人文求善，解决精神世界的认识问题。两者在关注对象、认知方法、思维态势、价值取向等方面各自具有各自的阿基米德支点。但实际而言，科学也是人的精神的某个方面，即它是属于人文精神的，它是人文精神在科学领域的表现。“精神毕竟是人文的，是人主观上的，是人的一种执著追求，是人的一种高尚境界。科学精神就是求真的人文精神。”[①]

但是，对科学精神的过分推崇，会导致对“人”的主体性价值的忽视，人非“人”，又谈何精神可言；对人文精神的极端膜拜，以价值的关怀庖代事实的察辨，把求真消解于向善之中，无疑又会使人文精神湮没在神秘主义和信仰主义中。因此，今天倡导的人文精神应包含科学理性，如此方可互为牵制，互策互动，同芳共荣，共同走向健康发展的人类文明。

（3）责任、使命、道德。

责任、使命、道德孕育于社会关系中的人与人的相互承诺、相互激励、相互规范中，合作性、共生性、共荣性的社会关系客观地构成人为责任人、使命人、道德人的根蒂。责任意识、使命感、道德性本是人生存于世拥有的价值取向、理性自觉，而不是外在设定的规范。然而，纵观花样繁多的社会关系，无论是富豪与穷人之间的关系，还是企业与个人之间的关系，乃至国度与国度之间的关系，几乎都处在永无止境的买卖或交易之中。市场的运行规则逐渐取代了道德规范、责任使命而成为指导人们行为、规范社会生活的根本甚至唯一准则。责任、使命、道德“沦落”成昂贵的“奢侈品”，甚至是获取非法利益的借口。

有鉴于此，当今社会应倡导以责任、使命与道德为内在要素的，以传统精神如“民吾同胞，物吾与也”“天下兴亡，匹夫有责”“为天

---

① 杨叔子．科学人文 不同而和［J］．高等教育研究，2003（3）：16.

地立心，为生民立命，为往圣继绝学，为万世开太平”“己所不欲，勿施于人”“己欲立而立人，己欲达而达人”为代表的人文精神。吾人为学之际，也须知书籍之外，工作之外，正有吾人莫大之事业在。

（4）传承、创新、合作。

科技时代最显著特点是“速度”，它犹如一把能穿越时空的锐剑，轻易地割断了今天与昨天、现在与过去的历史联系，导致我们的生活和思维模式似乎只有今天和现时。与此相应，当代人文精神强调尊重传统、正视历史，而且是继承传统而不囿于传统。正如本雅明所言，每一个时代必须把传统从令人窒息的传统主义中挣脱出来。这话恰是我们当今应该付诸行动的人文研究项目之一，于是，敢于标新立异的创新精神理所当然也是当代人文精神的要素之一。

然而，在以全球化为时代特征的文化视野中，无论传承还是创新，都非一人之力，单枪匹马而可至于完成的少之又少，凡百事业，皆非群策群力不为功。而且，在我国原本突出共性、强调群体利益的道德传统之中，恰恰缺少合作意识、协作精神，从而个体有限的创造性难以转化成集体的创造精神，这就是我们平常所说的“一个和尚挑水喝，两个和尚抬水喝，三个和尚没水喝”。人之在世间，非传承不足以自存，非创新不足以进步，非合群不足以强大，此理至易明者也。

（5）生态、和谐、发展。

当今社会飞速发展与人类快速进步的背后，伴随并潜隐着“经济发展决定论”“技术万能论”“文化发展滞后论”的价值陷阱。单纯迷信技术创造的“奇迹”，过分追求经济高增长的指标，无视文化教化天下、关怀社会人事的“潜力”，导致我们的居住环境、生存空间、精神文化生活等的发展相对滞后。自然、人、社会三者之间本是一个共生共荣、共同发展的有机体，从某种程度而言，整部人类史可以算是人与自然、人与社会乃至人与自身相抗争、相磨合、相成全的历史，同时也是消除冲突、追逐和谐、致力发展的奋斗史。因之，我们始终要清醒地意识到：新时期推进关系人民福祉的生态文明、和谐环境的建设与发展，需要以体现人文关怀的“生态、和谐、发展”共振的文化理念贯穿于经济发展、社会进步的过程中，并使之观念化、行动化，实现彼此共生共荣、互为成全。

“中国当代人文精神以现实的个人为出发点，以正确把握现代性为核心，以理性为基础，在全球化背景下，以科学方法构建”[①]。人文精神的整体建构无疑与教育脱不了干系，人文教化是教育对人文精神的具体实践层面，教育尤其是人文教育理当成为人文精神培植的根本途径。同时，人文教育的发展也需要中国当代人文精神的引导。

第二节　人文教育观的多维向度

人文教育虽历经变迁却仍历久弥新，在各个由其他教育思潮和教学实践主导的时期，依然是教育专家学者们热衷探寻的重要领域，它所体现出的一些核心观念和态度，是它区别于其他各种教育思潮，并魅力犹存的关键。人文教育具有多维向度，它从以下几个方面呈现其理论精髓：以人为本的教育观；完满向善的人性论；观照精神与价值的课程观；非强制性的教学方法论；知行统一的过程论；潜移默化的效用论。

一、以人为本的教育观

本立而道生。人文教育的本真，最根本地体现为“以人为本”的教育观。这里有两个关键词：一是“人”，二是“本”。它强调的是“人”而不是“物”，是“本”而不是“末”；不能见物不见人，也不能本末倒置。它体现出以下教育意蕴：其一，人是教育的目的；其二，教育的目的是为了人自由而全面地发展；其三，反过来说，它是对教育的各种权宜性、功利性、工具性的否定，是对“见物不见人”的教育的否定。

① 杨岚，张维真．中国当代人文精神的构建［M］．北京：人民出版社，2002：45.

人是教育的对象，人是教育的根本。教育的根本目的，是以人为出发点，以人为归宿，以实现人的价值为导向，以实现人的自由为依归，让生而为人的“人”去面对、去思考、去实现作为“人”的使命，从而也就去面对、去思考、去实现生命的意义和人生价值，正如康德所说：“人的目的是‘做人’。”① 杨叔子在谈到大学教育时也说：“大学的主旋律应是‘育人’，而非‘制器’，是培养高级人才，而非制造高级器材。人是有思想、有感情、有个性、有精神世界的，何况是高级人才；器是物，物是死呆呆的……如果我们的教育失去了人，忘记人有思想、有感情、有个性、有精神世界，就失去了一切。”② 这些都表明，“以人为本”是教育的出发点和归宿。

纵观历史，无论中国还是西方的人文教育家，无不强调“以人为本”是教育之基本理念和价值追求。儒家学派创始人孔子，倡导“有教无类”和“因材施教”，并将“学在官府”下移至“私学”，使得学生无论贵贱贫富，不论秉性高低，不管年龄大小，均可接受教育。此举正是孔子对当时教育乃“贵族教育”在观念与实践上的突破。宋明理学集大成者朱熹，将“德”放在书院办学理念之首位，指出“学校之正，不患法制之不胜，而患理义不足悦其心”。此举乃严厉抨击了当时功利主义学校教育对学生心性的遮蔽。近现代著名教育家蔡元培认为，教育是养成人格的事业，学校不可视为贩卖知识的场所，他强调人格的养成，人性的发展与觉醒。古希腊文化的集大成者亚里士多德提出自由教育思想，强调自由教育须学习不具任何功利目的的自由学科。永恒主义教育流派代表人物赫钦斯极力批判现代教育的职业化、非人化倾向，将大学教育的终极理想确定为智慧及至善，他认为大学的教育目标应着眼“人性”，培养有学识、有智慧、止于至善的人，而不应只着眼“人力”等。这些都表明，人文教育的历史体现了教育为摆脱人被抽象化、工具化、功利化，而追求人的完整性的努力尝试。

---

① ［德］康德．论教育［M］//任钟印．世界教育名著通览．武汉：湖北教育出版社，1994：498.

② 杨叔子．杨叔子教育雏论选（上）［M］．武汉：华中科技大学出版社，2010：183.

二、完满向善的人性论

人性与教育的关系，是人文教育绕不开的话题。关于人性论，大致有以下三种观点：性善论；性恶论；性灵论。性善论认为，人性本善，需要通过教育，使得人性中的“善端”发挥出来，孟子是此说的典型代表；与此相反的观点是“性恶论”，认为人性本恶，需要通过教育，明辨是非，使人趋善避恶，荀子是此说的典型代表；性灵论则认为人性既非善，也非恶，而是“灵”，人具有灵性的种子、灵性的潜质，董仲舒是此说的典型代表。人文教育观秉持性灵向善的人性论，即人是性灵的，而且是向善的。

（一）人性是充满灵性且丰富可塑的

人文主义的教育观认为，人性是充满灵性且丰富可塑的。性善论使得教育自身有了可能性，即“孺子可教”；性恶论使得教育自身有了必要性，即“孺子要教”。比较起来，“性灵说超越了而又包含了性善说和性恶说。性善说，性恶说，都把人性说死了，性灵说才把人性说活了”①，它体现了人性丰富灵动的生成性和发展性。人是一个整体，人文教育的理想就是实现人性的完满。完满，一指完整，一指完满。完整的人，不仅指在身体、精神、理智、情感、情绪和感觉诸方面的有机整体性，而且指在有机协调内部关系以及与外部世界的联系方面也达到了和谐一致。因此，整体的人格包括人内部的整合和人的内部与外部世界的整合两方面。人的内部整体则表现为思想、智力、情感、感觉等方面的一体化联系。“完整”是从整体框架而言的，而就内容而言，人性的“完满”还应该包括积极内容的充实，就好比人的身体，不是有手有脚，五官俱在就是完满的人，还要手能动、脚能走、五官能各尽其用。也就是说，人性完整的同时也应是完

① 涂又光．中国高等教育史论［M］．武汉：华中科技大学出版社，2014：73.

满的，而不是萎缩干瘪的。完满的人性需要教育在完整人性的基础上“乘胜追击”，将整体的人打磨、锤炼到圆满充盈的境界，以此获得完整、完满的人性。

（二）人性是向善的

不同于“人性本善”，人文教育相信“人性向善”。人性向善，“向”字是关键，是一种动态的指向，是一种托举“善”的动力，一种方向，一种追求，一种理想。所谓“大学之道，在明明德，在亲民，在止于至善”。向善，内蕴着尊重理解、诚实守信、友爱互助、宽厚奉献等多方面的价值取向。

向善是人类最本质、最人性的美德体现和德行诉求。早在古希腊时期，第一个比较完整的人生境界学说便由思想家、教育家苏格拉底建立起来，其中“至善”被他视为一切行为的最终目的、最高的道德价值，乃至人生的最高境界。在他看来，美德即知识，通向至善之路的入口是“认识你自己”。英国哲学家罗素也提出：在一切道德品质之中，向善的本性是最重要的。继此之后，几乎所有的人文主义教育观都是基于人性向善的观念来谈教育。而在中国，明代王阳明也提出，“天地虽大，但有一念向善，心存良知，虽凡夫俗子，皆可为圣贤”。近现代中国著名哲学家冯友兰也将人生分为四个境界：自然境界、功利境界、道德境界、天地境界。分析起来，这四种境界，自然境界是求本能的善，功利境界是求个体的善，道德境界是求社会的善，天地境界是求宇宙的善。换而言之，天地境界是至善境界，是人之所“向”的理想人格。人文教育就是要使人达到这样一种“赞天地之化育”“与天地参”的人生境界。

需要明确的是，“人性向善”并非要造就不食人间烟火的彼岸世界的“神”，其目标投向的是人的现实生活，包括现实生活的意义，以及价值创造的生活世界、人文世界，也即“人性向善”并不是与生活脱节，无视或背离现实的世俗世界，而是置身其中，体现在人伦与日用之中，表现出丰富而鲜活的生命性，也就是说，立足当下，认识自我，理解人生，寻找人生意义，追求终极关怀。

三、观照精神与价值的课程观

课程是实施人文教育的主要渠道和直接途径。人文教育课程指向“人”的培养，追求价值导引、心灵自由和精神愉悦，彰显的是人文性和生命性，体现的是非功利性和超功利性。张楚廷教授曾提出，人的教育要由人的课程来支撑，人的课程不仅叙说着真理，也闪耀着思想；它不只是思想流、思维流，而且是情感的流淌、意志的奔腾，有着对生命的唤起、对知情意的唤起。有学者认为，人文教育在课程观上的总特征可概括为四点，“第一，选择课程的依据在于对人生有无意义，而非职业的考虑，或实利的考虑；第二，课程知识的选择，倾向于人文学科；第三，课程内容具有浓厚的崇古特征；第四，课程组织缺乏严密的逻辑性”①，这种见解有一定的道理。

人文学科、人文课程是研究人的学问，关心生命、观照人生精神与价值，是人类永恒的话题。选择课程的依据首先在于对人生有无意义。我国古代人文课程体系与儒家文化渊源甚深，它是以儒家倡导的“明明德”“教化天下”为课程宗旨，以体现人伦规范、道德思想的儒学经学为主体，以礼、乐、射、御、书、数为基本教学科目的课程体系。西方古代人文课程是以“哲学王”“自由人”为课程宗旨，以凸显课程中人的主体性为基本立足点，以“七艺”为基本教学科目的课程体系。无论是中国古代“六艺”，还是西方古代的“七艺”课程，都被古人视为心性涵养之学。究其因，乃在于此类课程本身就有内在的非功利价值，它不是为了谋生，不是为了有用，而是为了训练心智，丰富人的精神，使人的精神也获得成长。

人文课程观认为，人文学科课程内容应以关注人类价值和精神表现的人文学科为载体。人文学科包括诸如哲学、文学、历史学、宗教学等领域，“这些学科使得我们得以某种个体的或相互交融的样式契入诸如表达、情感、传统、记忆、象征、思想和终极关怀等属于人类自

---

① 杜时忠．人文教育论［M］．南京：江苏教育出版社，1999：94.

身的方面”[①]，关系到人类对自身境遇的理解与领悟，关系到人对生命意义的追寻。再者，人文教育关乎人类永恒福祉，它在课程内容上具有历史惯性和崇古性。文艺复兴时期的人文主义者崇拜西塞罗，新人文主义者崇尚古希腊，永恒主义者认为古典的学问是各门学科得以生长的土壤，现代人文主义者推崇人文学科，推崇历史。在我国，孔子推崇西周“六艺”教育，西汉董仲舒“罢黜百家，独尊儒术”，宋代理学家提倡“性命道德”之学，求“圣人之意”，明清提倡“明道救世”之学，但仍以周孔“六艺”之教为依托。不过，虽然人文教育在课程内容上具有浓厚的崇古性，但这种浓厚的崇古绝非单纯的“复古”，细加品味，这里实则含有以史为鉴、古为今用、托古改制的内涵。

人文教育的课程组织并非如科学教育的课程组织一样，仅仅依据知识的逻辑性和系统性操作，按照“标准化”“形式化”的道路走，而是更多地考虑学生的个性特征、发展需要和生长的独特性与差异化需要，把课程中的知识体验当作是学生的生命过程，让课堂教学焕发生命的活力。比如人本主义者提出人本化课程，以及知识—情意课程—体验课程的整合课程。

四、非强制性的教学方法论

在教学方法上，人文教育认为，教学活动不是一种单纯的认识活动，也是一种生命实践活动，是生存方式体认和实践的活动，是生命力量生长和发展的活动，是生命意义发生和创造的活动——有着充满个性的鲜活的生命性。人文教育的教学方法论倡导对人生意义之“觉”“悟”“体”“察”“省”“行”等进行亲切指导的、柔性的、灵活性的、体验性的、对话性的、创造性的教学方法，反对强制性的、规训式的、说教式的、灌输式的教学方法。

① 杜维明．人文学科与公众知识分子［J］．陈怡，曾亦，译．自然辩证法研究，1999（1）：59.

西方最早宣告教学过程中人文意识的是古希腊的苏格拉底。苏格拉底采用的教学方法不是向学生直接传授各种具体知识，而是要求学生与教师共同谈论、辩论，互为启发，从而激发学生去积极思考和判断，共同去发现真理。这种方法体现了苏格拉底重视对学生个体发展、主体精神的引导，这就是著名的“产婆术”。

中国最早提出启发式教育方法的是孔子。孔子主要通过叩其两端、旁引侧证，开导点拨学生，使学生独立思考，提高认知，“不愤不启，不悱不发，举一隅不以三隅反，则不复也”是其启发式教育的精髓。

苏格拉底、孔子的教育教学方法一直影响着后世人文教育的实践。文艺复兴时期，维多里诺、拉伯雷等都主张通过绘画、游戏、故事等充满艺术体验的教学方法代替枯燥的文法规则，代替生硬的、教条主义般的语言教学。“这种教育是这样的亲切、容易和使人高兴，好似不像个学者的学习，倒像一个国王的娱乐活动。”① 17—20世纪的人文主义教学方法基本承袭了文艺复兴时期教学方法的主旨。

20世纪中期，由于科学技术的片面发展，教学方法愈发技术化、手段化，强烈压抑了学生的个性和精神，人文主义教育家试图通过课程教学对功利化和技术化社会造成的人性失落补偏救弊，最具代表性的是人本主义心理学家罗杰斯倡导的“非指导性教学”理论。这种教学是由教师提供材料、创造情境，学生通过自我反省活动及情感体验，在融洽的心理气氛中，自由地表现自我、认识自我，进而改变自我、实现自我的一种教学方式。②

五、知行统一的过程论

人文教育旨在提高生活质量，提升人生境界，涵养人文精神。人文教育的过程是一个生命成长和生成的过程，是一个自我心灵觉解、

① ［美］S. E. 佛罗斯特. 西方教育的历史和哲学基础［M］. 吴元训，张俊洪，宋富钢，等译. 北京：华夏出版社，1987：188.

② 吴式颖. 外国教育史教程［M］. 北京：人民教育出版社，1999：722.

以文化育的内在生长和文化化成的过程，是一个需要心灵体悟和自我实践修养的知行统一的过程，而不是一个知行脱节的过程，也不是一个知而不行的过程。人文教育的过程，是集“身”的行动，“脑”的认知，“心”的体悟于一体的过程。

从本体论视域看，“知”“行”是人的存在方式；从方法论视域看，“知”“行”也是我们理解人文世界的重要方式。但仅仅“知道”人文知识，还处于文饰而未内化的阶段，缺乏力量和深度，并不能自然推导出德行之善，还需“体道”。因此，要真切把握住人文道理，就不能停留于一般意义上的逻辑理解，而需要特殊的心灵体认。[①]“体道”为“德”，是认知本体对人文知识、人文理论的具体实践和升华。对学生而言，人文教育的影响需要学生通过自己的人生实践去沉淀、去感悟、去内化。只有这样，丰富的知识累积、持久的价值取向和精神状态才能真正变成融入身心的真实存在，走进学生的内在精神世界，成为他们内在的自觉。而对于教师来说，如果在教育过程中，教师本身缺乏深刻的人文体认，缺乏反复体认的能力，缺乏对体认的感悟，缺乏引导和唤醒学生人文体认的意识，缺乏把体认作为教育效果考查指标的考虑，那么人文教育就会陷入教育方法的失误和迷思当中。

早在古希腊时期，亚里士多德十分强调言与行的统一，身心灵的统一，主观与客观的统一，动机与效果的统一，他批评那些空谈德性而不实践德性的人：有些人什么合于德性的事都不做，而是躲避到有关德性的道理言谈之中，认为这就是哲学思考……像这样的哲学也不能改善灵魂。[②] 在中国，儒家强调道德修养落实到“行”，要言行一致，以“行”来检验“言”，“听其言，观其行”，“博学、审问、慎思，明辨，笃行”，最终要落实在行为上、行动上。总之，人文教育强调知行统一，强调理论与实际相结合，强调多从生活中、从实践中学习。

---

① 张祥云．人文教育特点新探［J］．高等教育研究，1996（6）：19.

② ［古希腊］亚里士多德．尼各马可伦理学［M］．廖申白，译注．北京：商务印书馆，2003：31.

六、潜移默化的效用论

人文教育特别强调教化的影响，强调教育中潜移默化的作用。这种潜移默化不同于法律和行政等硬件性控制手段，而是凭借本身的气息和意义便可起到不求而至、不为而成的教育作用。这种潜移默化、春雨化育、自然似之的“匠心”和“功夫”是人文教育特有的功用，也是教育的最高境界。

人文教育是使学生在教育的“自然环境”中，徐徐完成思想的转变和人格的塑造，这是“潜移”和“默化”的要求与主要体现。这里所谓“自然环境”，不仅是地理学之自然概念，又有教育环境、教育情境、教育问题之意。它不限于课堂的知识教学，而更为重视课程之外弥漫于整个校园的，以内隐的、不明确的方式存在着的诸如校园环境、学术氛围、文化传统、师生人际交往等因素。这些富有情境性的活动和交往，就像种种文化的“味道”和文化的“颜料”，溶于水中便可使水有色有味，较之简单说教更容易渗入学生柔软丰富的情感与心灵世界，引起他们的共鸣和感应。学生个体的思想和行为在这种富有情境性、教育性、人文特性的氛围和环境中自然达到“蓬生麻中，不扶而直”的境界。

人文主义教育家尤其注重这种“自然环境”的创设，他们认为，教育的作用就是营造一种利于学生“不扶自直”的最佳教育条件，即自由的、春雨化雨般的教育气氛。

第三节　研究生人文教育的必要性

人文，从教育的角度来说，实际上就是“文人”，即赋予人以文化生命。文化生命并非静止状态的现实，而是一种“文而化之”“止于至善”的动态过程。部分研究生的文化生命已远离或正在远离“止于至善”的目标，究其原因，部分在于现实语境下的研究生教育受到了基础应试教育的禁锢与制约，因而我们要求加强研究生人文教育，就是为了改善此历史遗留问题，逐渐充实研究生的精神世界，促进研究生的全面和谐发展。

一、促进研究生全面和谐发展

（一）弥补应试教育、唯专业教育的不足，促进健全人格的养成

促进健全人格的养成应是教育的旨归所在。研究生阶段主要是专业化学习的过程，研究生“成人”的问题，按道理而言，本该在中小学、本科阶段已经完成。正如杨叔子院士所言：“初等教育应是陶冶与培育情感，中等教育应是扩大与打好基础，本科教育应是启迪与开发智慧，研究生教育应是突现与施展特色。”[①] 但由于种种历史原因，教育问题上我们“欠账”了。

自义务教育实施以来，层层选拔、级级淘汰的全民化应试教育体制便给基础教育拟定了“应试”的目标，时至今日，以分数高低论英雄的应试教育仍叱咤风云。其产生的负面效应便是“高分遮百丑”，遮住了对学生健全人格的培养，使得擅长模仿、习惯应付、服从权威的“应试型人格”成为一些学生的性格特征，守诚信、崇正义、讲仁爱等历久弥新的人本主义精神命脉，遭到了一定程度的打击。如此一来，本该在基础教育阶段就得到重视的研究生“成人”问题，便遭遇先天营养不良的厄运。随后，高等教育阶段，由于我国过去长期采用苏联模式，甚为推崇专门化教育，通过学科和课程改造，使得社会普遍弥漫着“文科危险”和“文科无用”的论调及观念，导致全社会重视理工科，轻视、贬损文科，有明显的“重理轻文”的倾向，以及学生在知识结构、人格追求上的片面畸形。除此之外，研究生教育的规范化、机械化、专业化，一定程度上正消解着全面培育人的情感道德和陶冶

① 杨叔子，张福润，吴昌林．学习知识 超越知识 教育提升素质［J］．中国高教研究，2005（2）：10.

人的性情的人文教育，人文教育的“人文性”“智慧性”被遮蔽。研究生出现了“人”的问题，普遍存在“有知识缺智慧”“有教育缺教养”“有技能而无境界”“有理性缺灵魂”的现象。

某种意义上来说，研究生群体处境尴尬，他们一只脚在校园，另一只脚却已然跨入社会，人文教育在“补短”的关键时期——初等教育和中等教育阶段已然错过，因此不能推脱掉研究生人文教育的责任。研究生教育阶段，我们更需要通过人文思维、人文情怀、人文精神的传承，健全研究生的心理结构和人格结构，治疗应试教育失当所造成的“营养不良”，弥补中小学人文素养教育的缺失，进行起码的基础人文教育；调和专业教育的艰涩，弥补工具理性和过度专业化所造成的人格缺失和人性异化；促进人的全面发展，培养有学识、有思想、有智慧、止于至善的高层次人才。否则，“半人”研究生或将成为影响人类与社会发展的消极力量。可见，研究生人文教育的开展需求更迫切、难度更高，因此也更不容忽视。

（二）唤醒研究生个人自觉，以抵御不良社会思潮的侵蚀

斯普朗格指出：“教育绝非单纯的文化传递，教育之为教育，正在它是一个人格心灵的‘唤醒’，这是教育的核心所在。”①

当代研究生所处的情境，是世界整体走向商业化、技术化、利益化。“乱花渐欲迷人眼”的新世纪迷惑着人们的双眼，许多人都陷入了“遗忘自己”的怪圈，甚至思想相对成熟且自主意识较强的研究生也不例外。前文所述诸多现象，均不同程度反映了当代部分研究生在社会洪流面前表现出的困惑、迷惘甚至误解、盲从，对自己是谁、从哪里来、到哪里去等问题没有充分认识，几乎还停留在“沉睡”的状态，或甘愿屈服于现实，成为“装睡”的人。有一部分研究生在现实境况面前表现出对人文教育的强烈诉求，有迫切的文化自救需要。据有关研究生的调查显示，谈及研究生期间什么最重要，61.26%的同学选择了“提高个人素质，完善自我”，而33.33%的人选择“掌握一项专业

---

① 邹进．现代德国文化教育学［M］．太原：山西教育出版社，1992：73．

技能”，该问题实际指向人文素养价值认同度。[①]

物质的丰富、精神的稀缺乃是这个时代的“印象派作品”，研究生怎样在这种乱象之中争取一份属于自己的宁静，保持一份“众人皆醉我独醒”“止于至善”的自觉，以及如何对世界给予价值上而非事实上的判断，对自己给予伦理上而非原理上的约束、内在的而非外在的自持力？从教育学的角度而言，这些都需要人文教育，而非科学教育。人文教育的主要目的不是增加知识，而是在人生的关键时刻显示它“去遮蔽，开心智，促觉醒”的力量，唤醒个人自觉，从而使人明白如何更好做人，如何自主修养，如何更好地创造生命的价值，而不是庸庸碌碌于人世。

研究生教育中的人文“唤醒”，是对人内部力量的解放，引导他们在物欲横流的今天，保持对纷攘变幻的外部世界的敏锐洞察力和自我完善的能力，始终明白自己存在的意义，获得心灵的澄净、内心的强大，而不至于产生精神上的疏离感与无力感。同时，“唤醒”也是他们内在的自我教育力量的爆发，是一种“锦上添花”的创造工程。自我教育的力量来源首先是自我意识，而自我意识产生于精神，人文教育的真正使命就是要唤醒学生的精神生命，挖掘与发挥“人为万物之灵”的巨大灵性潜能。明乎此，以人文精神为旨归的人文教育便是当仁不让的自我意识“唤醒”师。

（三）激发研究生的创新意识，提升创新能力

研究生教育是顶尖的创新性人才培养的重要阶段，创新性是研究生人才的突出特征，是研究生教育的灵魂。创新能力正是能体现研究生素质特色的核心成分，也是研究生驰骋职场的主要竞争力。然而，据相关资料显示，有68%的用人单位认为研究生创新能力“一般”或“差”，只有9%的导师认为硕士研究生在创新能力上表现为“优”。[②]研究生创新能力明显不足已是不争的事实，它束缚着研究生在科研、

① 陈继会，弋灵，鞠梅．深圳高校研究生的人文素养教育与培养［J］．特区实践与理论，2013（5）：56.

② 王孙禺，袁本涛，赵伟．我国研究生教育质量状况综合调研报告［J］．中国高教研究，2007（9）：34.

工作岗位上力图有所作为的脚步，使研究生普遍平庸化。研究生创新能力不足，一方面要归咎于基础应试教育对研究生思维的顽固限制与束缚，另一方面还要归咎于研究生教育过程中惯性存在的泾渭分明的学科关系，以及对学科交流渗透的限制。但更为重要的是缺乏人文精神的教育，缺乏人文精神“合”“通”的理念。事实上，科学需要人文的激荡，经过人文抚育过的科学知识往往能够激发人的创新意识，强化融会贯通的能力，起到“功夫在诗外”的作用。古往今来，大凡在科学领域卓有建树的科学家都有着丰富的人文底蕴。基于这样的深刻认识，研究生教育更应该为开放、灵活、有个性的创新留下广阔的空间。而人文教育就是这样一种提倡敢于向陈规陋习说“不”的精神教育，它能打破各学科各专业间壁垒森严的藩篱，促使研究生运用跨学科思维和跳跃式思维，激发创造灵感，创新科研成果。

二、为研究生教育注入智慧

正如马克斯·范梅南所言：“教育的智慧和机智可以看做是教育学的本质和优秀性，我们不妨说智慧构成了教育学的内在方面。”① 作为引领个人和社会智慧的社会机构，大学要传播和培育学生的智慧，自己首先要有智慧。知识以“物”观之，智慧以“道”观之。研究生人文教育，就是研究生教育智慧与教育生命力的“道”。

（一）引领研究生教育步入教育价值取向的正常轨道

无论是在古希腊传统教育，抑或是中国传统教育，在教学生去追寻智慧的同时，自身在师德塑造、课程教学过程中也深刻体现着智慧品性。这从前文所述人文教育体现的诸多观念中可见一斑。反观我们当前有“大师”“大楼”“大专业”的研究生教育实践，却很难给它立上“智慧”的功勋碑，因为它已偏离了智慧的原初轨道。某种意义上

① ［加］马克斯·范梅南．教学机智：教育智慧的意蕴［M］．李树英，译．北京：教育科学出版社，2001：172-173.

说，今天的教育发展，不是缺少高楼大厦般的学堂，而是缺少具有人文关怀的价值取向，因此研究生教育才会衍生出“五重五轻”的问题，即“重论文的写作，轻思维的训练；重成果的获得，轻实践的锻炼；重统一的要求，轻个性的发展；重目前的‘见物’之所需，轻日后的‘见人’之所谋；重功利的立竿见影，轻素质的长期培育”[①]。正是这种智慧品性的逐渐淡化，使得研究生教育日益变得“四肢发达、头脑简单”。近年来，被绳之以法、身陷囹圄的就有不少属于这样造就的“人才”。

人文教育的核心是人文精神的贯穿，人文精神即体现着教育的智慧。作为教育金字塔顶端的研究生教育，无论是其对文化品性的塑造，还是其学科专业的发展创新、教师教育智慧的提升，或是其对社会和个人引导功能的发挥，都势必要求人文教育“在其位”，以阐述教育的价值理想、生命智慧，丰富研究生教育“思想自由”的人文意蕴，传习爱国、民主、科学、创新等精神的信仰。

研究生人文教育关注如何培养理想的研究生、理想的研究生教育应该是怎样的等问题。这些问题，从科学教育、专业教育中无法得到答案。研究生教育具有人文的教育观及人文的教育操作思路，就可以在市场经济、科技发展、高等教育大众化的复杂时局下处变不惊；也可以在内部管理的疑难过程中，协调好学术与行政的矛盾关系；更可以使教师在树人育人的工作中驾轻就熟，巧妙、准确、发人深省地给人以引导、启示和教育，最终使学生在校园中实现对生命的通彻理解，进而改变目前研究生教育种种不平衡的状态。

（二）推动研究生教育的科研和学科建设

创新是一个民族进步的灵魂，是国家兴旺发达不竭的动力。创新精神和创新能力的培养是研究生教育的生命力所在，而释放研究生教育的活力、培养创新精神的基点就是要推动研究生教育的科研和学科建设，以此迸发教育的活力。

① 杨叔子．《游褒禅山记》对研究生教育的启思［J］．中国高教研究，2003（6）：6.

当前，高校在推动科研和研究生教育工作过程中，主要以学科建设和创新型高层次人才培养为突破口。但长期以来，在学科建设方面，高校无一例外地强调专业学科的“纵深发展”，却忽视学科之间的“横向沟通”，使得研究生普遍知识面狭窄，思维局限，难以满足知识经济时代对复合型高级人才的需求。当代学科呈现高度分化又高度综合的新趋势，具有重大突破性科研成果，新的学术思想的萌发，以及新的学科生长点，往往产生于不同学科的交叉与融合之中，人类重大问题的解决思路与方法也往往需要多学科知识的协同作战、合力攻关。显然，强调专深的学科模式已难以满足当下知识经济发展的客观要求，既不利于相关学科之间的交流与对话，也不利于各个学科自身的发展和壮大。

对研究生教育而言，必须注意本学科与其他相关学科的关系，否则，学科界限将成为限制学科进一步发展的桎梏。因此，研究生教育的发展与研究生教育质量的提高有赖于学科之间的交流、渗透与对话，而这取决于研究生教育对人文教育的重视程度。重视程度越高，则越有利于从人文思维与科学思维互补的角度来理解学科之间的交叉与融合，越有利于将彼此之间盘根错节、剪不断理还乱的关系整理清晰，互相促进。比如：在面对综合性和不确定的研究对象时，人文思维会引领我们先去“理解”，理解一个问题是解决它的必要前提；在推演科学思想发展的未来走向时，人文思维会提醒我们对科学进步不断进行反思和自省。可见，人文思维对科研和学科建设的重要性。

三、为现代化树立价值导向

研究生教育位居国民教育体系的顶端，它具有十分重要的战略意义。一方面，它担负着为我国实现国家富强、民族振兴、人民幸福的“中国梦”培养高层次、高素质、创造性人才的历史重任；另一方面，它也在引导中小学教育、一般高等教育、成人教育、职业教育的发展方向。这意味着，作为教育系统乃至社会宏观系统的组成部分，研究生教育不能以“自得其乐”“独善其身”的方式孤立存在，而应积极入世，投入现代化建设事业中，落实其自身的使命追求与本质特色，“兼济天下”。

（一）为社会文化提供精神引领

人文精神作为人类文化缔造、积淀而出的价值和理想，是社会文化的内在灵魂。“中国梦”的实现固然离不开科学技术的动力支持，也有赖于人文精神的引领。当代多元格局并存的文化态势，一方面提供了一个活力四射、精彩纷呈的交流舞台，也在另一方面暴露出价值缺席的阴影，造成了社会文化的无序状态。社会文化的失序，究其实质，乃在于丧失了人文精神的引导和规范。一旦社会文化失序，人们便将希望或责难加诸教育，尤其是高等教育。

研究生教育相对于基础教育与本科教育而言，拥有更大的学术自治、教学自由的权力，更容易坚定立场，不落俗套。同时，它是文化创新与传承的重要场所，它所秉持与倡导的思想理念、文化气息对于开拓社会新风气，引领社会新潮流具有很强的辐射性、带动性和示范性作用。它所培育出的研究生是受教育程度最高的社会群体，即将在我国社会主义的发展道路上发挥重要的作用。

研究生教育要想真正起到社会发展的风向标的作用，不辜负为社会发展提供人文导向、精神引领的期望与责任，仅靠科学教育是远远不够的，需要大力推进研究生人文教育，从内而外地在文化品格、学术品性、价值追求、思想观念上努力升华与提高，开创属于自己的、独立的精神特质，并通过教学育人、学术研究、文化传播等职能，把握时代文化的脉动，剖析时代病症，引导社会坚守社会主义核心价值体系，谋定社会文化发展的智慧格局，为社会构建一种可持续发展的文化平台。

（二）为科技与经济提供人文导向

“中国梦”的实现离不开人文精神的方向引领，也离不开高新技术、经济活动的动力支持。就目前而言，支撑社会发展的科技、经济、政治等领域所广泛运用的机械设备、数据模型、理论政策等技术创新和知识创新成果，很大部分来源于研究生所从事的科学研究项目。但就这些科研成果而言，它们只是事实的存在，而非价值的存在。至于这些科研成果是基于怎样的目的而来，又该向怎样的发展方向而去，这些都需要借助人文教育帮助研究者从历史的、法理的、伦理的、世界的角度对科学技术、经济理论等进行人文设计、人文咨询。

例如，观照人类生活的医疗、建筑、交通、食品等领域，研究生应做出此类思考：当今社会，哪些关乎民众生命安全的疑难杂症亟待解决；建筑设计、工地考察应本着怎样的原则服务大众；是否可以研制出能抵抗地震等灾害的钢筋水泥；转基因食品对人体是否有害……总而言之，研究者必须从人道主义的立场进行科学研究，为社会的健康发展提供强劲有力又不失温情的动力支持。

科学技术是一柄锋利的双刃剑，既可以助人行善，也可以助纣为虐。而科学“应用之妙”，莫过于“存乎一心”，此即人文之求善之心。如若科学丢失此“心”，手握科学利剑之人可能会为科学所执，陷入异化之中。如若安得此“心”，以人文统领科学，那么，关于科学所用为何、科学如何发展等科学的价值取向问题就得到了解答，科学便不至误入歧途。正如爱因斯坦 1931 年 2 月 16 日告诫美国加州理工学院的学生所说：“如果你们想使你们的一生的工作有益于人类，那么，你们只懂得应用科学本身是不够的。关心人的本身，应当始终成为一切技术上奋斗的主要目标。”[①]

可以说，现在的社会以及未来的社会的关键领域、关键部门，与接受了最高层次高等教育的研究生密切相关。他们的思维、理想、能力如何，直接关乎着他们所研究的领域的发展方向。现在，我们倡导推进研究生人文教育，在于为研究生教育创设一个适宜的人文文化传统，匡正现代科学的价值取向，使现在乃至后来浸润其中的研究生形成完善圆满的人格，从而合理有效地运用科学、发展经济，实现造福人类的目的。

---

① 周川．人文化：科学教育的新取向［J］．辽宁高等教育研究，1995（4）：61.

第四节　研究生人文教育的特殊性

研究生教育的特殊性决定了研究生人文教育的特殊性，无论是对研究生人文教育必要性的分析，还是对研究生教育特殊性的分析，都暗含了一个不证自明的逻辑，即研究生人文教育有着不同于普通人文教育的内涵、目标、要求和路径选择。从思想、理论的层面对此做出必要说明，有助于我们化繁为简，厘清眉目，在策略及实施上进一步突出重点，统筹规划。

一、深刻内涵：与学术密切结合的人文教育

研究生人文教育无论在教育对象、教育目标、教育内容上，都应有其对应性、层次性和渐进性。研究生教育的战略地位、教育对象、教育内容、培养方式、管理模式、培养层次等，都与本、专科生有明显的差异，这就决定了研究生人文教育在层次上应高于本科阶段的人文教育，在性质形态上应截然不同于社会上其他群体的人文教育。我国研究生教育质量首部“国家标准”——《博士、硕士学位基本要求》中对研究生提出了学科前沿、社会需求、知识结构、综合素养与能力、基本规范等方面的要求，体现出对研究生科学素养与人文精神的同等重视。而且，种种事例表明，我们既要看到研究生所具有的创新科研成果、推动社会进步的巨大能量与潜力，也要清醒敏锐地意识到其人性迷失的可能性，以及由此产生的巨大破坏力。

我们的研究生教育既要警惕在既得经济利益的导向下失去“以文化人”的信仰，又要着重践行培养“对社会有益人才”，同时，更应注重对人才的人格塑造和心性培养，保障高层次专门人才的知识能量用于正道，避免他们成为“为非作歹”“蠹国害民”的破坏性人才。因此，研究生教育不仅应是学术化的专业教育，更应是高端的、与学术密切结合的人文教育。研究生人文教育的基本特征应是建立在高深学

问、科学研究基础上的，一种以人格和智慧的养成为核心的高标准教育。

二、目标追求：由科学而达至修养

研究生教育总体上属于高等教育体系中精英化、高层次和专业性的教育类型，也是国家培养创新人才，实现伟大“中国梦”这一历史战略目标的重要领域。杨叔子院士指出：“培养拔尖创新人才，与本专科生教育是大有区别的，对人性、灵性的要求更高，其科学教育与人文教育交融的重点应放在思维、精神、整体方面，亦即应放在形而上的方面。”① “研究生的学习与研究的具体成果与内容固然重要，但更为重要的是长远的效益，是通过学习与研究生的具体内容及所取得的具体成果，在思维能力上所得到的提高与加强，在精神境界上所得到的充实与升华，是下学上达，通过具体的形而下，体悟到抽象的形而上”②，“对研究生而言，知识已经在融汇中有了应有的基础，关键已在超越知识，‘发展智慧’”③。

研究生人文教育在目标取向上，要超越培养技术专家的狭隘精英人才观，追求从知识到智慧的过渡，着力在知识、理论、方法教育和科研训练的过程中，帮助和引导研究生把知识、才能升华为智慧、精神，使之成为德才兼备、内外兼修的新青年。而且，在当今这个碎片化思维泛滥、智慧匮乏的时代，教育、引导研究生由科学达至修养有着极其深远的意义。

---

① 尹红．问渠哪得清如许，为有源头活水来——杨叔子谈人文教育与研究生素质教育 [J]．中国研究生，2003 (5)：25.

② 尹红．问渠哪得清如许，为有源头活水来——杨叔子谈人文教育与研究生素质教育 [J]．中国研究生，2003 (5)：25.

③ 杨叔子，张福润，吴昌林．学习知识 超越知识 教育提升素质 [J]．中国高教研究，2005 (2)：10.

三、特色课程：不可或缺的导师人格魅力

相对于以集体学习和班级授课为主的本科教育而言，以导师负责制为主要培养机制的研究生教育，从制度上增强了导师对研究生的影响力。比本科师生之间的学术指导关系更进一步，研究生与导师之间是一种更为亲密的关系。优秀的研究生导师能超越传统教师“传道、授业、解惑”的任务，其人格魅力具备了人文化成的功能。因而，导师的人格魅力，而非其角色地位，更是研究生人文教育中不可或缺的因素。

知识信息化时代的到来，大大拓宽了研究生接受知识信息的渠道和空间，导师作为知识的主要传授者的地位在一定程度上被解构。那么，除却知识与权威，导师应靠怎样的教育力量为人师表、答疑解惑、征服人心呢？无疑，在新的时代背景下，导师更多地要依靠诸如博厚高明的精神境界、严谨求实的治学态度、宽厚坦荡的胸怀气度、崇高的敬业精神、和谐友爱的人际交往、高雅的审美品位等自身的修养、人格和智慧去吸引学生、感染学生、教化学生。而相应地，研究生真正钦佩，并认为能使他们终身受益的导师往往是极富同情心、师德高尚、勇于创新、洋溢青春活力、充满人情味的。所有这些都指向导师的人格魅力。

这就意味着导师在学术指导的过程中，除了其宽博的知识、耀眼的行政地位，其思想涵养、信念价值、为人风范等更能在潜移默化中深刻地影响着学生的思想、价值观和性格。而且，导师在与研究生日常相处中所显示出来的这种无形的教化，比冰冷的知识灌输更富有魅力，更具有实效。总而言之，导师的人格魅力是研究生人文教育中不能忽视的存在。

四、路径选择：专业教学中的人文教育

教育是个整体性的过程，研究生教育阶段出现的问题实际跟中小

学阶段、本科阶段有莫大的关联，因为它们彼此之间是密切联系的连续过程。尽管每个教育阶段都以“育人”为教育目的，达成这个教育目的需要一以贯之、循序渐进，但其作为教育工作的总目标，并不能代替各教育阶段对所要培养的人才的特殊要求，每个教育阶段都有围绕“育人”主题而延伸的特殊要求。

研究生教育阶段，其人才培养目标的特殊要求是：在本学科内掌握坚实的基础理论和系统的专门知识；掌握一门外国语；具有从事科学研究、教学工作或独立担负专门技术工作的能力。显然，这种人才培养目标的特殊要求是由特定的学科发展需求和特定的社会层次的需求决定的，与本科生教育目标相比，具有专业性更强、专业目标更具体的特点。

这就意味着研究生应是为人治学其道一体、既德且才的高素质人才，研究生教育活动也应在提高研究生德行修养的同时，承担对研究生进行科学研究训练、开展科技创新的任务。围绕这个培养目标的特殊要求，研究生教育的课程内容、教学方法、培养方法等，都以专业教学为载体或平台进行。因而，研究生人文教育要取得实效，必须始终围绕专业教学活动展开。

第三章

研究生人文教育的策略

制度和观念，是任何变革不可或缺的要素之一。研究生人文教育的改革，也应有其内蕴的教育理念，以及在这种理念指导下的制度规范，探讨研究生人文教育的策略及实施体系，是为了更好地推进研究生人文教育。

第一节　顶层设计：秉持“寓道于业”的教育理念

作为推动研究生人文教育活动的指导观念或精神追求，教育理念往往包含着人们对研究生教育现实的反思，心目中理想的研究生教育的价值倾向与追求，以及从根本上如何实现理想中的研究生教育的方法，它时刻鞭策着、激励着、引导着研究生教育的实践活动。但往往这方面的变革是最难的，因为它牵涉到教育的价值体系等深层因素。然而它又是必须的，因为唯有实现了这一层次要素的变革，其他问题才可迎刃而解，理想研究生教育的追求才能从根本上树立起来。针对研究生教育的特殊性，研究生人文教育应秉持“寓道于业”的教育理念。

一、“寓道于业”教育理念的解读

要理解什么是“寓道于业”，需要理解何谓“道”、何谓“业”、何谓“寓”。

“道”，是中国哲学中重要的概念。道字从辵，从首，首亦声。“首”指“头”。“辵”指“行走”，“辵”与“首”合起来，表示“从头开始行走”，实际上这里面含有一个“起点重要”的问题，用今天的话来说，即逻辑起点的问题。逻辑起点非常重要，正如穿衣服扣的第一个扣子，第一个扣子如果扣错了，后面的扣子不可能扣对。“道”在本书中表示人文教育所要表达的本质内涵，即人文、人文精神。

“业”，即专业，这里的专业，“既有高深专门知识教与学活动的属性，又具有分门别类地进行这种活动的基本单位的属性”[①]。

“寓”，即寄寓、寓居。

寓道于业作为一种教育理念，是指将教育的“人文”价值追求投注在研究生专业教学之上，并“寓居”于其中，内化为研究生专业教育的一部分的过程，最终达到以“业”载“道”，“道”“业”合一的目的，进而实现以“仁”成“人”。这是一种寓特色于理念之中，寓育人取向于战略设计中，寓形式与内容于一身、寓师生合力互动成长于一体的理念思路。

这里可借用我国古代极为著名的“太极图”做形象的描绘，它可以综合表现研究生教育的特殊性与人文教育的精神性内涵。寓道于业的研究生人文教育理念包含以下内涵。

首先，它是对专业教育与人文教育非此即彼“二分”理解的突破。世界教育发展历史已证明，人文教育与科学教育是互补的，过分强调或过分贬抑任何一方，都会造成教育的失衡。在教育界，对二者关系的处理，普遍认同将人文教育与科学教育结合的理路，寓道于业的教育理念便是如此。

---

① 薛天祥．高等教育学［M］．桂林：广西师范大学出版社，2001：27．

其次，它意在纠偏研究生教育的科学化倾向，强调研究生教育的人文化。研究生教育尽管主要以专业课程为知识载体，但专业知识实际内蕴着丰富的人文内涵，然而在融合人文内涵与专业知识的过程中，却容易陷入以科学为准则、核心和取向的融合方式。研究生教育的专业性，客观上容易助长这种倾向，将人文教育变成专业教育的附庸、点缀。

因此，教育理念上的寓道于业，主张在高层次的科学教育阶段以人文为目的、主轴或取向，融合科学知识与人文化诠释。这就需要做到，一是在价值取向上要定向于人；二是在内容上，要把科学首先当作一种普遍的精神文化，而不是一种专门性的实用知识与技术。寓道于业的教育理念“力图使科学人文化，使人文建立在科学的基础之上，以人的全面发展为最高目标，而以科学的发展作为基础和实现目标的手段”①。

二、 寓道于业的研究生人文教育理念的特点

寓道于业的研究生人文教育，符合研究生人文教育的需要，它在是否能对思想观念相对成熟、价值体系趋向成型的研究生产生影响，多大程度上产生影响，以及通过何种途径产生影响等方面已做出了切实的回答。寓道于业的教育理念有其自身的特点，主要表现为：寓道于业的研究生人文教育与专业教育相融合；寓道于业的研究生人文教育具有融渗性；寓道于业的研究生人文教育重在人文精神涵养等。

（一）寓道于业的研究生人文教育与专业教育相融合

人文教育最忌空洞、抽象和脱离实际。寓道于业教育理念强调研究生人文教育与专业教育的结合。一方面，它力图将研究生人文精神的养成、人格的塑造，精神的陶冶与研究生的专业学习、研究和生活

① 张应强．论科学教育与人文教育的整合［J］．高等教育研究．1995（3）：54.

中遇到的人文问题直接具体地联系起来，通过加深对这些问题的认识，达到人文教育的积极效果。

另一方面，它力图将人文教育与研究生教育的专业特点和课程内容结合起来，充分注重拓展专业的人文内涵、精神价值，力图使专业课程更加丰满有魂。通过丰满有魂的专业课程的教与学，学生能更深刻认知并体味科学与人文的内在联系，更自愿自觉地追求科学精神与人文素养的统一，最终突破狭隘的专业教育的桎梏，达到境界的升华。

总而言之，寓道于业教育理念始终坚持研究生教育的独立价值和尊严，倡导在此基础上因材施教、因势利导地围绕专业教学展开研究生人文教育，具有极强的针对性。

（二）寓道于业的研究生人文教育具有融渗性

渗透式人文教育没有标准化、一体化、模式化的道路可走。它所强调的研究生专业教育与人文教育的融合，不受时间、地点的束缚，也不停留在某个阶段和某个层面上，而是要贯穿于整个研究生专业教育活动的始终，即贯通于课程、教学、科研、导师、管理体制、校园环境、社会实践活动等学校工作的各个方面、各个环节，倡导从发展变化着的实际情况和需要出发，丰富多样、灵活多变、生动活泼地开展工作。

可以说，人文教育既是一方价值体系的人文高地，又是一种带有问题意识的思考性阅读，一种师生互动的对话交流形式，一种课堂思想运作，一种自我教育之智慧。

（三）寓道于业的研究生人文教育重在人文精神涵养

研究生专业教育与人文教育相融合，其重点不独在人文知识，更在精神、思维和智慧上。对研究生教育而言，精神性的追求有两个方面：一是精神成人，是以仁成人；二是精神创新，强调下学而上达。

寓道于业的研究生人文教育不仅解决了研究生“成人”的问题，还不可避免地关注着“成才”问题。正如杨叔子院士认为的那样，科学教育主要给人以灵性，而人文教育，既给人以灵性，更赋予人以人性。对于具有较稳定的个性特征、知识结构、价值取向和思维与实践能力的研究生而言，这无疑是一种超越保守型教育的建设性举措。

第二节　基础建构：优化课程体系与教学方法

课程是借以传达某种社会的、文化的知识内容及价值取向，实现教育目的的教学手段或工具。研究生的培养主要依据是研究生专业培养方案和个人培养计划，而培养方案和培养计划都以研究生专业课程的设置为核心内容。研究生人文教育无法像本科通识教育那样，建立相对完整的人文课程体系或设置以人文学科内容为主的核心课程。因此，最有效且最实际的方式是在根本性的专业课程，以及与专业课结合紧密的隐性课程上下功夫。

一、导出专业课程的人文内涵

在研究生的课程结构中，专业课程所占的比例是很大的。而对于这类课程的教学，教师往往关注的是“事实的知识”，却忽视“价值的知识”，导师研究生普遍掌握了大量“何以为生”的技能型本领，但是却缺乏对“为何而生”的智慧型思考。对专业课程内蕴的人文价值的忽视，是导致研究生专业知识丰富，人文精神缺乏或者“有知识无教养”的主要原因。因此，不仅研究生科研能力的提高、创新能力的增强，而且其人文素养的提升都应从根本性的专业课程上下功夫。

而从课程的角度来说，在专业教学中渗透人文素养的培养并不需要教师费力寻找额外的人文素材，只需重视专业知识背后跃动的生命音符，挖掘并应用专业知识中所自然蕴含的人文资源。因为，尽管科学知识是对自然规律的客观描述，但任何专业的科学文化都是由人创造的，都产生和存在于一定的人文文化背景中，因此，从知识的建构情境着手，专业教师需要从专业、学科发展史的角度为研究生打开兴趣之门，调动他们的求知欲和探索精神。如可以将学科发展过程中优秀科学家为追求真理而献身的感人事迹告知研究生，帮助他们从探索的角度培养严谨求实的科学态度和勇于探索的奋斗精神；可以将专业知识的历史重责与现实使命展示给研究生，以激励他们产生以繁荣学术、追求学术创新、发展先进文化为己任的科学研究的历史使命感和责任感。所谓“判天地之美，析万物之理”，需要将专业知识中“美”的因素充分挖掘出来，为学生营造“知识即含美”的充满美感的知识殿堂，给其以赏心悦目的美的陶冶。

同时，不同于本科生对专业基础知识的学习与累积，研究生的专业知识、科研训练更具实践性，很多研究生从事的科学研究的项目直接来源于社会问题，而科研成果又直接服务于社会，造福于人类。可见，研究生教育与社会的发展密不可分，研究生的专业课程应始终体现对人类的关怀，始终与人类广阔的生存环境相连。

这就意味着，研究生专业课程除了导出专业知识内蕴的人文内涵，还可以拓宽专业眼界，将专业知识与广阔的生存环境相连，把科学知识从不容置疑的概念、事实中解放出来，以促进研究生从生活而非纯科学的角度解读知识，唤醒他们对日常生活的人文反思。比如，专业老师可以从逆向思维出发，将某些人利用专业科学技术危害世界的例子分享给研究生，使他们树立起“致力科学、造福人类”的思维意识。

二、重视潜在课程中默会知识的陶冶价值

研究生人文素养的培养，既得益于显性的专业课程，也得益于隐性的潜在课程。显性的专业课程以正规方式呈现于教学计划过程中，隐性的潜在课程弥漫于整个校园文化环境中，可以说“显性课程主要构成人才的骨骼框架，隐性课程主要构成人才的灵魂血肉”①。

对于潜在课程的思索，使我们的人文教育增加了落到实处的可行性。“潜在课程是指那些在课程指导和学校政策中并不明确的学校教育实践和结果，即使如此，它仍然是学校经验中经常而有效的一部分。潜在课程也许被认为是不公开的、非预期的、隐含的或未被认识的。”②它具有潜隐性、广域性、多样性、持久性等方面的特点。潜在课程区

---

① 谭伟平．论隐形课程与大学精神［J］．现代大学教育，2004（6）：59.

② 靳玉乐．潜在课程论［M］．南昌：江西教育出版社，1996：23.

别于以正规的、公开的形式向学生施教的教材、课本及公开课程，它是以隐含、暗默的方式把显性专业课程中隐含的价值观念、精神态度等意识形态内容，和显性专业课程实施过程中释放的文化力量，以及学校的物质环境、管理制度、教风校风、领导方式和教师人格中潜藏的道德要求、教育理念和大学精神，渗透到具体的教育活动过程之中。其中，镶嵌在潜在课程中最为珍贵的价值观、态度、文化、教育理念等其实就是难以形式化的默会知识。

默会知识的基本特征表现为以下三点。

（1）它是一种以个体直接经验表现出来的个人知识或私人知识，如个人信念、责任心、价值观等。

（2）它是一种关于指导怎么样和怎么做的技术性知识或行动性知识，它深藏于我们的行动中，外化为我们的实际行为，实际上默默地指引着我们的行为。

（3）它是一种难以明确表达和不能加以系统批判的知识，非命题和语言所能描绘穷尽。此类种种鲜明地表现出默会知识与强调隐喻、体认、潜移默化的人文教育具有某种天然契合性，甚至从某种程度而言，重智慧而不是重知识、重定律的，建立在一定知识基础上的，体现某种价值导向的人文学科就是多种默会知识的历史类聚。

潜在课程就是将这些只能在行动、情境中被察觉、被意会的默会知识又重置于一定的情境及活动中，以“水的载歌载舞”这样的至柔方式为学生所掌握，最终造就了“亮丽的鹅卵石”。从人文精神建构的角度来说，要使潜在课程对研究生的人文精神产生潜移默化的影响，就须结合研究生的科研活动，将塑造人文精神融汇在研究生特色化的人文学术活动中。

（一）重返经典阅读之乡

经典阅读无疑是落实人文教育的重要途径。经典名著本身蕴含着深刻的思想，其思想指向宇宙、社会和人生的普遍性问题，而围绕这些普遍性问题，经典名著也提供了一种开放式的灵感清泉，通过对其深入探究，“穷则独善其身”的层面上说，个人得到灵魂的净化、心灵的升华；“达则兼济天下”的层面上说，则有利于启发民智、固结民心。研究生人文素养的提升始终关联着文化熏陶、价值追求和思维训练等，在当代大众化、庸俗化的多元文化生态中，倡导经典阅读实属必要。

经典阅读并非仅仅是一种读书行为，更是一种文化行为，一种生活态度。事实上，经典名著浩如烟海、卷帙浩繁，因此研究生在对经典的选择上，往往需要通过导师推荐书目的方式，厘清需要重点阅读的典籍。中科院院士杨叔子就要求博士生必须会背《论语》《老子》，“让浮躁的心，宁静下来；让人的精神，升华起来”，正是他倡导经典阅读的目的。至于怎样调动研究生阅读名著的兴趣和热情，有必要借鉴美国卡内基教学促进基金会的报告中强调的理念：“叫一个想当物理学家的学生花费时间去学习西方文化遗产，可能会很不耐烦。假如叫他以物理学为学习中心，讨论物理学在历史上的影响，物理学对社会产生的结果以及物理学与伦理学的关系之类的科目，他就会注意了。一个学生只要认识到非专业学科与专业学科的关系，他就会热心钻研的。”① 其次，作为专职教育机构的学校可以举办系列文学名著欣赏讲座，举办经典读书会、经典读书笔记展览和评比、文学经典沙龙，或通过公共选修课的开设，或通过建立校园读书网站，在新媒体技术的支持下，在老师的带领下，在同学间的影响下，塑造书香校园，流转经典名著，体悟人文内涵，拓宽人文思维，促进人格养成。

对于研究生来说，如何真正有效地阅读经典，达到提升人文素养的目的呢？首先应端正其研读经典之目的与态度。在我们这个弥漫着功利气息，很多人言必称“用”的功利观念如鱼得水的时代，功利主义的读书态度最值得忌讳，它只会将人导向粗俗、肤浅。所以，研读经典要有“遇见更好的自己”的目的，而不能滋生急功近利、揠苗助长的不良心态。在阅读时，要认真钻研原著，所谓“操千曲而后晓声，观千剑而后识器”，即使是晦涩难懂的经典论著，经过反复琢磨，也能读出味道，读出内涵来，亦可以自我人生阅历辅助经典研读，丰厚学识和情感。因为大部分研究生已具有一定的社会阅历，这些必要的人生阅历能赋予研究生与经典对话的资源与能力，帮助他们比较深刻地

---

① ［英］阿什比．科技发达时代的大学教育［M］．滕大春，滕大生，译．北京：人民教育出版社，1983：17.

领悟到经典著作中独特的生命体验、深刻的人生智慧。岁月倏忽即逝，研究生即使充分利用时间，也难以穷尽浩瀚如烟海的文献典籍，何必荒废时日，敷衍了事呢？

（二）打造学术沙龙生态之池

学术沙龙就是在平等、自由、轻松的气氛中探讨学术问题。“导师与二、三学子，时常相聚一堂，或坐斗室相对论学，或集诸子茶点小饮于导师之家，剖析疑难而外，并得指示学生修养之法，解答学生个人问题。导师视门人如子弟，门人视导师如良师益友，从学之期虽暂，而缔交辄终身，受其潜移默化，不觉品德与学问俱进也。”[①] 学术沙龙是研究生在学术思想上理性探讨的智慧宫殿与创新之源，也是他们生活情感上轻松交流的精神家园。

在学术沙龙活动中，所有参与者，不论导师与学生均以平等的姿态相处，不存在等级秩序；任何人都有发言的自由，不存在导师对话语权的霸占。如此开放的组织形式有助于研究生保持个人思想的自由，大胆质疑，乃至突破学术的禁锢和权威，形成“怀疑一切”的批判精神，释放个性。同时，学术沙龙的主题灵活多样，并不拘泥局限于某一学科领域内，而往往是跨学科的互动与交流，因而更能通过跨学科的意识、视野和情怀，开拓研究生的学术视野与知识面，培养他们创新思辨的学术品质和能力，从而培养创新型的学术人格。另外，学术沙龙的组织者或主讲人往往是一道亮丽的学术风景线，研究生们在开放的学术氛围中求学的同时，也在无形中受到组织者或主讲人严谨学风的熏陶或人格魅力的感化。学术沙龙所营造出的自由交流的精神氛围，不仅体现出家庭般的温馨，而且体现出教育化人的意蕴，这对于弘扬和谐师生关系，促进师生教学相长也大有裨益。研究生人文素养的教育与培养尤其需要植根于这种良好的学术生态之池中，此所谓“蓬生麻中，不扶自直”之理。

然而，目前在高校中，把学术沙龙作为研究生课程的有机组成部分的学校寥寥无几。为此，研究生管理机构应有组织、有计划地邀请

---

① 刘永．牛津人的辉煌［M］．延吉：延边大学出版社，2001：21.

不同学科的权威教授举行小型研讨会，并鼓励师生前往聆听学习，将研究生学术沙龙活动作为研究生的特色活动和代表性活动重视起来。校方也应拨出部分教育经费用来创造良好的、自由沟通的交流环境，建立完善研究生学术沙龙的资金分配制度，大力支持和协调组织各学科团队、各研究生培养单位自己开展特色学术沙龙，使之各成风格，相映成趣，蔚然成风，满足研究生需要增加跨学科知识的迫切要求。同时，为调动研究生的学术参与性，研究生管理机构也可设置一些规定，比如规定每个研究生每年必须参加几次学术沙龙活动，并且要求沙龙结束后，研究生以学术沙龙通讯等方式，追忆沙龙体验，反思并重塑其思维体系。当然，学术沙龙的有效开展自然离不开魅力师者的参与和组织，这些师长既应是学术领域里专家，更应是高瞻远瞩的智者，如同潘懋元先生般，既是妙语释疑、传道授业的师者，也是沙龙上明察秋毫、指点江山的智者。这样的魅力师者或可大为提高沙龙的知名度，此乃“居高声自远，非是藉秋风”之境；或可授予学生为人、治学和做事之风范，动之以“润物细无声”之情。

（三）推进学术讲座的品牌建设

目前，学术讲座已经成为各大学校园文化中最活跃的部分之一。如果把课程比作电视连续剧，那么学术讲座作为名家大师知识的浓缩和精华，无疑则是观赏价值及艺术魅力极强的电影。不同于那些长篇累牍的、扁平的课本，精约饱满的学术讲座是以提升思维方式、研究方法为主要目的，其价值取向贴近学生需求，力图授人以渔、授人以筌。比如美国纽约科学院院士隋允康在北京科技大学的演讲《学习观念的变迁和学会发现知识》就从研究方法上强调要重视以往忽略了的知识发生过程，重视凝聚在知识发生过程中极其生动、极其富有启发性的史料。

学术讲座也蕴含着对学生道德观、价值观和人性与灵性的培养要求，可以引发研究生强烈的精神价值渴望，学生通过听之问之，可将讲座所传达的教育理念、学术素养等内化为自身的思想智慧，在登高望远的求知平台上，汲取天地之精华，完善人格，舒展个性。比如中国科学院院士杨叔子在华中理工大学演讲《传统文化·人文底蕴·大学教育》中提出：“（人）不要一成不变，只有第一种用处、没有第二种用处，只能做一件事情、不能做其他的事情。一个有才华的人应该多才多艺，有多方面的功用，不能太简单了。”

学术讲座包罗万象，可从历史与哲学、文化与教育、科学与人文、伦理与道德等不同领域传播思想、启迪智慧，形成一个多层次、综合性的人文知识结构，有助于克服目前研究生教育中普遍存在的唯科学主义倾向，使学生能以跨学科、文理综合的广阔视野观察世界、认识世界、增长见识。原哈佛大学中国文学教授李欧梵，在香港大学做了六场公开演讲，讲题涉及文学、电影、音乐、建筑等人文课题。他以敏锐的眼光直击“人文”时弊——人文的沦落，提出要用文学、电影、音乐、建筑等来革除现代人文被物质羁绊的弊病。

对于研究生教育来说，学术讲座重在“高精尖”而非“多平杂”，因此，应推进学术讲座的品牌建设，将讲座作为研究生教育的精品工程来建设，纳入教育教学工作的整体规划中，使之成为研究生珍贵的精神食粮。

学术讲座的品牌建设一方面重在“精”，要结合研究生的心理特点、思想状况、专业学习情况和他们所关注的实际问题，精心策划具有针对性的讲座内容，力求“人文科学化，科学人文化”，突出重点，而非七拼八凑成大拼盘。学术讲座的品牌建设另一方面重在“特”，特邀学者、特色学科、特殊针对性都是“特”的体现，这就要体现时代感、超前性和开放性。比如，本着学术讲座与学术研究相结合、与学术竞赛相结合、与教学促改相结合思想的学术研究探索形式——“学子讲坛”就是一次大胆实践。对于研究生而言，其学术研究能力、思维表达能力、临场应变能力、口头表达能力都已达到一定水准，登上讲台，激发思想的火花，发挥学术的力量，飞扬生命的激情也是研究生展现自我、完善自我的内在需求，应予以满足。学术讲座的品牌建设还应致力于“可持续性”。一旦学术讲座品牌建设打造成功，其品牌效应便可水到渠成，学生喜闻乐听者众，自是不必大费周章去做诸如硬性规定某些同学参加讲座的面子工程。当然，由于研究生科研任务较重，时间有限，他们对学术讲座的选择存在偶然性、随意性。因此，需要通过优化与创新学术讲座的宣传环境与传播平台，比如在校园网上、宣传栏上开设固定的研究生学术讲座专栏，来扩大宣传范围；又或者如华中科技大学一般，将精彩的学术讲座内容转换成视频，或编辑人文社科系列丛书如《中国大学人文启思录》，定格精彩学术讲座，实现校际间资源共享，供学生聆听经典，瞻仰大师，品味思想。

三、加强探究性教学与融渗性教学

高校培养人才的任务主要是通过教学实践过程来完成的，教学方式对人才培养至关重要。某些研究生人文精神的缺失和人格的缺陷，究其原因，在教学方法上来说，或是因为固守传统灌输式的教学方式，忽视研究生教育的特殊性，或是只关注教学手段，没有体现教学方式的艺术性、人文性。归根结底，则是把教学方法僵化地看作科学范畴内的手段。尽管在教育理论中，关于教学方法究竟主要属于科学范畴还是主要属于艺术范畴一直存在争论，但主流看法还是认为，教学方法中既有科学成分，也有艺术成分。在寓道于业教育理念的指导下，如何糅合教学方法的科学成分与艺术成分便是改变人文教育教学方法僵化的关键。

对高校来说，教学方法的运用以及改革应遵循这样一个原则：使教师在掌握教学方法的科学性的原理和技能的基础上去追求艺术成分。“教学方法中的艺术是科学性基础上的艺术……教学方法中的科学性必须通过艺术来表现，没有艺术体现的科学，无异于死板的教条，而且规行矩步，也难免引向格式化和陷入僵化。”[①]

怎么去追求艺术成分，达到研究生人文教育的目的，需要我们先明确研究生教育教学方法的科学成分：首先，研究生教育是建立在本科教育基础之上的更高层次的专业教育，研究生的教育活动都是围绕某一专门知识领域而进行，因而其教学方法应具有很强的专业针对性；其次，研究生围绕专业知识的学习主要是为了掌握科学方法，创新科研成果，因而，研究生教育是通过模拟研究的过程来组织教学，其教学方法更接近研究方法；再次，研究生与导师之间已经超越了基础教

① 潘懋元，王伟廉．高等教育学［M］．福州：福建教育出版社，2007：205.

育阶段单一“传授式”的教学关系，其教学方法更体现师生“教”与“学”的美妙互动。

在认识研究生教育教学方法的科学成分的基础上，结合研究生教育人文教育的实际，教学方法要实现“科学性基础上的艺术性、人文性”可从以下两方面加以强调。

一是探究性教学法。加强对具有探究、研讨、合作性质的教学方法的学习，如案例教学法、小组讨论法、基于问题的教学法等探究性教学法。这些教学方法始终围绕专业教学，具有极强的研究性，而且以学生自主探究学习为主，具有相当的主动性、体验性和深刻性，能充分体现研究生的主体能力，给予其精神空间与思想自由，这无疑很好地诠释了人文教育“灵活”“非强制性”的教学理念。据调查，学生最喜欢和认为最有效的方法首先均为课堂讨论法，其次为问题或案例教学法，再次为讲授法。[①]

二是融渗性教学。融渗性教学也称为跨学科教学，即“XYZ Across Curriculum”。有别于传统教学法中相关学科间的割裂，“融渗性教学”是一种力图根据不同学科的特点，寻找人文学科与其他学科之间内在的联系，从而使学科内容有效衔接起来，融知识智慧于一体的整合教学方法。“融渗性教学”实际包含主修的专业学科，以及依托主修学科的人文学科。实际教学过程中，主修的专业学科所讲授的专业知识要接受来自人文原理角度的衡判评估，如此交互轮换衔接。

在融渗性教学案例中，实际上我们首先需要对专业学科特定的研究对象和研究问题做出历史的、联系的、社会伦理的情境追问，从人文的意义上拓展对科学的理解，尤其需要追问它将面对哪些伦理和道德问题。例如，生物遗传基因工程课教学，可以在完成专业主干教学之后，便转换为从社会学与伦理学角度对基因工程社会学与伦理学后果的评估，之后复又回到承载专业学科教学，结合寄载人文学科与社会科学的评估，对生物遗传基因工程的前提、条件和界限做出规定。这种追问从我们的实际生活世界出发，往往更容易激发学生的主动思考，培养其与天地人相接相处的宏大智慧。

---

① 李娜，林聪．博士研究生对课堂教学评价的实证研究［J］．高校教育管理，2013，7（5）：108．

第三节　传导路径：师生互动，以仁成人

以仁成人，不只是教育方式，更是教育理念；不只是教育的条件，更是教育本身。要达成这个目标，寓道于业理念对导师的要求较高，最主要的表现为，导师需要将“养子使作善”之“善道”与“育人”之“业”有机结合起来。

梅贻琦先生在《大学一解》中精辟论述道：“学校犹水也，师生犹鱼也，其行动犹游泳也，大鱼前导，小鱼尾随，是从游也，从游既久，其濡染观摩之效，自不求而至，不为而成。”[①] 由导师对研究生进行全方位的个别指导的培养模式是研究生教育的特色，导师作为研究生的“监护人”，作为教育活动人格化的承担者，作为专业领域内有精深造诣和较高威望的专家，作为胸怀高尚精神境界、怀抱崇高敬业精神、践履社会道德规范的道德人，作为阐释并守护世界意义的知识分子，他在研究生教育中所发挥的作用是其他教育形式和教育力量不能替代的，他对研究生心灵的塑造具有针对性强、威信高、影响深的特点。研究生教育的特殊性要求其人文教育必须充分发挥导师的“育人”职能。

一、提升导师自身的人文素养

朱自清先生在《教育的信仰》一文中，站在教师的立场，以卓越的心智呼吁教育者自身人文素养的提升：“教育者须对于教育有信仰心，如宗教徒对于他的上帝一样；教育者须有健全的人格，尤须有深广的爱；教育者须能牺牲自己，任劳任怨……努力做到那以教育为信仰的人！”[②] 朱自清的呼喊正是基于其躬身实践教育，而后融贯在其生

① 涂又光．中国高等教育史论［M］．武汉：湖北教育出版社，2003：334．

② 刘铁芳．新教育的精神——重温逝去的思想传统［M］．上海：华东师范大学出版社，2007：227．

命深处的使命感与责任感，当代教师也应“学而时习之”。即，在“以仁成人”的过程中，欲为人师，得先为己师。这就对作为导师的教师提出了一些要求，如：导人向善；不断追求创新；树立“立德树人”的教育使命；注重自我反思等。

第一，导人向善。

导师在指导学生的过程中要倾注温润的爱心。当代研究生的精神世界备受侵蚀，他们渴望获得真诚无私的爱的滋润与抚慰，以填补精神空白。一旦导师对学生倾注了情感与责任，无疑便能获得学生的情感共鸣，得到学生爱的呼应。

第二，不断追求创新。

研究生导师因其在所从事的学科或专业领域有精深的造诣和较高的威望，往往为研究生所敬重和钦佩，“亲其师，信其道”，因此接受和信服来自导师的教导。导师的知识底蕴要紧跟时代步伐，紧贴学生需求，断不可故步自封而不思创新。正如刘玉教授所言：“常言说：‘要给学生一杯水，自己要有一桶水。’可这一桶水不能老用多年前的陈水、死水，而要不断更换新水才有活力啊！”[①] 所以，导师有必要从自己的专业出发，博览群书，夯实底蕴。

第三，树立“立德树人”的教育使命。

“师也者，教之以事而喻诸德者也。”在研究生眼中，导师应该是道德的化身，也是其人格完善的楷模和典范。而就导师自身而言，师德则是其人格的生命线。高尚的师德要求导师遵守社会伦理规范，超越功利羁绊，一身正气，两袖清风。如学者殷海光先生谈及对他思想道德影响深远的金岳霖先生时说，碰见金岳霖先生，对他一辈子在思想上的影响太具决定作用了。他说金岳霖不仅是一位教逻辑和英国经验论的教授而已，并且是一位道德感极强烈的知识分子。昆明七年的教诲，严峻的论断，以及道德意识的呼吸，现在回想起来铸造了他的性格和思想生命。

当然，所谓“立德树人”“育人以德”，不仅要言“道德”，更重要的是行“道德”。教师应当以身作则，行为楷模，学为典范，举手投入

---

① 刘献君．专业教学中的人文教育［M］．武汉：华中科技大学出版社，2003：60.

间都要符合为人师表的要求。

第四，注重自我反思。

“思则睿”“思则得之，不思则不得”。对导师而言，反思并非走马观灯似的回忆，也并非不痛不痒、浅尝辄止般的怀疑，而应是对教学、师生交往过程中存在的问题的深刻反省、积极思考和深入探究，带有自我解剖、自我研究的性质，能激发导师终身学习的自觉冲动，帮助导师追求高层次的育人之术。导师的自我反思，首先指向自己的思想观念、价值信仰、师德修养和职业素质等，“如果教师不能进行独立的反思和判断，保持自己的立场，而盲从于习俗、迷信于权威，那么可想而知会塑造出什么样的人类灵魂。”① 其次，导师的自我反思还指向其教育实践能力。导师应结合课堂教学，以教育叙事、反思日记、随笔等方式，反思自己的教育理念、教育方法是否达到“化人”的效果，以及怎样改善才能达到“人文化成”之功。

二、遵循师生主体间的多向互动

（一）立足导师主导性与研究生主体性之间的双向互动

“教育结构的运行归根结底是在教师和学生之间进行的。”② 传统教育里，老师是知识的拥有者，其权威神圣不可侵犯，学生只能服服帖帖地接受“绝对真理”。随着社会的变迁和知识经济时代的到来，知识结构发生了转变。知识经济解构了教师独霸知识的地位，消解了教师的绝对权威，“以学生为中心”的理念逐步大放异彩。近年来，教育界关于师生关系比较普遍和广为接受的提法是“双主体”说。“双主体”说的好处是，既消解了主客体对立，又消解了主体中心的思想。尽管“双主体”说最初见于基础教育，但无论是从其实质内涵和应用实践来

---

① 李长吉．教师作为知识分子：现实反思与理想诉求［J］．当代教师教育，2008（1）：70.

② 陈桂生．师道实话［M］．上海：华东师范大学出版社，2005：59.

看，同样客观地存在于研究生人文教育中。

在研究生教育领域里，这种新主体哲学一方面得到了制度保障，即导师负责制从培养机制上肯定了学有专长、造诣深厚、人格高尚的研究生导师，在研究生招生、制定培养计划、科研以及对论文的撰写和修改、评审等事宜上，所发挥的教书育人、导人向善的“主导”作用。另一方面，也迎合和彰显了研究生群体进行自我教育与管理的自主性与积极性。更重要的是，由于立足于导师主导性与研究生主体性之间的双向互动，因而“双主体”说能有效规避狭隘单一地以研究生为主体或以导师为主体的倾向。因为，若把研究生人文教育的主动权完全交给研究生，很容易出现大家忙于学业和自身发展，人文教育乏人问津的现象；而若把研究生人文教育的主动权完全交给研究生导师，也很容易出现导师凭借领导、学者、长辈、专家的身份，以教导人、教训人的口吻向学生灌输知识，从而压制学生个性的现象。

这种主体哲学的另一关键即互动。互动不是良好师生关系的条件，而正是良好师生关系本身。导师与研究生之间的互动是导师人格魅力得以传递的纽带，如果互动消失，影响也就无从谈起。

研究生教育中师生是双主体互动，这种互动关系包括五个层面的关系：

（1）一对一的互动，即研究生与其导师的互动；

（2）多对一的互动，即所有研究生导师，甚至管理者都担负着教育、关心每位研究生的责任，而事实上，往往导师群体所形成的人文氛围更具化人力量，更能撼动研究生的思想观念；

（3）多元化的互动，即导师与学生之间的互动是多元的，包括知识、研究，甚至于生活上的和谐互动，而且互动的形式不拘一格，既有显性互动，也有隐性互动；

（4）教学相长、共同成长的互动，在这种关系之中，导师自己也在成长，与学生共同成长。导师在教化学生心灵的同时，对自己心灵的教化亦具有渗透之功、反弹之力。应该说，教师不是照亮别人、牺牲自己的“蜡烛”，而是在照亮别人的过程中也照亮自己前进道路的“灯塔”；

（5）持续发展的互动，研究生与导师之间绝不是短暂的“三年之痒”，而是超越时空的持续互动，是“一日为师，终身为父”，或“一日为师，终身为母”，或“亦师亦友”。

（二）发展主体间的平等交往对话关系

“双主体”人文教育理论视阈下的导师与研究生的关系不是“我—他”的主客体关系，而是一种“我—你”交互主体间的平等、交往、对话关系。然而，在现实的导师与研究生互动中，却存在着机械的、缺乏人情味的、强硬的交往形式。

有学者将导师和研究生的关系分为权威型、和谐型、松散型和功利型。[①] 其中，权威型、松散型和功利性便是这种机械的、缺乏人情味的、强硬的交往形式。权威型导生关系中，研究生导师是真理的化身，又可能承担着社会代言人、政府公务员、学校领导的角色，其话语行为具有不容置疑的权威型。学生既惧怕导师的权威，同时也严重依赖导师的权威，导师作为“道德诠释者”的“传道”“解惑”之功便被严重消解。松散型导生关系下，导师与研究生基本无任何交集，学生几乎不受导师的任何影响。功利型导生关系中，导师与研究生之间实际是一种上下级的雇佣关系，研究生仿佛是被束缚在导师课题研究生产线上的“工人”，而导师好像是这种生产线上的“老板”，彼此之间的沟通交流是生涩、生硬而且冷漠的。这一类交往形式，使得导师与研究生之间缺乏真诚的交流和沟通，心灵深处的交流更是奢侈。

布伯曾说，教育关系是一种纯粹的对话。因此，师生主体间的多向互动，要倡导平等、交往、对话的师生关系。当然，平等无高下之分，应着重体现导师与研究生之间互相理解、互相尊重的理想和态度；交往不应是制度上的规定，而应是师生情感交融、智慧碰撞的内在交流；对话绝不意味着语言层面上的你问我答，而应充分体现思想、情感、思维上实质性的碰撞、沟通与理解。这就需要导师改变传统“居高临下”的权威姿态，树立互动意识，理解、尊重差异，以自身的人

① 许克毅，叶城，唐玲．导师和研究生关系透视［J］．学位与研究生教育，2002（2）：60.

格魅力去感染学生、教化学生。学生也应对导师给予人性的理解，而非神性的崇拜，彼此之间建立一种平等的对话的环境，互相尊重、互相包容、互相学习，成为良师益友，这样才能与对方形成精神上的良性沟通，从而会创造一个最佳的师生互动状态。

三、创设主体间互动交流的教育情境

人文教育要遵循师生主体间的多向互动规律，同时，应不失时机的营造有利于研究生与导师之间互动交流的教育情境，让研究生与导师之间有更多的进行双向交流的机会，从而为导师掌握研究生的思想、人格动态，发现其存在的问题，并根据研究生的个人特点，有的放矢、卓有成效地对他们进行有针对性的人格教育提供便利。

然而，现实的境况却是，有限的缺乏交往和对话的教育情境成为研究生生活中司空见惯的场景。比如，研究生师生交往之间形式单一，主要集中于学业范畴，有限的时空交叉点局限于课堂或实验室；随着研究生招生规模的扩大，加上研究生倾向于自主学习的特点，以及导师行政职权、科研任务的负担，导致研究生与导师之间的接触极为有限；大学合并或多校区的办学格局又使师生的居住空间相对分离，“大师”难得一见，“大楼”却都很辉煌。这也正是当年梅贻琦校长所忧虑的，“今日学校环境之内，教师与学生大率自成部落，各有其生活习惯与时尚，舍教室中讲授之时间而外，几于不相谋面”。有鉴于此，笔者认为，营造师生主体间互动交流的教育情境的关键应是融通研究生的学术世界与生活世界。这就需要从主体间互动交流的形式、领域、空间着手，将教书育人、导人向善与研究生的生活世界和学术世界密切联系起来。

首先，要重视导生“面对面”的互动交往形式。正如陈平原先生曾说：“在我看来，青灯苦读，永远代替不了亲承教诲，即便在电视普及的今天，也不例外。有许多东西，比如人格的熏陶，心灵的激荡，便非‘面对面’不可。”[①] 无论导师还是研究生，即使是在有限的时空

① 陈平原．老北大的故事［M］．南京：江苏文艺出版社，1998：262.

交叉点上也要重视这难能可贵的“面对面”的交往机会。当然，研究生教育是非常个性化的教育，这使得师生“面对面”的交往情境可以更为灵活、丰富，比如：读书会、茶话会、研讨会、学术沙龙、学术交流互动平台等。

其次，拓宽师生互动交往的领域。尽管导生之间的互动交往绝大部分是立足学术的，但除了学术理论的探讨，茶余饭后的生活美谈也有独特的育人效果。斯蒂芬·利考克在描述20世纪20年代牛津大学的导师制时谈到：牛津大学的导师们喜欢叼着烟斗，与学生们闲聊。他们“所做的就是召集少数几个学生，向他们喷烟，被系统的喷烟，喷了四年的学生，就变成了成熟的学者”。利考克所说的是牛津大学的本科生能够通过“聊天”获得导师所拥有的默会知识，变成“成熟的学者”，对于研究生来说更是如此。

再次，开放互动空间，营造开放性交流与私密性沟通的氛围。国外的大学非常重视营造开放性交流与私密性沟通的氛围，其大学建筑近40%的空间都是公共的。对此，我们可以予以借鉴，在建筑上合理布局，开放交往空间。如厦门大学“兼爱”楼、深圳大学“耕耘”楼等教师宿舍区与学生宿舍区相距不过百余米，学生每遇疑虑困惑，不论学术上的还是生活上的，皆可及时问难于师。又比如香港中文大学的书院制，老少学者居息一堂，朝夕相处，既可以使师生在研究学问、追探真理的过程中快速成长，还可以使之体验到自然质朴、富有创造性的文化生活，继而达到促进心灵交往的目的。

最后，可开发网络交流平台，利用校园网、学者论坛等现代化的信息渠道加强研究生与导师的沟通。

第四节 关键环节：加强研究生的自我教育

苏霍姆林斯基认为，没有自我教育，就没有真正的教育。孔子也认为，“为仁由己”。可见，自我教育既是教育的手段和条件，也是教育的归宿。研究生的人文素养和人文精神不仅需要从外部环境进行培养，如强调导师对研究生学术研究、思维方法、行为处事的指导，重视潜在课程的人文内涵，注重利用丰富、多元的学术资源等；更需要研究生的自我修养和锻炼，即自我教育的驱动来完善自己个性、实现自身的心理健康。因此，提高研究生自我教育的意识和能力，发挥研究生自身的主观能动性，更是加强研究生人文教育的有效途径。其中，思考与体验，作为修身的“内修”与“外修”过程，是研究生提高自我教育意识、发挥主观能动性的主要实现方式。

一、学习与思考

孔子讲，“学而不思则罔”，“见贤思齐焉，见不贤而内自省也”；孟子曰：“耳目之官不思，而蔽于物……心之官则思，思则得之，不思则不得也。”实际上，“思”，是人发现人类的本性或良知的主要方法。作为一种方法，“思”在整个孔孟儒学思想体系中占有重要地位。孔孟儒学所谓之“思”，并非单纯求“真”的逻辑思维（即把目光投向世界，解决认识世界的问题），而是更重在求“善”（即着眼于人的心灵的存在及心灵的自我实现）的人文思想。

在当代中国，无疑，这种反求诸己，去蔽明德，强调自觉性的重要方法正是深陷“理性之思”的研究生所亟须的心灵哲学。首先，研究生这种个体化的培养模式，使得研究生教育更加强调个体思维的独立性，强调独立思考和独立科研的价值。其次，研究生教育中技术之思的泛滥与心灵之思的缺席，呼唤以自我认识、发展为目的的个体之思。再次，作为高层次专业人才的研究生本身有更多的发展需要和自我实现的诉求。

那研究生怎样才能通过“思”进行自我教育呢？中国古代博厚高明、独具特色“修身养性”之道，可以为当今人文教育提供智慧之源。孔子认为君子宜“九思”，即“视思明，听思聪，色思温，貌思恭，言思忠，事思敬，疑思问，忿思难，见得思义”。这就给出了“思”的内容以及“思”的价值取向。在行为中，研究生应坚持“慎独”“内省”，此二者体现着道德人格构建主体的主观性、自觉性。“慎独”“内省”是人格修炼的最高境界，它要求研究生做到以下几点：首先，要诚其意，即研究生要自然而然、发自内心的认同社会主义核心价值体系，细致入微地坚定“为天地立心，为生民立命，为往圣继绝学，为万世开太平”的信念；其次，要有高度的自觉性，即研究生在可以自由支配的独处时间中，要内心专注、专一，谨慎勤勉，自觉自愿地遵守社会道德规范，自觉自愿地塑造良好的道德人格；再次，要有顽强的坚持精神，不能因为某次打击或不顺，便将自我养成的道德追求弃之不顾，而要“须臾不离道”，一如既往的践行。同时，必须坚持高标准，有“高”要求才有“真”行动，才能达到崇高的精神境界。

二、体验与知行合一

从本体论视域看，“体验”是人的存在方式；从方法论视域看，“体验”也是我们理解人文世界，寻求生命价值与意义的开放性活动与过程。“专门称之为体验的东西，就是意指某种不可忘却、不可替代的东西，这些东西对于领悟其意义规定来说，在根本上是不会枯竭的。”[①]“君子之为学，所贵乎知要，而尤在乎体验。”对研究生而言，象牙塔内的宁静和安逸既可成为庇护学术真理和思想智慧的铁壁堡垒，也可能成为斩断学生锐意进取、日新其德、搏击时代风潮的意志的利剑。因而，当代研究生需要通过个体的“非现行设定的”生命体验，真实地感受教育的需要、学习的必要，才能达到有效促进研究生德性成长的目的。

毫无疑问，对研究生来说，其研究生生活体验首先面对的是校园内的社会关系和学校的文化历史。其中，在教育中所形成的导生关系、生生关系、学生与学术的关系，是引导研究生去理解与体验世界、领悟自身与他人的关联、融合知识与人生经验、充盈生活与人生的通道。此外，承载着大学文化内核、体现着大学不落俗套的精神风貌的实体环境与文明格调，也是引导研究生沉入生存领地，有所经历、有所体

① ［德］加达默尔．真理与方法［M］．洪汉鼎，译．上海：上海译文出版社，1999：86.

验、有所感悟的自然之境。当然，当今“象牙之塔”与社会的藩篱已悄然撤去，研究生的半只脚已然踏入社会，其体验也进而延伸至社会生活。就这一联结校园亚文化和社会主流文化的体验领域而言，将其内容与学术研究紧密结合，并密切关注时代发展的脉搏，能为研究生文化素养的养成、践履与检验提供内涵丰富的文化结构圈，是研究生体验的场域基础，也是体验深化、发展的载体。

基于此，研究生培养单位应积极利用或创设能促使研究生“置身局中”，并产生道德体验的自然真实的活动及情境。前文所提到的诸如学术沙龙、人文讲座、校园环境等就是符合研究生教育特色，并能使之产生道德体验，促使其深入思考和多方位感悟的活动。此外，大部分高校研究生院为促进研究生综合能力的提升而采用的“三助”制度，即研究生担任教学助理、研究助理、管理助理的模式值得借鉴。当然，研究生的社会实践也必不可少，尤其是能突出专业特色的实践活动更能激发研究生体验与自我教育的激情与需要。因此，高校应积极考虑以学分的形式把社会实践纳入其教学工作。比如清华大学就把社会实践列为研究生培养计划中必修环节，并辅助设立了提高管理水平和工作效率的清华大学研究生社会实践系统。同时，高校应采取方式积极寻找实践机遇。如北京航空航天大学一方面巩固原有的实践基础，扩大实践规模，与实践单位建立合作项目等；另一方面积极探索新的实践途径，把研究生社会实践从内地扩展到香港地区。需要强调的是，当代研究生需要的是个体的“非现行设定的”生命体验。所谓“非现行设定”是指强调发挥研究生的主体能动性和独立探索精神，而非包办代替。这就要求在实践中切实尊重研究生的个性和志趣，放手让他们独立自主地去寻找课题、收集材料、探索思路、完成任务，充分相信他们自我教育、自我管理、自我服务的能力。

我们强调研究生的自我教育，重在使研究生真正明了教育于己的深远意义，从而使其主动积极地将教育真正纳入个体生命的轨迹，并将自身融入教育中，不断增长自身的自我教育能力，修炼教育智慧，走向生命自觉。

第五节　制度保障：制度管理与人文关怀并重

人文教育的推进，需要由以往的话语层面进入到制度操作阶段。制度，作为要求大家共同遵守的办事规程或行动准则，其与人之间的争论可以说是由来已久。尤其在关系到人的思想、道德和情感等人性化的问题上，制度运行起来往往举步维艰，时而在变通的过程中有“缺位”“越位”“错位”之嫌。《易经》曰，“一阴一阳之谓道”，如果说“阳”指着眼于“群体人”的制度化管理，那么“阴”就指着眼“群体中的个体人”的人性化管理，刚柔相济才是最有效的管理，因此要注重制度管理与人文关怀并重。

一、建立人性化的管理体制

复旦大学校长杨玉良教授在全国学位与研究生教育信息工作会议上讲到，研究生教育管理制度应进一步民主化、公开化、人性化，这犹如一声“呐喊”，呼唤着高校领导人对人性化管理制度的思考。然而，从现有的研究生教育体系来说，尽管“学术自由”的组织特性体现出研究生教育区别于本科教育规范性制度的“柔性”管理特质，但在科学技术发展强势的今天，由于专业思维等因素的影响，高校管理者对管理之“术”的重视明显甚于对管理之“道”的重视，使得“见物不见人”的传统科学管理制度成为戴在研究生师生头上的“紧箍咒”，研究生教育“象牙塔”的组织特性和管理体制有沦落为企业工厂的危机。事实上，管理体制所提供的形式化的规范对人的思想、道德、情感等方面的约束是力不从心的，尤其对于思想观念相对成熟，且从事高度个性化思维活动的研究生来说，管理“包办”思想道德，往往会引起他们强烈的反感。因此，需加强其人文性，即需要强调研究生教育的各项规章制度应始终以人为本，把人视为教育组织中最重要的资源与最终落脚点；需要将教育管理与服务育人联系起来，与研究生的全面和谐发展联系起来，与研究生的个人价值追求联系起来，使管理体制不只是规范人的行为的一种约束手段，而且是传习大学精神、舒张人之心魄、挺立道德人格的一种方式。

从宏观的角度而言，高校管理体制应从注重外部的规范约束和秩序的强制执行，向寓严于宽和，化严于无形的管理观念转换。无论是教学管理、科研管理还是日常行政管理，管理者都应从人性的基本要求出发，灵活地处理管理中的问题，以德服人，以理服人，以诚相待，体现人文关怀。从微观的角度而言，应扩大研究生培养单位的自主权，为各研究生培养单位因材施教、特色培养留有空间。目前，《一级学科博士、硕士学位基本要求》已使“扩大研究生培养单位的自主权”从理论范畴和一些大学的零散探索正式上升为一项政府政策，良好的政策形势和宽松的政策环境已经敞开了大门，各研究生培养单位应秉持“以人为本”的理念趁势而为。“通过灵活的制度安排来营造一个宽松、自由的学术氛围，从而在制度上保障人们的思想自由，使之消除思想和精神的顾忌，敢于突破常规甚至禁区，充分释放其学术创新的活力。”[①] 应该说，这样一种人性化的制度环境，无疑会鼓励求学其中的研究生崇德向善。

二、促进制度管理为人文关怀提供保障

人的自觉性并非生而有之，也并非一经形成便如磐石般不可转移，在巨大的利益诱惑下，情感、责任、信念有时会显得苍白无力。即使在研究生教育阶段，自主意识强烈的研究生及导师，由于各种行政职务的约束和外在利益的诱惑，其思想也少有能达到自律的境界的，因而个人自觉意识的提高、研究生培养单位良好学术风气的形成通常要借助于规章制度的约束与保障，否则，人文关怀就容易成为空谈。这里，仅就与研究生及导师密切关联的两个制度管理进行简要论述。

---

① 阎光才．识读大学——组织文化的视角［M]．北京：教育科学出版社，2002：285-286.

（一）重视研究生学术制度的建设

做事是做人的体现，做人就是要通过做事来体现。研究生求学期间，所做之事以科研为主。所谓“文如其人”，在学术研究过程中体现出的基本理念必然也折射出研究生的个人品格与道德修养。学术之道，在于理性思辨，缜密论证；在于解难释疑，引领方向；在于针砭时弊，匡扶正义。学术之人，贵在一言九鼎，品格立身。我国研究生学风与学术道德的现状不容乐观，要抑制研究生人性中的丑陋的一面，就必须加强研究生学术制度建设。近年来，已有不少高校在研究生工作手册或管理条例中增添了学术规范和准则，但客观来说，研究生学术制度的建设还多局限于总结经验的层次，无法满足整治和预防研究生学术失范行为的需要。而在这一方面，美国大学已经建立了一种维护学术诚信的标准以规约研究生的学术活动——研究生荣誉制度。美国研究生荣誉制度最大特色是提倡学生自治理念，相较于我国授受型诚信教育更能凸显学生自觉的重要性。而且，该制度的查核机制、惩罚机制、监控流程也十分具体合理，这些都对我国建立研究生学术制度具有重要意义。一旦此类兼具严肃性、公正性、实效性的制度建立起来，研究生维护学术诚信的学术活动就会逐渐变成其习惯性行为，研究生人文教育的工作就有了相应的保障。

（二）完善研究生导师管理制度

前文所述指导误区中，几乎都是导师行为，因而建立比较完善的研究生导师管理制度，一方面能有效制约部分导师滥竽充数、不思进取、贪图高官厚禄的行为，另一方面也能有效激励广大导师教育育人的责任意识和奉献精神。笔者认为，当前急需改革和完善教师职务晋升制度、教师工作业绩考核制度，以及教师信息交流机制等。就教师职务晋升制度来说，应创设公平、公正、民主、充满活力和竞争力的职务晋升环境，用具有可持续发展的职务晋升体制激发教师的教学兴趣和热情，从而间接激励学生的学习动机。就教师工作业绩考核来说，探索将师德表现及育人成效纳入教师评优奖励、绩效考核和职务聘任中，鼓励教师加强自我修养，重视自我增值。这两方面，以北京大学和中山大学为首的教师聘任制改革，已经触动了教师管理制度的敏感神经，各校可以有选择性地吸收他们的实践经验。就教师信息交流机制而言，重在打造一个以老带新、以新促老的导师学习共同体的平台，促成导师们在互帮互助、对话反思中完善思维、健全人格，并通过新老导师的集体力量形成健康、活泼的学术氛围，从而影响学生。我们相信，通过这些制度的建设，必将对提高高校教师的人文素养产生重要的作用，也能进一步为导师的“传道”、师生的互动提供制度保障。

第二编

探索创新：研究生探究性教学

教学，顾名思义，包含“教”与“学”的活动，是师生共同参与的活动，也是师生交往、积极互动、共同发展的认识过程。

教学本身就含有探究的性质。探究是人的一种本质力量，是人的一种天性。对教学活动探究性质的强调，不是外在强加的，而是教学活动本身所应该具有的，是由人本身具有的探究性所决定的。

研究生教学的探究性，不只是教师对教学活动的探究，也包含学生学习中的探究。作为一种探究活动，研究生探究性教学注重人格健全的向善发展，揭示了“教”与“学”面向生活的求真态度，以及提出问题、解决问题的过程。研究生探究性教学不仅是一种教学方法或教学方式，更是一种创新性的教学理念。

第四章

研究生探究性教学的内涵及渊源

探究性教学既具有历史性，又具有时代性。研究生探究性教学有其自身的特征。考察研究生探究性教学的历史渊源，分析研究生教育的培养目标、研究生探究性教学的含义、特征及其教学观的基本维度等，有助于为更具有针对性和实效性地开展研究生探究性教学提供一定的理论依据。

第一节　探究性教学释义

探究性教学涵盖探究性和教学两个方面的特质，弄清什么是教学，什么是探究性，有助于更好地理解什么是探究性教学。

一、教学

人类社会生活中有两件非常了不起的大事，一是生育，二是教育。生育，人类的传承，有生育，人类不会灭绝，人类自身才得以生生不息，代代相传；教育，文化的传承，有教育，人类的文化、人类的文明不会灭亡，人类文明才得以薪火相传，绵延不绝。人类就在生育和教育中，不断走向文明进步，繁荣发展。而且，这两件了不起的大事，用中国语言表达出来特别有意思，它们都有一个“育”字，从中可以看出两者的密切关联：要生育，还要教育。而且在英语中，生育，give birth；教育，education，从字源上看不出二者有多大程度的关联。这也是中国文化了不起的地方。

教育离不开教学。教学这一概念的出现，与人类的实践活动密切相关。早在原始社会，教学活动就已经产生。为了使人类社会得以延续和发展，人们需要学习积累并传授一些生活经验。不过，这时的教学与生活基本一致，没有明确的界限划分，是“生活即教学，教学即生活”。当然，当时并没有明确的“教学”二字，只是一种自发而不自觉的，带有偶然性的一种活动。随着社会的不断发展，社会组织化程度的不断提高，经验和知识的不断积累，特别是文字出现之后，这种自发的、偶然的活动才逐渐变得专门化。

早在我国古代商周时期，甲骨文中就已经出现了“教”“学”二字，“丁酉卜，其呼以多方小子小臣其教戒”，“壬子卜，弗酒小求，学”[①]。“教”“学”二字连在一起，最早见于《书·商书·说命》：“斅学半。”宋人蔡沈注：“斅，教也。……始之自学，学也；终之，教人，亦学也。”意思是说，一开始自己学，这是学；学了以后教别人，这也是学。

《礼记·学记》讲：

> 玉不琢，不成器；人不学，不知道。是故古之王者建国君民，教学为先。……虽有佳肴，弗食，不知其旨也；虽有至道，弗学，不知其善也。是故学然后知不足，教然后知困。知不足，然后能自反也；知困，然后能自强也，故曰，教学相长也。《兑命》曰“学学半”。

特别是，“学学半”里的前一个“学”（读音 xiào），用今天的话来说是指教育别人，后一个“学”（读音 xué），是指学习。这里就包含有

---

① 杨小微．现代教学论［M］．太原：山西教育出版社，2010：116.

教和学的双边活动，实际上更多指教育。

宋代欧阳修作《胡先生墓表》，说："先生之徒最盛，其在湖州学，弟子来去常数百人，各以其经传相传授，其教学之法最备，行之数年，东南之士，莫不以仁义礼乐为学。"① 有学者考证，这里的"教学"才是指教师教和学生学的活动。

明末清初的思想家王夫之曾对"教学"做过一个简要的解释，他说："推学者之见而广之，以引之于远大之域者，教者之事也。引教者之意而思之，以反求于致此之由者，学者之事也。"② 也就是说，教就是不断增加学生的见识，学就是认真思考教师所教之事。

在西方，希腊文中就已经出现"教""学"以及"教学"这几个词。英语中，"teaching""learning""instruction"分别表示"教""学"以及"教学"。"教学"的动词"instruct"源于拉丁语"instruere"，是积累的意思；"teaching"的古英语形式是"taecan"，来源于希腊语"deiknne"，是解释、引导、指示的意思。

近现代以来，中西方学者对教学的理解更加系统和深入。陶行知先生认为："教的法子必须要根据学的法子……先生的责任不在教，而在教学，教学生学。"美国学者布鲁纳认为，教学是通过引导学习者对问题或知识体系循序渐进的学习来提高学习者正在学习中的理解、转换和迁移能力。③

教学论研究专家李秉德教授认为："'教学'，就是指教的人指导学的人进行学习的活动。进一步说，指的是教和学相结合或相统一的活动。"④

教学论研究专家王策三教授认为："所谓教学，乃是教师教、学生学的统一活动；在这个活动中，学生掌握一定的知识和技能，同时，身心获得一定的发展，形成一定的思想品德。"⑤ 在王策三教授看来，教学首先是一种认识过程，其次才是一种特殊的认识过程。而且，教

---

① 王策三．教学论稿［M］．北京：人民教育出版社，1985：85.

② 王策三．教学论稿［M］．北京：人民教育出版社，1985：85.

③ 杨小微．现代教学论［M］．太原：山西教育出版社，2010：120.

④ 李秉德．教学论［M］．北京：人民教育出版社，1991：2.

⑤ 王策三．教学论稿［M］．北京：人民教育出版社，1985：88-89.

学过程与人类的认识过程具有一致性，主要表现为：认识主体的一致性；检验标准的一致性；过程顺序的一致性；结果的一致性。

作为一种特殊的认识过程，教学过程具有间接性、有领导（引导）和有教育性的特征。间接性，是指学生学习的知识主要是前人已经积累起来的间接经验，不用事事亲身经历；有领导（引导），是说学生的学习是在教师的指导下进行的，可以不走或少走弯路；有教育性，是指教学不仅是向学生传授知识的过程，同时也是对学生进行思想道德教育的过程。

《教育大辞典》中对教学的解释，是教师依据学习的原理和原则，运用适当的技术和方法，刺激、指导、鼓励学生自动学习，以达成教育目的的活动。其构成要素为教师、学生、课程内容、教学手段。教师的教和学生的学相互依赖，以课程内容、教学手段为中介而发生作用。

由以上可以看出，关于什么是教学，并没有一个统一的定义，但基本的含义都是指向“教”与“学”的双边活动。教学不只是教师的“教”，也包括学生的“学”，是“教”与“学”的共同参与、有机结合，以实现教育的价值。

二、探究性

探究性涵盖“探”与“究”两方面的基本特征。

“探”字，在东汉许慎所著的《说文解字》中解释为“远取”，“探，远取之也。从手，罙声。”[①] “探”字在其他古籍中的字义解释也都比较类似，《尔雅·释诂》中有“探，取也。”郭璞注：“摸取也。”朱骏声在《通训定声》中说：“远取犹深取也。”《王力古汉语字典》中的“探”字还有“试探”“寻求”等义。[②]

“究”，取“穷尽”之义。颜师古注“究，尽也”。[③]

---

① 汤可敬．说文解字今释［M］．长沙：岳麓书社，1997：1722-1723.

② 王力．王力古汉语字典［M］．北京：中华书局，2000：370.

③ 汤可敬．说文解字今释［M］．长沙：岳麓书社，1997：1010.

“探究”一词，根据《现代汉语词典（修订版）》的解释，“探究”是指“探索研究或探寻追究，试图发现隐藏的事物或情况”。根据《辞海》（1999 年版）的解释，“探究”指的是“深入探讨、反复研究”。“探讨”就是探求学问真理，探本求源；研究就是研讨问题，追根求源和多方寻求答案，解决问题。

由上可知，“探究”大体上有广义和狭义两种。广义上的“探究”指一切独立解决问题的活动。广义的“探究”是人类的天性，是一种认知内驱力，可表现为好奇、好问、寻根究底。狭义的“探究”在对象和方式上与广义“探究”有很大的区别。狭义的“探究”专指科学探究或科学研究。

英文中，“探究”一词可用“inquiry”来表示。Inquiry，起源于拉丁文的 in 或 inward（在……之中）和 quaerere（质询，寻找）。按照《牛津英语词典》的定义，探究是“求索知识或信息特别是求真的活动；是搜寻、研究、调查、检验的活动；是提问和质疑的活动”。在《汉语大辞典》中，探究意为“探索研究”，意思是努力找寻答案、解决问题。

美国学者韦尔奇说：“探究是人类寻求信息和理解的一般过程。从广义上说，探究是一种思维方式。科学探究是一般探究的‘子集’（subset），它的对象是自然界，是在某种信仰和假设的指导下进行的。”①

美国学者彼得森对科学探究的特征进行了说明，他说：“科学探究是一种系统的调查研究活动，其目的在于发现并描述物体和事物之间的关系。其特点是采用有秩序的和可重复的过程；简化调查研究对象的规模和形式；运用逻辑框架作解释和预测。探究的操作活动包括观察、提问、实验、比较、推理、概括、表达、运用及其他活动。”②

美国国家研究理事会在《科学探究与国家科学教育标准——教与学的指南》中，将探究理解为“一种复杂的学习活动。它涉及到观察现象；提出问题；查阅书刊及其他信息资源以便了解已有的知识；设计调查和研究方案；根据实验证据来核查已有的结论；运用各种手段

① 靳玉乐．探究教育论［M］．重庆：西南师范大学出版社，2001：2-3.

② 靳玉乐．探究教育论［M］．重庆：西南师范大学出版社，2001：2-3.

来搜集、分析和解释数据；得出答案、进行解释并做出预测；把结果告之于人。探究需要明确假设、运用批判性思维和逻辑思维、考虑各种可能的解释”[①]。

由以上可以看出，探究既可以是科学家所从事的研究活动，也可以是人们在工作、学习、生活中发现问题和解决问题的活动，探究并没有年龄和学历的限制。探究最明显的特征，是发现问题并解决问题。

三、探究性教学

探究性教学可以从多层面进行理解。为了更好地理解什么是探究性教学，我们可以从一些关系中进行认识。

（一）探究学习与探究性教学

探究学习是学习者围绕一定的问题、文本或材料，自主寻求答案、意义、理解或信息的一种学习方式。探究学习强调学习者自身对信息的选择和摄取以及学习者对信息的主动建构。通过探究学习所获得的知识或意义，对学生来说将会非常深刻，有利于激发学生的学习兴趣和学习动机，也有助于学生科学精神、科学素养的培养和提高，但它对教师和学生的要求都比较高。[②]

探究性教学与探究学习存在不同，其主要区别在于教学与学习的内涵不同。探究学习，更多地体现为一种学习方式，是从学生角度提出的；探究性教学则更多地从教师的角度出发，在学生探究的过程中，教师给予适当的指导。实际上，探究性教学与探究学习是相辅相成的，没有学生的探究学习，教师再怎么进行探究性教学，也只是“剃头挑子一头热”，并不会产生实质性的效果。

---

① ［美］美国国家研究理事会科学、数学及技术教育中心，《国家科学教育标准》科学探究附属读物编委会．科学探究与国家科学教育标准——教与学的指南［M］．罗星凯，张琴美，吴娴，等译．北京：科学普及出版社，2004：14．

② 靳玉乐．探究学习［M］．成都：四川教育出版社，2005：144．

探究性教学有自己的特点。一方面，它对教师提出了要求，强调教师教学的探究性，教师在教学中要运用科学探究的方法，将科学发展的理论前沿与学术动态融入教学中，让学生在学习知识的同时，掌握学习和科学研究的方法，形成探究意识和科学观念；另一方面，它也对学生提出了要求，强调学生学习的探究性，学生要在教师的指导下，以类似科学探究的方法主动学习，获得知识、运用知识，提出问题、探究问题、解决问题，以培养自己的创新能力、实践能力，提高自己的综合素质。

（二）发现学习与探究性教学

教学论研究专家钟启泉教授对什么是发现学习有过一个很有见地的阐释，在他看来，“发现学习就是以培养探究性思维的方法为目标，以基本教材为内容，使学生通过再发现的步骤来进行的学习”①。这其中就特别强调了探究性思维方法的培养。

在美国，发现学习的主要代表人物是著名认知心理学家和教育家布鲁纳。布鲁纳认为，教育工作者的任务是：把知识转换成一种适应正在发展着的形势，以表征系统的发展顺序作为教学设计的模式，让学生进行发现学习。所谓发现，当然不仅限于发现人类尚未知晓的事物的行动，还包括用自己的头脑亲自获得知识的一切形式。发现学习的基本特点是：

（1）由学生通过独立发现、自己思考而不是通过接受的方式获得经验；

（2）强调学习过程，而不是最后得出的结论；

（3）强调学生的直觉思维；

（4）强调学生学习的内部动机，强调从学习探索活动本身得到快乐、满足，而不是外部奖惩；

（5）强调信息的组织、提取而不是存储。

探究学习与发现学习具有联系，但存在一定的差异，主要有以下两个方面。

---

① 钟启泉．现代教学论发展［M］．北京：教育科学出版社，1988：351.

其一，二者倚重的角度不同。

发现学习强调科学概念和原理的再发现，要求掌握学科的基本结构，能够独立解决问题；探究学习重视科学研究的过程与方法。

其二，二者的活动过程存在差异。

发现学习的一般过程是：形成问题、建立假设、收集资料、得出结论；探究学习的一般过程是：提出问题、建立假设、收集证据、形成解释、评价和检验结果、得出结论。发现学习更偏向学生思维的训练，而探究学习更注重学生分析、解决问题和创新能力的培养。

近些年来，探究性教学受到越来越多的关注。对于探究性教学的定位，主要基于两种视角：一种是把探究性教学作为一种教学方法研究，另一种是把探究性教学作为一种教学模式研究。大体上，一般认为探究性教学是指教师通过创造一种社会交往环境，让学生探索发现所学习的学科内容要素的一种认知策略。

探究性教学的基本特点，大体上包括五个方面：

（1）问题性；

（2）重视教师主导性和学生主体性；

（3）主体参与性；

（4）重视合作学习；

（5）重视评价等。

其中，问题教学是探究性教学的一个重要部分，它强调把“问题解决”作为教学的核心。前苏联教科院院士马赫穆托夫的课题组曾通过一系列研究，形成了一套教学理论，其中把问题解决作为学校数学教育的核心。马赫穆托夫将这个思维过程分为五个阶段：①问题情境的产生和问题的提出；②已知解决方式的使用（这是“封闭式”解决问题的阶段）；③新行动原则及解决方法的寻找（这是“开放式”解决问题的阶段）；④实施找到的原则和方法；⑤检验解决方案。

在探究性教学中，重视学生主动地参与教学活动，强调教师对学生的指导。教师不再是学生的控制者，而是促进者；教师不再是教学活动的权威，而是学生的引导者；教师不再是单纯的教学者，而是具有教学者、研究者和学习者多重身份。

四、研究生探究性教学

研究生探究性教学，是指在研究生阶段开展探究性教学，在教学过程中将研究生教学与探究性教学结合，注重发挥研究生的主体地位，让研究生积极主动地参与到教学活动中，在这个过程中导师和学生成为学习的合作者、问题的共同探究者，用德国柏林大学（即柏林洪堡大学，简称柏林大学或洪堡大学）的创办者洪堡的话说是师生“为科学而共处”，“教师已非严格意义的教师，大学生也非真正的学生；大学生已在进行研究，教师不过是引导和帮助学生进行研究”[①]。而且，“在教师和学生的共同努力下通过对学术深层的钻研而具有最丰富的科学内涵。在此结构中，起突出作用的是讲座、课堂讨论和辩论，讲座处于中心地位。若要成功地发展情境性的探索思维，就需要一种开放性结构，把学习者吸引来参与教师的思维。在这种充满批判性和创造性的复杂思维活动中，教学和科研成了一种连续发展的统一体，在不断的对话中，教师与学生将结合在一起”[②]。

研究生探究性教学对于研究生问题意识的培养、发现并解决问题的能力的锻炼都有十分重要的意义。

第二节　西方探究性教学之源

探究性教学既具有历史性，又具有时代性。古希腊哲学家苏格拉底的“产婆术”，我国古代著名教育家孔子提出的“不愤不启，不悱不发”等，都蕴含着探究性教学的特征和探究精神的培养。后世的教育思想都继承和发展了先贤的探究性教学思想。

① 肖海涛．大学的理念［M］．武汉：华中科学大学出版社，2001：63.

② 肖海涛．大学的理念［M］．武汉：华中科学大学出版社，2001：63.

西方的探究性教学，以古希腊哲学家苏格拉底的“产婆术”为发端。可以说，苏格拉底是西方探究性教学的先驱，随后经过洪堡、杜威、施瓦布等人的推动，探究性教学在西方获得了较大发展。

一、苏格拉底：产婆术

古希腊是西方文明的摇篮，也是西方教育思想发展的开端。古希腊的教育家、哲学家苏格拉底在西方教育史上具有重要地位。为了有效地传授知识，苏格拉底提出了著名的“产婆术”教学法。

苏格拉底认为，真理是以潜在的形式存在于人的内心，教师的任务不在于传授既成的知识，而在于通过交谈和讨论，消除一切错误与模糊的认识，唤醒学生的意识，从而发现真理。[①] 苏格拉底的“产婆术”大体上可以分为四个部分。

一是讥讽。教师在让学生认识到真理前，并不将知识直接讲授给学生，而是在和他们谈话的过程中，了解学生的观点，然后使学生意识到自己原来的观点是不准确的，使其发现自己认识上的缺陷，从而激发学生对真理的追求。苏格拉底认为，只有学生意识到自己的无知，才会有学习知识的欲望和动力。

二是“助产术”。苏格拉底认为，“人一出生，就禀有观念，这些观念是天生的，并非后天才拥有……教师之教学，类似产婆将胎儿‘引出’而已，产婆绝对无法‘由外往内’地赐给产妇婴儿，却只能‘由内往外’将婴儿接生下来”[②]。在使对方意识到自身认识的杂乱，否定原有认识的基础上，教师通过发问、刺激等方式，进一步引导和启发学生，使学生自己进行分析与思索，引出真理性的认识，得出结论。

三是归纳。在学生产生学习欲望后，使他们学习运用归纳法，在个性中发现共性，从个别中总结出一般。

四是定义。对找到的知识或者真理加以描述和表达，让学生逐步掌握明确的定义和概念。

---

① 张斌贤．外国教育思想史［M］．北京：高等教育出版社，2007：15-16.

② 林玉体．西方教育思想史［M］．北京：九州出版社，2006：30.

苏格拉底“产婆术”引导学生自己探求知识，与现代教育中的探究性教学有异曲同工之处，可以看作西方探究性教学的开端。

苏格拉底的“产婆术”是一种思维训练的方式，对学生探究精神的习得和培养具有重要意义。

其一，发挥教学主体的主动性。

苏格拉底“产婆术”的关键环节，就是教师使学生发现自己的无知，从而激发学生的问题意识，在对话中提问、探究，把学习变成一个个体主动探求新知的过程。这一过程将教师的主导作用和学生的主体性有效结合。在客观条件的作用下，学生对知识的新需要与其已有的知识发展水平之间处于不断的对立统一的矛盾运动中，旧的矛盾不断解决，新的矛盾不断发生，从而推动了学生成长，这就是学生进步的动力。在这一过程中，教师要积极创造条件，促进矛盾向积极方面转化，培养学生思考和实践的主动性，培养学生的探究意识。

苏格拉底“产婆术”充分考虑了教学内容的内在联系，以及学生的知识基础，以循序渐进、深入浅出的方式，引导学生认真思索，探究问题，进而解决疑难问题。这正是现代探究性教学所倡导的。

其二，激发受教育者的潜能。

在苏格拉底看来，每个人的心中都有对于知识和真理的独特认识，教师的使命就是帮助学生去发现并认识它们，帮助受教育者发挥自身的潜能。苏格拉底“产婆术”的重要内容就是将掌握知识和真理的方法教给学生。这种方法不是把知识直接教授给学生，而在于启发、诱导学生，让他们通过自己的探究得出结论。这种方法能够激发学生的潜能，使其从内心产生积极进取的精神力量。

其三，有益于建立和谐的师生关系。

民主、和谐的师生关系，不但对教学活动有多方面的积极影响，而且有助于受教育者的健康成长。苏格拉底不限制谈话对象的社会地位和年龄，谈话的过程也是平等的交流讨论过程。双方可以自由思索、自由探究，不设置固定的模式，这样就使得学生可以在一种轻松自由的氛围中思考、探究以掌握知识和真理。这对于现代探究性教学的环境设置及师生关系的建立都有重要的指导意义。

二、洪堡：由科学而达至修养

18世纪末，欧洲的新人文主义倡导科学研究是学者的最高职责，也是一名优秀的大学教师必须承担的职责。这种要求在柏林大学正式确立，而其确立离不开柏林大学的创办者威廉·冯·洪堡的努力。

威廉·冯·洪堡不光参与创办了柏林大学，还依据新人文主义等思想将新大学的主旨确立了下来。1810年，洪堡创建柏林大学，他以理想主义和新人文主义思想为基础，认为如果将教学机构与研究分离，对人的发展和科学的发展都会产生不利影响。洪堡要求传授所谓的“纯粹科学”，主张高等学校要坚持学术自由及教学和科研相结合的原则。

洪堡认为，“大学的核心是发现知识”“大学应视科学为一尚未完全解答的问题，因而始终处于探索之中”[①]，主张将科学研究与培养高端人才紧密结合。洪堡曾明确指出，大学要“尊重科学和它的自由的生命力，以不受限制的科学研究手段，培养学生成为具有真正科学修养、有独立思想、有理智和道德的青年”[②]。以此为依托，洪堡提出了“由科学而达至修养”的教学原则，将教学和科研紧密结合到一起。在研究生教育阶段，师生都要“把科学看作尚未穷尽、且永远无法穷尽的事物，并不舍地探求”[③]。“柏林大学从最初就把致力专门科学研究作为主要的要求，把授课效能仅作为次要的问题来考虑；更恰当地说，该校认为在科研方面有卓著成就的优秀学者，也总是最好和最有能力的教师。”[④]

洪堡认为，“大学教授的主要任务并不是‘教’，大学学生的任务也并不是学；大学学生需要独立地自己去从事‘研究’，至于教授的工

① 肖海涛．大学的理念［M］．武汉：华中科技大学出版社，2001：63.

② 冯增俊．现代研究生教育研究［M］．广州：广东高等教育出版社，1993：22.

③ 陈洪捷．德国古典大学观及其对中国大学的影响［M］．北京：北京大学出版社，2002：26.

④ ［德］弗·鲍尔生．德国教育史［M］．滕大春，滕大生，译．北京：人民教育出版社，1986：125.

作则在诱导学生‘研究’的兴趣，再进一步指导并帮助学生做‘研究’工作”[①]。柏林大学高度重视科学研究，重视学术自由，教师有充分的教学科研自由，学生也有充分的学习自由。学校通过开设讲座等方式，鼓励师生进行科学研究，促进教学与科研相结合。

可以看出，在洪堡眼中，探究对于大学及研究生教育来说是十分重要的。具有探究理念的教学不仅是发展科学的需要，也是培养人才的需要，不进行探究活动，就无法产生研究生教育，就无法培育出高层次的专门人才。

三、习明纳：教学和科研的统一

习明纳由英文 Seminar 音译过来，最初是指大学或者研究生院中的一小组高年级学生在教授的指导下从事原创性或者集中性的研究，教授通过定期会见这些学生并与学生探讨他们的报告或者研究成果来指导他们的学习方式。习明纳的历史可以追溯到 18 世纪教育家弗兰克创办的师范学校。第一个作为大学教学方式的习明纳，是 1737 年格斯纳在哥廷根大学中开设的哲学习明纳。起初，习明纳由个人开设。

现代大学之母的柏林大学对习明纳进行了改造，形成了一种基本的制度形式：教学—科研研讨班。在这个研讨班中，采用习明纳教学，教师和学生自由交谈、各抒己见、探讨学术，从而发现真理。习明纳的诸多优势，加上德国政府的大力支持，使得其影响力不断扩大，经过不断发展，习明纳在近现代德国大学教学中占有重要地位，伯顿·克拉克曾对习明纳予以这样的评价：通过习明纳，“教学和科研活动结合起来，学习被结合在科研的框架之中。‘不停的探究过程’已经找到它的操作工具”[②]。可见，习明纳为探究活动的进行提供了必需的场所和工具。

① 冯增俊．现代研究生教育研究［M］．广州：广东高等教育出版社，1993：22.

② ［美］伯顿·克拉克．探究的场所——现代大学的科研和研究生教育［M］．王承绪译．杭州：浙江教育出版社，2001：29.

习明纳的影响远不止在德国，对美国教育界也产生了重大影响。当年留德的美国留学生对习明纳传入美国起到了很大的作用。事实上，习明纳就是当年美国留学生去德国学习的重要原因之一。“19 世纪 20 年代，哈佛大学留德学者蒂克纳等第一批留德学者学成回国，把德国大学中盛行的习明纳尔介绍到美国，由此开始，习明纳尔逐渐成为美国大学一种重要的教学方法。”[①] 习明纳后来成为美国研究生院最基本的一种教学形式。

习明纳的出现，增强了大学的探究性。习明纳是大学教学和科研之间的桥梁和纽带。它既是师生进行学术交流、学术创新、发展真理的一种科研活动形式，也是培养学生学术精神和学术能力的一种教学形式。习明纳将教学与科研两者有机地结合起来，它最终指向的是大学的探究性和科研精神。

习明纳的出现，改变了教师教学和学生学习的方式。教师的教学方式，从单向的知识灌输转变为学生积极参与下的合理指导；学生的学习方式，从被动接受知识转变为主动探究和发现知识。通常，习明纳开始前，学生需要查阅和整理大批相关资料，进行充分的准备，然后进行独立探究，并在习明纳中提出自己的思考和见解，与老师同学讨论。课前的准备工作，为学生提高独立学习、自主探究的能力创造了机会。在习明纳中，师生围绕一定的问题进行广泛的讨论，大家畅所欲言，论证自己的观点。讨论的问题并没有十分精确的答案，讨论者可以就问题进行充分发挥。这种教学方式无疑有助于培养学生积极进取、坚持不懈的探究精神和批判精神，提高其探究能力与思辨能力。

习明纳的出现，改变了大学传统的师生关系。在习明纳中，学生可以不受传统权威的束缚，参与教学科研活动，这就突出了学生的主体地位，师生关系更为平等、民主。而且，自由、宽松的学术氛围使学生能够对已有观点和理论进行大胆的批判和质疑，进行创新性思考和探究。

可见，习明纳重在对学生的科研探究能力、合作创新能力以及探

---

① 刘宝存．美国研究型大学一年级习明纳尔课程［J］．外国教育研究，2005（3）：64.

究精神的培养。习明纳对探究精神的追求，正是如今研究生探究性教学所应该重视和借鉴的地方。

四、施瓦布：探究性教学的倡导者

最早提出要在学校的科学教育中运用探究方法的是美国的实用主义教育家、哲学家杜威。直到20世纪初，通过直接教学让学生掌握大量的科学知识、概念和原理以进行科学教育还是一种较为普遍的教育思想。1909年，在美国科学进步联合会上，杜威首次对这种教育思想提出了批评，他认为，科学应该是一种思考的态度和方式，但当时的科学教学并没有足够重视这一点，而是过分强调知识的积累。在杜威看来，让学生掌握充足的知识信息固然重要，而让学生体验科学研究的过程、学习科学研究的方法更加重要。

杜威把人类解决问题的思维模式运用于教学，根据思维过程的五个步骤，提出了实施问题教学法的五个步骤：

（1）设置疑难情境；

（2）确定问题；

（3）提出假设；

（4）制定解决问题的方案；

（5）实施。

杜威所提出的五步问题教学法，蕴含着对探究精神的追求，深深地影响着美国的教育，同时也促进了探究性教学的提出。

在杜威进步的教育思想的基础上，20世纪五六十年代的美国生物学家、课程专家施瓦布正式将“探究性教学”作为一种重要的教学模式加以研究。在施瓦布看来，科学知识的展示和学习应该运用探究的方式进行。1961年，施瓦布在哈佛大学的一次演讲中，提出了“探究的理科教学”的观念，他认为，对科学进行静态、结论式描述的传统课程，恰恰掩盖了科学知识是通过探究活动而不断发展的真相，他极力主张教师要引导学生进行类似科学家式的探究活动，也就是教师要进行探究性教学。施瓦布认为，要打破过去先讲解，后做演示实验的做法，而应把实验放在前面，在向学生介绍科学原理和概念之前，要让学生亲自动手做实验，进行自主探究，用实验结果来解释和深化教学内容。这就是强调把学习知识和培养学生的探究能力结合起来。

施瓦布还对探究性学习方法进行了研究，提出了一种基于阅读文献资料的探究性学习方法，具体的做法是：教师给学生提供相关的科学研究材料和报告，由师生共同探讨、研究其中的问题、数据、技术的运用以及科学家所得出的结论。通过这种讨论，促进学生更深刻地了解科学知识的产生过程及其基本构成要素。

其后，探究性教学在美国得到大力发展。1996 年美国正式公布出版了《美国国家科学教育标准》。这是美国科学教育史上的第一个国家标准，它强调对科学探究的本质认识，《标准》明确提出“学科学的中心环节是探究”①。在《标准》中，将科学探究与传统的科学过程进行了区分，虽然也对学生使用观察、推理、假设这些科学方法提出了要求，但科学探究更加强调用逻辑、想象及以证据为基础的思维形成并修正科学解释、识别和分析各种模型、交流并捍卫自己得出的科学结论，即从科学认识论的角度让学生理解科学和科学探究的本质。

1998 年美国国家教育与经济研究中心制定了英语语言艺术、数学、科学和应用学习四个领域在 4 年级、8 年级和 12 年级三个层次的国家标准，特别强调了以“探究”为特征的教学策略与方法。与此同时，美国的大、中、小学正在积极倡导“以项目为中心的学习”（project-based learning）和“以问题为中心的学习”（problem-based learning），这两种学习方法无论是理念上还是实践方法上都与“探究性教学”十分接近。

---

① ［美］国家研究理事会．美国国家科学教育标准［M］．戢守志，金庆和，梁静敏，等译．北京：科学技术文献出版社，1999：2.

第三节 中国探究性教学之源

在中国，探究性教学可以追溯到孔子。孔子作为中国启发式教学的先驱，对探究理念的产生和发展有重要的影响。《学记》作为世界上最早的一篇专门论述教育、教学问题的文献，其中所蕴含的探究智慧对于我国教育教学的开展起着十分重要的指导作用。书院作为我国古代高等教育的重要组织形式，对于探究性教学和探究理念的影响也不可忽视。下面分别进行讨论。

一、孔子：不愤不启，不悱不发

春秋战国时期，社会生产力有了较大的发展和提高，政治、经济发生剧烈的变动，教育制度也随之发生了变化，官学衰退、私学兴起、百家争鸣的局面出现，诸子百家对教育教学也有着自己不同的方式和方法。孔子是其中较有代表性的一位。

孔子是我国古代伟大的思想家、教育家，是我国大规模兴办私学的第一人，是世界上最早提出启发式教学的教育家。在孔子看来，教育与社会政治、经济联系密切，三者是治理国家必不可少的要素。孔子把政治置于首要地位，把政治、经济作为教育的前提，但他并没有忽视教育对于政治、经济的促进作用。孔子认为圣人在位，贤人用世，就会天下太平。舜和周武王就是选用了贤臣使得天下大治。那么贤才是如何产生的？这就要通过教育和学习来培养。孔子十分看重教育和学习对于人的发展的作用。孔子认为，人与人之间之所以存在着巨大差别，主要是由于后天的教育、环境以及个人所进行的社会活动的不同而造成的。孔子曾说："性相近也，习相远也。"也就是说，他认为后天"习"的作用要大于先天"性"的作用，教育对于人才培养、能力提升以及个人品德的培养起着十分关键的作用。在此基础上，孔子开办私学，招收学生，培养人才。从他关于教学原则、教学方法和教学过程的理论和实践经验中，都可以追寻到探究性教学理念和实践的萌芽，寻找到探究的韵味。

（一）教学原则：重视启发和思维能力培养

教学就是要让学生获得一定的知识，并使学生各方面的能力得到发展。孔子强调在学生的学习过程中，要不断促进学生思考。孔子主张“不愤不启，不悱不发。举一隅不以三隅反，则不复也”，换句话说，就是在教学时必须让学生主动思考，已经思考一段时间却仍未想通的时候，再去启发他；虽然学生在思考后已经有所收获，但还不能用恰当的语句表述出来时，再去开导他。在这短短的二十个字中，孔子首次提出了“启发”与“举一反三”这两个概念。孔子说：“不曰‘如之何，如之何’者，吾末如之何也已矣。”意思是说，对于不动脑筋、遇事不提“为什么”的人，是没法对其进行帮助的。

启发，其实就是教师对于思维处于积极状态的学生予以启发，同时适当增加难度，使学生能进一步理解新知识，一步一步提高，不讲对于学生来说晦涩难懂的知识。孔子重视对学生探究能力、独立思考能力及推理能力的培养。学生不仅能学一样懂一样，还能闻一知十、融会贯通。

（二）教学方法：注重启发式

孔子注重启发式的教学方法，认为应引导学生自觉思考，启发学生的思维，以掌握知识。在教学中，孔子常常采用问答法或者谈话法，甚少采用填鸭式的教学方法，他注重的是学生的独立思考能力和对知识的领悟能力。孔子认为，只有学生自己通过学习探究，有了一定的领会能力后，才能去启发他更进一步。教师的启发要基于学生的思考，在这之后，还要能让学生继续思考得到更深一层的领会，这样才能真正实现教学的目的，达到教学应有的效果，学生的学习能力才会得到切实的提高。比如一个方的东西，已向学生说明一个角的样子，如果学生不能类推其余三个角的样子，说明他并没有动脑思考或是接受能力不够，教师就暂不需多讲，否则就变成了包办和强制灌输，难以实现培养学生探究和思考能力的目的。

孔子鼓励学生多多提出问题，《论语》中记述了多达一百多次的提问过程。孔子也运用多种不同的方法与学生进行问答。他有时向学生提出问题，但又预设学生的答案；有时先向学生发问，让学生思考后回答，然后予以认可，并给出意见；有时学生提问，他根据不同学生的特点回答学生的问题，引导学生获得正确认识；有时又让学生先谈自己对于问题的见解，而后做有针对性的回答；有时学生提问，他不回答，而是通过叩诘的方式，让学生自己找出答案。

在教学中，教师不但要启发学生，还要从学生那里获得启发。在《论语·八佾》中有如下记载：

> 子夏问曰："'巧笑倩兮，美目盼兮，素以为绚兮。'何谓也？"子曰："绘事后素。"曰："礼后乎？"子曰："起予者商也，始可与言《诗》已矣。"

子夏问孔子："'有酒窝的笑脸真美，美丽的眼睛真明亮，用素粉打扮增添了她的魅力。'这三句诗是什么意思？"孔子回答道："这就是先有白底然后线条勾勒上色。"子夏又问道："那么是不是说，礼乐是产生在仁义之后呢？"孔子听后很满意，说道："商，你是能启发我思考的人，现在我们可以一起探讨《诗经》了。"这其实也蕴含着教学相长的教学原理，师生互动，在探究中共同成长、共同进步。

（三）教学过程：学与闻见、思、行结合

通过孔子的教学和他指导学生的过程，可以归纳孔子教学的各个环节。例如，《论语·述而》中有：

> 盖有不知而作之者，我无是也。多闻，择其善者而从之；多见，而识之；知之次也。

这是说，大概有一种人，自己还不懂得，便去做。我没有这种情况。多听，选择其中合理的部分照着去做；多见，把它记忆起来。这就是通过学习获得知识。

《论语·为政》中也有如下记载：

> 多闻，阙疑，慎言其余；……多见，阙殆，慎行其余。

也就是，多听，有怀疑的地方，加以保留，相信其余正确的部分，慎重地说出来；……多看，行不通的地方，加以保留，相信其余正确的部分，慎重地去实行。

从中可以看出孔子对学生学习过程的看法。我们可以说：

多闻、多见，属于认识过程的初级阶段，也即获得感性认识的阶段；

阙疑、阙殆、择善，属于认识的高级阶段，也即获得理性认识的阶段；

慎言、慎行，属于把理性认识付诸实际行动，也就是知行合一。

学生学习的过程，就是通过所闻、所见获得感性认识，在思维加工的基础上认识到事物的本质和规律，而后将之付诸实践，但是在实践中要谨言慎行这样一个过程。可以说，孔子的教学过程观是基于对学生学习过程的认识上的。

（1）学与闻见结合。

多闻、多见是学习的第一阶段。要通过所听、所见获得知识。这不仅涉及接触大自然，接触外界事物，还涉及阅读书本所获得的知识。通过闻见将所获得的认知记忆起来，多与他人交流，同时还要多问。

（2）学与思结合。

学习过程也离不开思考。孔子将学与思放在同等重要的位置，并认为学与思要紧密结合。“学而不思则罔，思而不学则殆”，学与思缺一不可。学是思的基础，终日废寝忘食地思不如先学后考。[①] 只有积累了一定的知识，才能够对事物进行细致的思考。

（3）学与行结合。

学习的目的是为了行，在行动中，要用学得的正确知识指导实践。孔子认为，如果学而不行或者不能行，就等于没学。

孔子所说的教学过程其实也可以理解为一个探究的过程，探究学习的一般过程与孔子提出的“闻见、思、行”在笔者看来是一脉相承的，而孔子所注重的启发式思维与探究精神也是不谋而合的。

---

① 《论语·卫灵公》：“吾尝终日不食，终夜不寝，以思，无益，不如学也。”

二、《学记》：教学相长

《学记》是我国古代关于教育教学的经典著作。《学记》总共二十段，虽只有一千两百多字，但其内容却十分广泛而深刻，涉及教学的方方面面，言简意赅，字字珠玑，博大精深。从《学记》中，可以看到丰富的教学智慧，其中也渗透着探究精神。《学记》既谈教学目标，也论教学原理；既讲教师的教，也谈学生的学；既探讨教与学的原则与方法，也分析教与学中的弊病与问题。《学记》中蕴含着古人丰富的教学智慧，蕴含着浓厚的探究精神和探究理念。

（一）教学目标与教学原理

《学记》一开篇就说道："君子如欲化民成俗，其必由学乎！"从《学记》中可以看到古代的教育教学目标，其定位在"化民成俗"，用今天的话说，就是通过提高每个人的素质，进而提高民众的整体素质。

在教学原理上，《学记》主张"教学相长"。通过教学相长，使学生达到"知不足""知困"，然后达到"能博喻""自反""自强"，"安其学而亲其师，乐其友而信其道，是以虽离师辅而不反也"，进而"继志矣"，"能为师"，"能为长"，"能为君"。从中可以发现古人对教学作用的认识，即教学对于个人、社会和国家有着不可忽视的重要性。

《学记》讲："是故学然后知不足，教然后知困。知不足，然后能自反也；知困，然后能自强也。故曰：教学相长也。"《学记》中说，古代的仁君圣王建邦立国，治理民众，都将把教育放在首位，必须要通过学才能知道"道"的可贵之处，就像美味佳肴一样，不尝就不知道它有多美味，经典之中的道不学是不知其善的。而教的人，并不是完全了解了"道"才可以教别人，其实教也是一种学，是进一步的学。教学不仅是学生的学习过程，同时也是教师的学习过程，教师和学生都是学习者，都是教学活动的参与者，教师是在教中学，学生是在学中学。另外，“教学相长”不光是指师生之间的相互促进，还包括生生之间的相互促进。其实探究也是一种相互借鉴、共同进步的活动，教学相长也是探究性教学的教学原理。

（二）教学原则

《学记》中讲到的教学原则主要有：预防原则、适时原则、循序原则、观摩原则、倾听原则、搁置原则等。

（1）预防原则。

《学记》讲，“禁于未发之谓豫”，就是要注意预防学生可能产生的邪恶念头和不良行为，预想到学生容易出现的问题，用适当的方法加以约束和禁止，防患于未然，将其解决在萌芽中。

（2）适时原则。

《学记》讲：“当其可之谓时。”教师应善于把握教学时机，审时度势，提高课堂教学效率。教学时机的把握有时需要因学生而异，了解不同学生的具体情况和问题，在适当的时机加以指导需要教育者运用自身的教学智慧。

（3）循序原则。

《学记》讲：“不陵节而施之谓孙。”教学不应超越等级次序，不跨越进度，依据学生的个人能力和学习程度进行教学，讲究教学规律，循序渐进，逐步达到教学目标。

（4）观摩原则。

《学记》讲：“相观而善之谓摩。”即倡导合作学习，发挥同学之间的激励作用，互相切磋，互相学习，以他人之长补己之短，以取得更大的进步。

（5）倾听原则。

《学记》讲：“必也其听语乎，力不能问，然后语之。”教师要善于倾听，善于听取学生的问题并给予解答，不能轻易说教、训导。如果学生心中存在疑惑，却因能力有限无法表达出来时，教师就应该加以开导，或将问题讲解给他听。

（6）搁置原则。

《学记》讲：“语之而不知，虽舍之可也。”经过教师开导或讲解之后，学生仍然难以理解、经启发仍不能明白的内容，可以暂时放弃指导，等合适的时候再进行讲解。

（三）教学方法

《学记》对于教学方法也进行了明确的探讨，《学记》讲到的教学方法主要有：适度引导、勉励强化、启发诱导、长善救失、循序渐进、耳濡目染等。

（1）适度引导。

《学记》讲："道而弗牵。"在教学中，教师要设计科学合理的教学程序，引导学生走向正确的学习方向，让学生主动学习，给予适度的指导，调动学生的主动性、积极性，而不是强迫学生学习和服从教师的安排，这样也有助于和谐师生关系的建立。

（2）勉励强化。

《学记》讲："强而弗抑。"在教学中，教师要根据教学目标对学生提出要求，但要注意不能使学生感到压抑，以免抑制其参与学习的主观能动性。教师要善于发掘学生的优点，鼓励学生的进步，促进学生自身的发展和完善，不应苛责学生。

（3）启发诱导。

《学记》讲："开而弗达。"教师要善于创设问题情境，引导启发学生独立探究、积极思考。学生有疑问时，不可将答案和盘托出，应当加以启发诱导，激发学生独立思考的能力，训练学生的思维能力，使学生获得更大的进步。

（4）长善救失。

《学记》讲："长善而救其失者也。"每个学生都是有自我意识的独立个体，都有着自己独特的个性特征，因此，教师应注重因材施教，了解不同学生的个性特点及才智，培养学生的优势，挖掘学生的潜力，引导学生意识到自己的过失和不足，用自身的优点来弥补其缺点。

（5）循序渐进。

《学记》讲："良冶之子，必学为裘；良弓之子，必学为箕。"人的认识和能力是逐步发展的，因此基础知识的学习就十分必要。教师讲解教学内容时要由易到难，循序渐进，脚踏实地，不可跨越式教学。

在讲授有难度的内容前，要给予学生知识和能力的铺垫，使学生在坚实的基础知识之上得到更大的发展。

（6）耳濡目染。

《学记》讲："始驾马者反之，车在马前。"教师要注重学习氛围的创设，为学生提供良好的示范与模仿的条件，给予学生以目标榜样的激励，言传身教，寓教于乐，让学生在榜样的激励下，快乐学习。

（四）避免"四失"

《学记》讲：

> 学者有四失，教者必知之。人之学也，或失则多，或失则寡，或失则易，或失则止。

《学记》中探究的教学智慧无处不在，其中蕴含的教学原则和教学方法对于各个阶段的教学都非常适用。这"四失"是教师在授课过程中或者学习者在自学时可能会出现的四种问题，其实也是现在的研究生经常会出现的问题。

（1）或失则多。

学习者在学习时可能会出现贪心过重、贪多务得的问题。其实就是我们通常所说的"贪多嚼不烂"。学习者如果在较短的时间内给自己布置过重的学习任务，很可能导致事倍功半，最终只能浅尝辄止，不求甚解。学不在多，而在精，数量上的多并不能完全代表一个人的学识，而应当深入学习，以求得质量统一，这才是真正的学。

（2）或失则寡。

学习者在学习时，可能会由于给自己定的目标太低，没有足够的学习任务，而不用功学习，把大部分时间用来思考和处理学习以外的杂事。太过于轻松的学习，缺乏压力和挑战，学生很难取得大的发展。

（3）或失则易。

教学讲究循序渐进，由易到难，但是如果学习的内容太过简单，或者自认为很容易，便不做努力，不加深思，不仅浪费了宝贵的学习时间，还会使自己学不到东西，而且还有可能导致学习过程缺乏挑战性，学习者的思维能力得不到有效的锻炼。

（4）或失则止。

学习者在学习时，可能会由于所学知识过难，或者内容太多，不知如何选择，百思不得其解后，对学习产生倦怠之心和畏难情绪，对学习内容失去兴趣，失去上进的动力。

教师和学习者应当注意和避免这些问题的出现，恰当地运用多种教学方法，使教与学密切配合，真正实现对人才的培养。

三、书院精神：博学、审问、慎思、明辨、笃行

书院是我国古代一种独特的教育组织，出现于唐朝，中经宋元明清各代，延及清末，垂千年之久，在中国古代教育史中占有重要地位。书院在宋元发展最为兴盛，形成了比较完备的规制，具有多种功能和作用。书院不但在教育上形成了与官学不同的人才培养方针和模式，以及与此相联系的开放式的教育体系，而且也是古代重要的学术基地，宋明理学、清代汉学以及近代新学，几乎都是在书院勃兴和发展起来的。教学与学术相伴相随，好似两朵奇葩，争相斗艳。书院对中国古代人才的培养与学术的繁荣发展都做出了重要贡献。书院重视科学研究，其教学也充满了探究精神。

朱熹在《白鹿洞书院揭示》中鲜明提出“为学之序”：“博学之，审问之、慎思之，明辨之，笃行之。”这就指出了为学要遵循的顺序，颇具探究韵味，这也成为南宋之后，历代书院共同依据的总学规。

书院相对宽松的办学环境，众多学术大师云集讲学，使得书院的教学相对比较自由，南宋的朱熹、张栻、陆九渊、吕祖谦，明代心学大师王阳明、湛若水，清代汉学大师惠栋、卢文绍、钱大昕、王鸣盛等人都曾长期在书院讲学。书院一般是以学田为自己提供经费支撑，将出租学田获得的收益作为其日常的运作经费，并建立了比较完备的经费管理制度，同时制定了较为完善的选聘山长、招收生徒、进行教学活动、藏书与祭祀等方面的制度。这一系列的条件为师生探究精神的培养提供了适宜的“土壤”。书院的学术氛围相当浓厚，学术活动多

样，书院对内主要以自我探究为主，师友指导为辅；书院对外主要是举办讲会活动，自由讲学，加强学术交流，百家争鸣，相互尊重。

（一）师友指导与自主探究

书院在教学、传授学术知识时，主要是以学者的自我探究为主，充分发挥其自身的主体性、探究精神以及独立思考的能力。一所书院往往有至少一个学术大师，但学生人数不会过多。因此，书院里的每一个学生基本都能与学术大师近距离接触，得到学术大师的亲身指导，能当面质疑问难。学术大师会依据不同学生自我思考和探究的程度，为其提供不同的解答。有时不绕弯子，直接给出答案；有时略加启发，使学生自己领悟；有时与之反复辩论，使问题不断深入。书院的教学不采用填鸭式的“满堂灌”，而是采用启发式的教学方法，提纲挈领，以使学生举一反三。在教学内容方面，讲授者不会逐章逐句地讲解，而是会选取重点进行讲解。

例如，陆九渊在白鹿洞书院讲解《论语》时，就只将“君子喻于义，小人喻于利”一章抽出来，进行重点讲授；王守仁在稽山书院做学术报告时，也只是重点讲述了《大学》中“万物同体”的主旨而已。

南宋最负盛名的大教育家朱熹是理学思想的集大成者，他曾对学生说：“书用你自去读，道理用你自去究索，某只是做得个引路底人，做得个证明底人，有疑难处同商量而已。”（《朱子语类》卷十三）教师并不需要对学生进行灌输式的教育，而是让学生自己探索，有不明白的地方教师予以指导即可。

在《程氏家塾读书分年日程：朱子读书法》中，朱熹的弟子把朱熹对读书的体会概括为“朱子读书法”六条，即循序渐进、熟读精思、虚心涵泳、切己体察、着紧用力、居敬持志，其中熟读精思值得一提。关于如何精思，朱熹提出“无疑—有疑—解疑”的过程。朱熹说：“读书始读，未知有疑。其次则渐渐有疑，中则节节是疑。过了一番后，疑渐渐解，以至融会贯通，都无所疑，方始是掌。”（《宋元学案·晦翁学案》）这里提到的读书从无疑到有疑到解疑的过程，其实就是发现问题、研究问题到解决问题的过程，也是一个对知识的探究过程。无论是发现问题，抑或是解决问题，都是精心思考的结果。

在自主探究的基础上，师友的指导也是非常重要的一个环节。陈亮、吕祖谦、叶适等学术大师都是在相互勉励、相互指导中成才的。陈亮最看重其好友吕祖谦，常常将自己的著作送给吕祖谦，请他提意见，吕祖谦都会给出自己的见解，遇到两人意见不同之处，常常可以从白天争辩到黑夜。叶适在《龙川文集》的序曾指出，自己虽然愚钝，陈亮却“犹以为可教”，可以看出两人经常在一起探讨学术。

（二）讲会活动与学术争鸣

书院重视学术创新，重视知识的融会贯通。如程朱新儒学通过重新阐释儒家经典，打破了汉唐经师对儒家经典解释的垄断地位；王湛心学则是试图突破程朱新儒学的“支离”，提出了“心即理”“致良知”的学术主张；乾嘉汉学是对程朱新儒学的反动，用汉代学者重考证的方式来研究儒家经典[①]。同时，书院还聘请学术大师担任山长或者主讲，延聘不同学派的学术大师前去讲学，或者通过讲会形成辩论问难答疑的学术氛围。讲会就是持不同学术观点的学者聚到一起讲学，以探讨学术，辩论是非，这是书院开展学术交流活动和学术争鸣的最重要的活动方式之一。朱熹和张栻在岳麓书院探讨“《中庸》之义”的“岳麓之会”；朱熹、陆九渊和吕祖谦在江西铅山鹅湖寺就“为学之方”而展开学术争鸣的“鹅湖之会”都是经典的讲会活动。[②]

不过书院也会受功利主义的影响，他们并不是纯粹出于“闲逸的好奇”去探讨学术。他们是“风声、雨声、读书声，声声入耳；家事、国事、天下事，事事关心”。他们“格物致知”的最终目的和最高境界是“治国、平天下”。但是书院这种重视学术自我探究，重视学术创新，重视知识的融会贯通的精神，以及众多学术大师的争鸣活动确实对学生探究精神的培养起到了重要的作用。

---

① 朱汉民．书院精神与儒家教育［M］．上海：华东师范大学出版社，2013：37-38.

② 朱汉民．书院精神与儒家教育［M］．上海：华东师范大学出版社，2013：288-289.

第五章

研究生教育与探究精神相契合

美国著名学者布鲁贝克在其《高等教育哲学》一书中提出，在20世纪，大学主要通过两种途径确立它的地位，即存在着两种主要的高等教育哲学：一种是以认识论为基础，另一种则以政治论为基础。认识论哲学认为，人们接受高等教育的目的是以“闲逸的好奇”精神追求知识，强调大学就是探究高深学问的场所，而且认为高深学问是客观存在的，并试图在“学术和现实之间划一条明确的界限”；政治论哲学认为，人们接受高等教育，探究高深学问，并不仅仅是出于“闲逸的好奇”，重要的是因为深奥的知识对国家会产生深远的影响。但不论是认识论还是政治论，都包含着“闲逸的好奇”精神。

“闲逸的好奇”精神就是一种不断求索的探究精神，是一种驱使人不断追求真理的动力。研究生教学蕴含着一个追求高深学问的过程、一个追求真理的过程，研究生教学往往和探索研究、创造知识联系在一起。

第一节　研究生教育必然要求探究性教学

由于研究生教育的特殊性，研究生教育与探究精神相契合。探究性是研究生教育的题中应有之义。

研究生教育的教学过程应该是一个充满探究的过程，正如薛天祥教授所言："研究生教育自其产生之日起，就是一种带有探索性、研究性的人才培养方式，研究生教学目的不再是单纯的知识传授，而更为重要的目的是进行科学的探索，知识的创造，在教学和科研相结合的过程中培养人。"①

一、研究生培养目标与探究精神

研究生的培养目标是基于本专科教育的基础之上的。根据《中华人民共和国高等教育法》规定，硕士研究生教育应当使学生掌握本学科坚实的基础理论、专业的系统知识，掌握相应的技能、方法和相关知识，具有从事本专业实际工作和科学研究工作的能力等。从中可以看出，研究生的培养目标主要着眼于对研究生研究能力的培养上。同时，研究生的教育过程又是一个知识的学习与创造过程，还包含着在培养的过程中进行知识创新这样一个目标。② 虽然各个阶段的教育都要求培养学生的探究精神、创造能力，但是研究生教育对此要求更高。

我国研究生教育始于 20 世纪初。1918 年，北京大学领全国之先，开始实施研究生教育，并且"研究的课题，由教授随时提出，在日刊上公布，有兴趣的学生可自由报名，经导师同意入所研究"，这里就反映了"高等教育的自由主义特色"③。

---

① 薛天祥．研究生教育学［M］．桂林：广西师范大学出版社，2001：203.

② 薛天祥．研究生教育学［M］．桂林：广西师范大学出版社，2001：68.

③ 萧超然，沙健孙，周承恩，等．北京大学校史（1898—1949 年）［M］．上海：上海教育出版社，1981：149.

当时的北大校长蔡元培先生非常强调对高深学问的研究。蔡元培认为，大学应当是研究高深学问的学府。他说：“一个地方若是没有一个大学，把有学问的人团聚在一处，一面研究高等学术，一面推行教育事业，永没有发展教育的希望。”怎样才能做到呢？最好就是“分班讲授与专门研究能同时并进”。①

蔡元培先生主张教学与研究并重。他反复跟学生讲，作为大学生，应该以研究学术为天职，而不应以大学作为个人升官发财的阶梯。蔡元培先生非常重视大学教学的学术性，提倡启发式教学，反对注入式教学法。他认为，教书不是往水瓶中注水，只要注满就完成任务了。教师要启发学生的思维，让他们自觉地思考、获取知识。学生最好也能主动地学习，去涉猎更广泛的知识。

同样，当时的清华大学也特别强调培养学生的探究精神和探究能力。1925 年，清华大学成立研究院国学门，开始招收研究生。当时清华大学研究院的规定中有如下内容：

> 研究院国学门的课程分为“讲课”和“专题研究”两类，此外有“临时演讲”。讲课内容多半是国学基本知识、治学方法或教师个人心得，每星期讲一次至二次，学生必须全体听讲。“专题研究”则由学生在教师所担任的指导学科范围内，选定题目，作为一学年的专题研究。②

正是在这种探究精神的指导下，北京大学和清华大学培养了大批中国学术界的精英人才，成为研究生探究性教学的优秀代表。

1953 年 11 月 27 日，当时的高等教育部颁布《高等学校培养研究生暂行办法（草案）》，这是新中国第一个关于研究生教育的专门性文件。《办法》明确提出，招收研究生的目的是培养高等学校师资和科学研究人员，研究生一般通称为“师资研究生”，要求研究生毕业后能讲授本专业的一两门课程，并具有一定的科学研究能力。这就明确提出了对研究生科学研究能力的要求，为以后研究生教育方式的变革奠定了基础。

---

① 高平叔．蔡元培教育文选［M］．北京：人民教育出版社，1980：160-161.

② 清华大学校史编写组．清华大学校史稿［M］．北京：中华书局，1981：51.

1963 年 4 月 29 日，教育部发布《高等学校培养研究生工作暂行条例（草案）》，明确规定“研究生的培养目标是在大学本科毕业的基础上，更巩固深入地掌握本专业的基础理论、专门知识和基本技能，熟悉本专业主要的科学发展趋向；掌握两种外国语（对某些专业可以只要求掌握一种外国语）；具有独立地进行科学研究工作和相应的教学工作的能力”。这就对培养研究生自主探索研究的能力提出了要求。

改革开放以来，特别是高等教育大众化以来，“优先发展教育，建设人力资源强国”成为时代的强音，我国研究生教育得到了快速发展。2010 年 5 月 5 日，国务院审议并通过了《国家中长期教育改革和发展规划纲要（2010—2020 年）》，对于研究生教学提出了明确要求，纲要提出：“提升科学研究水平……促进科研与教学互动、与创新人才培养相结合。充分发挥研究生在科学研究中的作用。”强调了研究生应在科学研究中发挥重要作用。

2013 年 3 月 29 日，教育部、国家发展改革委、财务部印发的《关于深化研究生教育改革的意见》中明确提出了“重视对研究生进行系统科研训练，要求并支持研究生更多参与前沿性、高水平的科研工作，以高水平科学研究支撑高水平研究生培养”，也显示了对研究生探索研究能力的高度重视。

从研究生教育的发展历史以及国家颁布的文件中可以发现，在研究生教育发展中，不论是国家的政策法规，还是学校的规章制度，都要求并且十分重视对研究生探究精神和探究能力的培养。

二、研究生教学特点与探究精神

研究生之所以称之为“研究生”，关键在“研究”二字。研究研究，既研且究，这就是说，研究生阶段的教学与科研是相结合的。没有融入科学研究的研究生教学，不是真正的研究生教学。研究生教学要以研究来促进、来带动，通过在教学中提出具有研究性、探索性的前沿课题、创新性课题，激励研究生来思考、来质疑，来形成解决问题和分析问题的方法，从而培养研究生形成严谨的治学态度，具备分析问题、解决问题的能力等。

美国密歇根大学校长塔潘认为，大学“必须包括两个层次的活动：低层次的活动是为那些还在学习如何学习的人准备的活动；高层次的活动是为那些已经知道如何学习、懂得如何创造新知识的人准备的活动”①。毫无疑问，塔潘认为的大学教育提供的“高层次的活动”就是指学士以上的研究生教育，就是探究活动，就是为了创造新知识的活动。创造新知识的活动，必然是一种探究性的活动。

研究生教育倡导“学术自由”“海纳百川”。“学术自由”给师生营造了一个自由活跃的氛围，师生间可以畅所欲言，学生不用担心因自己的观点与导师不一致而产生一些负面影响，师生的思维都处于一个活跃的状态。这不是一个“既生瑜，何生亮”的时代，导师不会因为学生的某些观点比自己更全面、更先进或者和自己不一致而恼羞成怒、愤愤不平，相反正是这种思想的碰撞才能产生学术的火花，学生的探究欲望才会被激发，才会更加积极主动地参与探究过程，充分发挥自己的创造潜能。

大海可以容得下成百上千条江河之水，对研究生的选拔和培养也要求“海纳百川”，教师对研究生的选拔和培养不会局限在一个固定的方向，尤其是人文学科的研究生培养并不排斥跨专业的学生，相反，研究生导师可能更欢迎非本专业的学生报考学习，他们的跨学科思维对于研究的开展有很大的益处。研究生通过学习，在对自己的专业有初步认识和了解后，根据个人的研究兴趣，与导师商议后，确定研究方向，进而开始在更专业的领域“发光发热”。

（一）研究生与探究精神

一般而言，研究生是成年人。他们的年龄阶段不像中小学生、本科生那么一致，通常年龄跨度比较大，有的是应届本科毕业生，与一般成年人相比，他们敢于想象，善于创造，思想更活跃、更易接受新

---

① 施晓光．美国大学思想论纲［M］．北京：北京师范大学出版社，2001：49.

鲜事物；有的是已经在工作岗位上有实际工作经验的专业人员，他们有一定的人生阅历，思维方式比较严谨。研究生的年龄正处在青年时期或中年前期，这个年龄段的人正处于创造、发展的黄金时期，他们对知识的渴求、对事物探索的欲望是十分强烈的。研究生自身的特征与探究精神是契合的。

首先，研究生的心智、认知能力已较为成熟，对事物的观察、判断能力都比较强，而且持久性、主动性和稳定性都比较好，自学能力与思辨能力都已达到了自主探索的要求，对他们进行探究性教学相较于其他阶段的学生更加契合。

其次，研究生自我意识的发展已趋于成熟，基本完成了自我分析、自我探索、自我形成的过程，确立了自我同一性，他们对自己的认识比较全面，也知道自己想要什么、应该做什么，能够在学习某一专业时保持比较专一的学习动机和较为明确的学习目的。这为进行深层次的探究和创造性学习提供了动力基础和人格保证。

再次，研究生经过了十多年的教育，接触的事物较多，相对而言，研究生的知识基础比较宽泛扎实，知识结构比较系统完整，知识更新意识比较强烈，知识自组织能力比较灵活，这些都可以使研究生的探究性教学建立在一个更为坚实的知识基础和理性思维之上。

总体来说，研究生教育作为高层次的教育，不仅在学历和学位层次上与本科生存在差别，在理论基础、知识广度、知识结构以及各种能力和素质等方面都比本科生有着更好的条件、更高的要求，与探究精神更为契合。

（二）研究生导师制与探究精神

导师制是研究生培养方式的基本特征之一。相较于本科生教育的集体学习和班级授课而言，研究生的培养更加重视个人的个性和特点，更强调学生的自学能力和独立探究能力的培养，导师制是适合研究生教育的良好制度安排。

研究生指导教师是高校教师队伍的重要力量。一般而言，研究生导师一般是具有副教授以上高级职称、博士及以上学历的教师，他们本身就是高等学校内部学术造诣深、科研能力强、富有创造性的优良师资。他们长期从事教学及以及各项科研和课题研究活动。在研究生教育中，通过师生交流、沟通、讨论，以学生自主探究为主的方式进行研究生教学，对研究生的探究能力的培养起着潜移默化的作用。

首先，在导师制中，研究生往往由导师指导。导师，顾名思义就是指导研究生的教师。所谓“指”，就是要指出研究生的思路和想法是否可行，前景如何；所谓“导”，就是要引导研究生继续深入、拓展思路，走到学科的前沿。[①] 导师良好的思想品质、严谨的治学态度、渊博的学识会感染研究生，使学生产生接受导师对自己的指导、培养和锻炼的意愿。导师与研究生进行的情感沟通、人格关怀，可以激励研究生继承和发扬导师的治学态度和科学精神，有利于学生对学术的探究，发挥自己的创造才能。

其次，研究生导师一般至少承担一门研究生学位课程的教学，他们熟悉本专业研究的前沿领域和发展动态，能够将研究生教学与时代发展紧密结合，同时研究生导师一般都会进行各种类课题或项目的研究，有一定的科研成果，这些课题或项目能够为学生探究能力的培养提供实践学习的机会，使研究生的探究能力在实践锻炼中得到培养和发展。

再次，研究生教育是一种专业教育，是建立在本科生教育的基础上的更高层次的专业教育，也是以专业为基本单位开展的教育教学活动，是建立在二级学科基础上的专业教育。[②] 研究生的培养，除了一些公共课，大多数时间是在导师的指导下进行的。研究生教学与本科生教学不同，教与学的方式主要表现为研究生在导师的指导下自学、讨论和研究，从入学到论文答辩通过，都是在教师的指导下进行的。一名导师一般不会只指导一名研究生，但也不会像本科那样一个人管理几十号人；而一名研究生虽然只有一名指定的导师，但同时还可以接受导师指导小组的培养。

这样，不仅导师可以有针对性地对研究生进行“精英式”培养，研究生也可以博采众家之长，拓宽知识面，更有利于研究生问题意识和探究精神的培养。

---

① 薛天祥．研究生教育学［M］．桂林：广西师范大学出版社，2001：321.

② 薛天祥．研究生教育学［M］．桂林：广西师范大学出版社，2001：63.

(三)研究生教学内容与探究精神

研究生的教学内容具有专业性和高深性。

专业性是研究生教育教学活动最鲜明的特点。这里的“专业”，是指由学科知识分化而产生的知识的专业化领域。研究生的教学计划要反映学科领域的专业化，并且其学科的专业化要比任何其他低层次的学科专业化更加普遍、更受重视。正是由于这种专业化，往往致使各个专业之间的界限更为明显，彼此之间形成了各自独特的研究领域、研究方法甚至思维模式。而为了突出这种专业性，研究生教育在专门知识领域的学习和创造方面往往有着进一步加深和拓宽的要求，也就必然要求高深性。

高深性是指高深学问。布鲁贝克在《高等教育哲学》中写道，高深学问是“还处于已知与未知之间的交界处”，或者“虽然已知，但由于他们过于深奥神秘，常人的才智难以把握”的那些学问。[①] 教育阶梯的顶层所关注的是深奥的学问。

研究生教学与本科生教学的区别，首先并不取决于知识传授和学习上的层次差别。从教学本质上讲，不论是本科生教学还是研究生教学，都应该把创造性思维和探究精神的培养，付诸教育教学的全过程，要把知识学习与科学研究能力、探究能力、实践能力、创造能力的培养结合起来。只不过相较而言，本科生教育的基本要求，首先是专业基础知识的系统学习，并且让学生通过这一阶段的学习获得德、智、体、美等方面的全面发展。虽然研究生教学在硕士阶段也存在着对专业知识和基础的进一步加深和拓宽等任务，但在本质上，研究生教育是以探索、研究、创新为特征的一种教育。

研究生教学并不是单纯向学生传授人类已有的知识，而是以探究知识、发展知识、扩展知识、创新知识等作为基本内容，整个教学活动充满着对探究精神的追求。研究生教学内容的专业性和高深性，对研究生探究精神和探究能力提出了要求。从这个意义上说，研究生的

---

① [美]布鲁贝克．高等教育哲学[M]．王承绪，郑继伟，张维平，等译．杭州：浙江教育出版社，1987：2.

教育过程就是一个探究的过程。反过来说，没有探究的研究生教育，算不上真正的研究生教育。

第二节　研究生探究性教学：是方法，亦是理念

美国著名学者伯顿·克拉克曾说："高等学校的一个独特特征是，它把科学和学问设想为处理无穷无尽的任务——它们从事一个不停的探究过程。"① 如此说来，作为高等教育最高层次的研究生教育，教学更应是一个无止境的探究过程。研究生探究性教学不仅是方法，亦是理念。

一、研究生探究性教学的定位

目前多数关于探究性教学的研究，是将其作为一种教学方法、教学策略或是教学模式来研究的。本书认为，研究生探究性教学不仅是一种教学方法，更是一种教学理念。

（一）研究生探究性教学是一种教学方法

所谓教学，就是一种有目的、有组织和有计划的师生交往活动，是传授知识经验的过程。而所谓教学方法，是指在教学过程中，教师和学生为实现教学目的、完成教学任务，而采取的教与学相互作用的活动方式的总称。② 研究生探究性教学的突出特点就是探究，探究可以作为其关键词。探究性教学的"探究"，是教师和学生所采用的一种活动方式。因此，探究性教学可以看作教学方法的一种。

从古希腊苏格拉底的"产婆术"，到近现代杜威的"思维五步法"、

① ［美］伯顿·克拉克．研究生教育的科学研究基础［M］．王承绪，译．杭州：浙江教育出版社，2001：19.

② 李秉德．教学论［M］．北京：人民教育出版社，1991：2.

施瓦布的“探究的理科教学”、《美国国家科学教育标准》对“探究本质的认识”，都被学者纳入探究性教学范畴体系之中。探究性教学的目标就是要教会学生如何学习、如何发现问题、如何探究问题、如何解决问题。

作为一种教学方法，探究性教学有其方法上的优越性和实践意义，特别是相对于注入式教学而言。注入式教学，是指教师将书本上现成的知识结论教给学生，表面上看，这样的知识传授比较系统，可以让学生在较短的时间内掌握比较多的知识。对于教师而言，它是最省事、最不需要技巧的方法，照本宣科即可；对学生而言，很多人是上课记笔记，下课抄笔记，考前背笔记，考后扔笔记。这种注入式教学无创新性可言，很难培养出创新性的人才，当然不是好的教学方法。

探究性教学不是注入式教学，它强调学生在教师的组织和指导下，去发现问题、搜集资料、调查实验分析；强调教师为学生的学习和发展指引方向，提供支持、有效反馈与评价；强调学生在教师的指导下，批判继承，积极探索，勇于创新。

探究性教学，作为“方法”的定位，能够弥补注入式教学的不足，有其现实的积极意义。这种将探究性教学作为“方法”的定位，实际是把探究性教学作为教学过程的一个环节、一个组成部分。在课堂教学中，从教学方法这一方面设计和实施探究性教学，会较少受到其他教学因素的影响。这样的定位，在实践上有利于探究性教学的操作和实施，有利于直观感受到其取得的积极的成效，也有利于探究性教学经验的推广。

（二）研究生探究性教学是一种教学理念

理念就是理论化、系统化了的，具有相对稳定性和延续性的认识、思想和观念体系。[①] 理念和观念不一样，观念是人们对事物的看法，每个人都会有不同的看法，有一千个人就会有一千个哈姆雷特，这些看法通常是自发的、不系统的，还会有是非正误之分。理念是具有相对

---

① 潘懋元．多学科观点的高等教育研究［M］．上海：上海教育出版社，2001：69.

稳定性和延续性的，是比较系统的观念体系。根据这个解释，我们可以把教学理念理解为师生对教学活动的理性认识、基本态度和观念体系。

深入分析孔子启发式教学的内涵，可以发现，孔子的启发式教学不仅仅是一种教学方法，更是一种教学理念。《论语》言简意赅，用最简明的语言表达了“教育是什么”“教什么”“怎么教”的问题，指出了教学活动的本质，并以此为出发点，揭示了教学内容、教学方法等各个因素的本质的规定性，形成了一套教学理论体系。由此看来，孔子倡导的启发式教学，实际上可以称为一种教学理念，仅仅将孔子的启发式教学视作一种教学方法，是不全面的。

同样，对探究性教学的理解也存在这样的问题。研究生探究性教学实际上也是一种教学理念，它涉及研究生教学中导师与研究生对教学活动的理性认识、基本态度、观念体系、教学过程等多方面的理解。它并不仅仅限于教学方法方面，它实际上涉及教学系统的方方面面，贯穿整个教学过程，不仅有教学方法的选择与运用，也有教学内容的选择与组织，还有教学组织形式、教学考核与评价等方方面面；它不仅需要教师有方向上指导、方法上的支持，更需要学生自己去探究，去发现问题、解决问题；它是指导整个研究生教学活动的理念。

也许有人认为，只要采用讲授的方法就是注入式教学，而只要提出问题就是探究性教学。这种认识过于简单了。讲授法可以是注入式的，也可以是探究性的；问题也可能是探究性的，可能是注入式的。“方法本身是承担不了检验教学方法的标准的。”[①] 脱离一定指导思想的方式和方法，是无法孤立存在的。同一种教学方式和方法，有了不同的教学思想的指导，其教学效果会有很大的差异。因此，不能简单地把探究性教学当作一种教学方法，它还可以作为一种教学理念来指导教学。要从根本上认识探究性教学的本质规律，必须追根溯源，从教学本质和规律出发，实际上就是从教学理念的层面来看待和研究问题。

教学本身就是一种探究活动。因为作为有思想、有感情的高级动物，只有人类才会进行探究。探究是人的一种本质力量的显现，是人

① 许建领．大学参与性教学——理论探讨与系统构建［M］．青岛：中国海洋大学出版社，2006：46.

的一种天性。教学作为人的一种生活方式或存在形态，本身就具有探究的性质。人们对教学活动探究性质的强调不是外在强加的，而是教学活动本身具有的，这是由人本身具有的探究性所决定的。教学的探究性不只是指学生在学习中的探究，也包括教师对教学活动的探究。

探究是充满智力的活动，探究性教学就是要让学生通过对问题的探索、研究，学会观察、学会思考、学会合作、学会自学、学会表达，从而提高自己的能力。作为一种教学理念的探究性教学，更是具有深刻的指导意义。因为理念对教学的影响不是一成不变的，而是随着时代的变化保持着一种思想形态的弹性。教学理念可以指导教学活动的方方面面。探究性教学涉及教学方法、教学内容、教学过程、教学策略、师生关系等各个方面，把它当作教学理念研究，不仅可以从教学方法，而且可以从教学要素的诸方面出发，对教学进行系统认识，促使探究性教学更好地进行，也便于多方位地研究探究性教学，更好地开展探究性教学。

从研究生探究性教学的定位来说，将其提升到教学理念的高度，具有深刻的理论意义和实践意义。研究生探究性教学涉及教学活动的方方面面，要想从根本上认识其本质，需要从教学理念的层面来研究。

二、研究生探究性教学的特征

研究生探究性教学，旨在通过将教学与探究、实践相结合，引导研究生创造性地运用知识和经验，自主地发现问题、探究问题和解决问题，在探究过程中积累知识、培养能力、发展思维，养成科学探究精神和科学态度。研究生探究性教学是一个重过程、重参与、重应用、重体验的过程，具有如下几个特征。

（一）教学和问题探究的统一

高等学校的起源，可以追溯到古希腊的“学园”，甚至更早。我国的高等学校，则可以追溯到战国时期的“稷下学宫”。中世纪大学与近代大学的承接关系比较明显，从中世纪大学到现代大学，虽然历经了漫长的岁月，但是大学最基本的社会职能始终是培养专门人才。任何形式的人才培养，都离不开教学。

研究生探究性教学首先是一种教学，教学是必不可少的，课堂教学是主要形式。在教学过程中融入问题探究，这样适当组合便构成了探究性教学。赫钦斯说过："任何社会都应有大学这样的机构，其目的是对社会的最令人困扰的问题进行尽可能深刻的思考，甚至思考那些无法想像的问题。"[①] 也就是说，思考问题，即探究，对于大学来说是十分重要的。对于研究生而言，其所面对的问题更加专业、更加复杂，更需要学生自己去探索、去解决。

问题是探究性教学的起点。亚里士多德曾说过，人的思想是从疑问开始的。有了疑问，才会有思考问题、解决问题的动力。问题探究并不是说学生所要探究的问题是一个全新的、没有人研究过的问题。人类知识博大精深，我们不可能穷尽一切问题。对于研究生来说，学习更多的是主动探究，自主探索，独立研究，通过对一个已知的问题（但对自己是未知的）的探索，用查阅资料、动手实践等方法，最后得出结论，同样可以获得有价值的知识，同样符合国家对研究生的培养需求，同时学生的创新能力也会得到锻炼。事实上，研究生更需要锻炼自己的问题意识。研究生探究性教学就是要培养学生的问题意识，要求教学与问题探究相统一。

（二）传承与创新的统一

研究生探究性教学包含指导教师探究性地教与研究生探究性地学，且二者紧密结合。研究生探究性教学主张师生在共同探究中，共享探究所带来的乐趣以及探究所得到的成果，以促进研究生问题意识、探究能力、创新精神、创造性人格的发展。研究生探究性教学，强调传承与创新的统一。

传承与创新是大学教育的特性。大学，一方面传承文化，使人类千百年来所积累的文化遗产得以保留，另一方面又创造新文化。由于

---

① ［美］布鲁贝克．高等教育哲学［M］．王承绪，译．杭州：浙江教育出版社，1987：14.

传承，保存了文化精华；由于创造，文化推陈出新，绵延不绝。人类就是在文化的传承与创新之中不断进步的。[①] 研究生探究性教学也是这样，对知识坚持继承与创新，在继承中创新，在创新中继承。

人类千百年来积累的宝贵的知识财富，经过时代传承，经过时间的洗礼和实践的检验，造就了今天比较系统的学科体系，系统化的专业知识当然需要传承给学生，这是研究生探究性教学的任务之一。与此同时，人类通过不断地改造世界、改造自己，不断地进行着创造，不断获得进步和自由。研究生的教学不应只是“授—受”式的，研究生的学习不应是墨守成规，简单地重复或再现前人的知识、思维或行为，而应是让学生在原有知识基础上结合学科的发展动态、个人的兴趣爱好，选择自己喜欢的研究视角，自主思考、大胆探索，进行多向思维，把握和发现事物之间的联系，并能够对知识进行整体认识，创造性地发现问题、解决问题。在这样一种自由的过程中，总会迸发出学术的火花，因为研究生通过探究，会创造性地提出一些新思想、新认识、新理解、新思路。

当然，这种创新并不一定要求是首创，创造出前所未有的新知识、新思想。“创造性首先强调的是人格，而不是其成就，认为这些成就是人格放射出来的副现象。因此对人格来说，成就是第二位的。”[②] 这种创造性更多地体现在让研究生能够对所学的知识举一反三，能够灵活地运用；具有发散思维，能够标新立异，别出心裁，从不同的角度思考问题；善于从不同的视角发现知识间的矛盾关系和逻辑联系，能够从容地适应新情况、探究新问题，获得自我成长和提升等方面。

（三）开放与包容的统一

知识是随着时代的发展不断更新的，不同知识之间也有着关联和交叉。作为知识的中心，大学不仅是知识的“仓库”和知识的“集散

---

① 肖海涛．大学的理念［M］．武汉：华中科技大学出版社，2001：169.

② ［美］马斯洛．存在心理学探索［M］．李文湉，译．昆明：云南人民出版社，1987：131.

地”，更是生产新知识的“工厂”和产生新思想的“源泉”。[①] 研究生所要学习的知识更加专业、更加高深，研究生的教学如果仅仅局限在单一学科或者单一的课堂上，对研究生知识面的扩展以及能力的锻炼都是十分不利的。

其一，研究生探究性教学是开放性的。

研究生探究性教学的开放性主要表现在教学内容的开放性、教学方式的开放性、教学时间和空间的开放性等方面。

研究生探究性教学的教学内容是开放性的。主要表现为：研究生学习的知识内容不是局限在某本书或者某种思维定式中，想要学好、学通一个专业问题，不广泛涉猎知识是没法得到比较完整、比较系统的答案的，尤其是人文领域，强调“读万卷书，行万里路”，不“读万卷书”，只“行万里路”，意义也不大。研究生探究性教学就是要培养研究生自己探究问题、解决问题的能力，因此，教学内容的广泛开放是其不可或缺的特征。

研究生探究性教学的教学方式是开放性的。主要表现为：在教学方式上，研究生探究性教学并不是采取单一的教学方法、满堂灌输的教学方式，而是发挥教师的主体性，根据教学内容和学生的实际情况，灵活地把握课堂教学，联动课内和课外，将技术和艺术、语言和非语言等多样的教学方式结合起来，适当使用、互相补充，从多方面将学生带入教学中，使学生的主体性、能动性和创造性得到充分的锻炼。不少研究生导师对学生教育采取放任的态度，认为自己给了学生充分的开放性，殊不知这样会使不自觉的学生变得懒惰，让有兴趣学习的学生因为教师的指导不足而使学习效果差强人意，甚至可能没有学到实质性的专业知识。

研究生探究性教学的教学时间和空间是开放性的。主要表现为：在教学时间和空间上，研究生探究性教学并不强制规定学生在什么时间、什么地点进行探究性学习，教学也并不是全部在课堂上完成。在课堂上，教师给学生讲解知识，让学生入门，对学习的内容产生兴趣，学生可以选择自己感兴趣的某一方面进行研究，有不懂的地方可以随

① 肖海涛．大学的理念［M］．武汉：华中科技大学出版社，2001：183.

时请教导师。进行探究的场所也没有硬性规定。传统的教学由于其封闭性、固定性，阻碍了多样化信息的传入，而开放的研究生探究性教学则可以吸收多样化信息，并能依据一定原理加以选择并做出调整以适应不断变化的知识世界。

其二，研究生探究性教学是包容性的。

其包容性主要表现在对不同专业学生和不同专业知识的包容。进入研究生阶段学习的学生，都是经历过本科学习的，受过专业知识的训练，有些学生的研究生所选专业与本科专业不一致，但这并不影响今后的学习，相反，研究生探究性教学欢迎这些有着跨学科背景的学生，他们的思维更加开阔；同时，在教学过程中，不同专业的知识也会被融合进来，学生对问题的研究视角也变得更加多样。

（四）合作学习与个人钻研的统一

研究生探究性教学既重视团队合作，也重视个人所做的努力。俗话说“众人拾柴火焰高”，“团结就是力量”，都说的是合作的重要性。相比中小学生甚至本科生，研究生的课业负担没有那么重，学习的课程的种类和数量并没有那么多，能投入研究的时间和精力都比较充足，他们都是某一领域、某一方向的“高精尖人才”，研究的问题通常也是比较高深、比较复杂的，很多光靠个人的力量很难完成，因此就需要合作。

研究生探究性教学的合作是多方面的，并不只是学生之间的合作，也需要教师给予适当帮助，师生、生生之间的合作才能真正体现出研究生探究性教学的合作性。研究生探究性教学的合作还体现了师生之间关系的平等。传统的师生关系是一种自上而下的权威式的关系模式，教师处在管理者、监督者的位置，学生只能被动接受教师的教导，在这种模式下，学生的主体性、多样性就会受到压制，导致教学过程中学生要素的缺失，学生的创造、探索能力受到严重的打压。研究生探究性教学提倡师生之间民主、平等、合作，师生间能敞开思维的大门，学生能在和谐、融洽的教学环境中主动思考探究，勇于问、敢于想、善于做。

研究生探究性教学的合作性还体现在教学主体的相互促进上。研究生教学过程的本质是通过师生交往、共同探究，不断促进师生双方的共同发展进步。在教学过程中，学生的学和教师的教缺一不可，二者相互作用，并在这种相互作用中达到教学的目的。“教学是教师和学生两个行为主体的互动过程。”[①] 研究生探究性教学强调在学生掌握基本专业知识的同时，培养学生的能力，尤其是思考、探究、创新的能力。教师为学生的发展而教，尊重学生个性和心理的独特性；学生为自己的发展而学，通过探究性学习，提高自身独立获取知识、探索创造的能力，为今后的工作和生活打下基础。学生在不断质疑、不断探索中获得知识，发展能力；教师则更新了自己的知识视阈，及时了解了学科发展的动态，不断充实和完善自己。

学术研究少不了个人的钻研。由于研究生探究性教学包含着问题探究，因此这种教学也具有学术研究的韵味。想要更好地参与到问题探究中，个人的自觉、个人的努力是不可或缺的。所谓“成人不自在，自在不成人”，作为成年人的研究生，教师不会像中小学老师一样督促其学习，靠的就是个人的自觉与努力，“师傅领进门，修行在个人”。在查阅资料、思考问题的过程中，一些学术的火花有可能会迸发而出，这种“灵感”对于研究来说便如春雨般滋润。

个人将自己所钻研的成果与同学合作交流，还能吸收他人的见解，取长补短，不仅自己得到了锻炼，团队意识也得到了培养，这正是研究生探究性教学所追求的。如孙权说言，“能用众力，则无敌于天下矣；能用众智，则无畏于圣人矣”。

三、研究生探究性教学的意义

人才对于一个国家的综合实力的发展是至关重要的，国家的富强需要人才的推动，在一定程度上，有了高水平的人才，就等于掌握了许多核心的技术和资源，这样才能使国家立于不败之地。

开展研究生探究性教学，不仅立足于一个国家当下发展的需要，更是一种长远的考虑。首先，从当下的发展来看，拥有探究能力的人

① 罗秋明，梁美华，易斌．大学研究型教学：理论、方法与模式［M］．徐州：中国矿业大学出版社，2005：10.

才将成为国家技术创新、制度创新、知识创新的中坚力量。在新中国成立后的几十年的发展过程中，中国不论是教育还是技术都走着“模仿者”的道路，“中国制造”比比皆是，要想有更多的“中国创造”，我们必须有自己的创造性人才。开展研究生探究性教学，学生的探究能力得到培养，创新意识和探究精神得到发展，对于国家自主创新能力的提升有着十分重要的意义。其次，从长远的考虑来看，高校培养出的这些高水平人才，又可以进入国家各层次的学校培养祖国的下一代，他们把自己所获得的探究精神与能力传授给一代又一代的“祖国的花朵”，这样循环往复，便使得国家的发展欣欣向荣。

学校想要招收到更高水平的学生，首先是要能培养出高水平的学生。就像商店的商品，有了好的口碑，才能有更多的回头客。对于学校来说，教学和科研就像是一辆自行车的两个轮子。教学是后轮，它承载着学校的重心；科研是前轮，它在一定程度上决定了大学的发展方向。实施研究生探究性教学，将教学与科研训练紧密结合，可以很好地控制学校这辆自行车的平衡，使学校能够发展得更稳更远。

科学研究成果是学科建设和发展的生命线，学科方向的生长点与学科研究中的研究方向相一致，找不到研究方向或者研究方向不明确的学科建设是无生命力和竞争力的。学科方向建设在很大程度上与具有旺盛生命力的生长点密不可分。很多高水平的科教专家，就是因为善于发现挖掘、培养生长点，从而开发出令人瞩目的科研成果，同时也能促进和保持学科的繁荣发展。教师进行研究生探究性教学的过程对于学科生长点的探索以及学科建设的发展都有着十分重要的意义。

对研究生个人来说，在当前特定的时代背景下，研究生应注重通过提高自身素质和能力来增强未来就业和工作的竞争力。伴随着研究生教育规模的扩张，研究生的文凭对于研究生就业的“信号筛选”功能将会日益变得不是那么重要，更重要的是能力，研究生必须要通过自身的真才实学为自己的未来创造良好的条件。通过研究生探究性教学的实施，有利于促进研究生从学习到发现、从掌握到探索、从“教师引导下的学习探究”到“独立的自学、自主探究”的过渡。具备了探究精神和探究能力的研究生，无论是继续深造还是进入工作岗位，都具备实现自己理想未来的良好条件。

第三节　研究生探究性教学观的基本维度

一、以人为本的教育观

人是教育之根本，人是教育的目的，本立而道生。研究生探究性教学的本真体现，就是从每个人的个性特点出发，以研究生个人发展需要为导向，培养人的探究精神，以提升人的能力和实现人的价值为归宿的教育价值观，它是对当前研究生教学背离"以人为本"，忽视"探究精神"的本真，甚至蜕变为敷衍性、功利性、目的性工具，最后衍化为"无人""无能"教育的反思。"以人为本"正是研究生探究性教学得以顺利开展和实施的生命源泉。

纵观历史，无论西方还是中国的教育家，无不强调"以人为本"乃教育之基本理念和价值追求。儒家学派创始人孔子，倡导"有教无类"和"因材施教"，并将"学在官府"下移至"学在私学"，使得学生无论贵贱贫富，不论品行高低，不管年龄老少，均可接受教育。此举正是孔子对当时"贵族教育"的观念性与实践性的突破。永恒主义教育流派代表人物赫钦斯，激烈批判现代教育的职业化、非人化倾向，将大学教育的终极理想确定为智慧及至善。他认为，大学的教育目标应着眼"人性"，培养有学识、有智慧、止于至善的人，而不应只着眼"人力"。

在研究生探究性教学的教学理念中，不只是要培养"懂知识的、会学习的人"，更要培养"健全的人"。精神品质的培养关系着学生自我价值以及理想信念的实现。研究生阶段对学生的培养任务主要落在教师的教学上。韩愈在《师说》中指出："师者，所以传道、授业、解惑也。"意思就是教师是应该向学生传授道理、讲授学业、解答疑难问题的。赫尔巴特在《普通教育学》一书中特别强调了"教学的教育性”，即教学不仅是教知识，更重要的是培养品德。[①]

学生作为一个独立的个体，作为教育的主体，拥有自己对教育、对所学专业的独特的见解。研究生的自我意识发展比较成熟，他们已经掌握了相对系统的文化知识以及专业知识，他们具备独立思考、创新探究的潜质和能力。在研究生培养过程中，如果不把研究生作为独立的个体，学生没有主人翁意识，不能真正地参与到教学活动中，那么培育出的研究生只能是“一台台按照时间工作的机器”。对研究生进行探究性教学，旨在促进学生最大限度地发挥探究本能，提升他们分析问题、解决问题的能力。在教学过程中，可以围绕所探究的问题，通过查阅资料、分析讨论、探索疑问等，促进研究生养成实事求是的科学态度与精神、主动思考与探索的行为习惯、大胆质疑的问题意识、坚持不懈与不怕失败的意志品质以及热爱生活的情感态度等品行，进而促进研究生精神生活质量的提升。

二、彰显探究精神的目的观

探究精神是一种热爱探究、勇于探究的精神，是在外在引导、激发的基础上，基于主体自身的好奇心和自主性之上的一种内生的探究欲望，希望能够对问题进行最全面、最深入的探索和挖掘的愿望。从现代研究生教育产生之日起，研究生教育与科学研究就紧密地联系到了一起，研究生教育在本质上是以“探索”“研究”为内容、特征和培养方式的一种教育。研究生教学的真谛与探究性教学相契合，研究生教学应该是充满探究精神的教学。

研究生探究性教学不仅是一种具体的教学方法、教学模式，更是一种彰显着探究精神的教学理念、教学哲学，其实质是对探究精神的坚持，对学术自由、对真理的追求。胡克认为，“冒着让一个学者提出可能被他的同事们看做是荒唐可笑的主张的危险，要比坚持任何命题

① 赫尔巴特．普通教育学·教育学讲授纲要［M］．李其龙，译．北京：人民教育出版社，1989：67.

都不可怀疑更为明智”[①]。研究生探究性教学，从目标上就追求培养具有探究精神的人。具有探究精神的人善于建构复杂事物的多重联系，善于从复杂的事物中找到具有独特性的观点和视角，也是兼具德性和创造性的人。

学生成熟的标志在于既有德性又有创造性，探究何以能成就研究生的德性和创造性？原因至少有两点：其一，探究是一种理念，德性正是在学生以探究而形成的开放的态度对待自然、自我和他人的关系中形成的。其二，探究是一种态度，世界的各种可能性因探究者敞开的态度而得以呈现，创造性才不会受到抑制或阻止，就能得到充分的发展。由于有了敞开的心态，远离了自恋，超越了偏见和成见，探究者的各种潜在的可能性才能够得到自由的发展，创造性即源于这种可能性的充分自由的发展。从这个意义上说，探究成就了学生的德性和创造性。

具有探究精神的人，其德性和创造性至少有如下表征：其一，对世界充满关爱和热情；其二，具备多元思维和创造性能力；其三，关心自我并对自我发展负责；其四，对“他者”始终保持谦卑和关切心态等。

纵观教学发展的历史，教学的目的无外乎三种取向：教学目的的个人本位取向、教学目的的社会本位取向、教学目的的折中取向。前两种取向是教学目的取向较为极端的情况；后一种取向创造性地将教学目的的个人本位与社会本位有机地融合起来，是一种比较适切的取向。这是因为，教学目的的厘定必须要充分考虑社会的需求和学生的需要，兼顾社会需求和学生需要的教学目的才是比较全面的目的。研究生探究性教学将培养具有探究精神的人视为教学目的，就是兼顾了学生发展的需要和社会进步的需求。

研究生探究性教学所追求的，是培养兼具德性和创造性的高素质的人才。司马光在《资治通鉴》曾讲过：“才者，德之资也；德者，才之帅也。”也就是说，才是德的资本，德是才的统帅；人才越高级，德

① [美]布鲁贝克．高等教育哲学[M]．王承绪，译．杭州：浙江教育出版社，1987：47.

与才的关系就越密切、越重要。研究生教育应培养兼具德性和创造性的高素质的人才，偏重于德性而忽略创造性，或偏重于创造性而忽略德性，都不行。

由此可见，研究生探究性教学将培养具有探究精神的人、培养德性和创造性兼备的人作为目标，契合研究生教学的本真，符合社会进步的要求，更是研究生个体发展和完善的内在需求。

三、知行统一、实践探究的过程观

亚里士多德认为，所有的人都有一种天生的求知愿望①，也就是说，人的天性中有求知欲望。正是因为人有求知欲，探究活动才有了得以进行的前提。研究生探究性教学的实施，最重要的就是要培养研究生的探究意识、探究能力。研究生探究性教学，强调研究生的探究能力的培养，不过这种能力的培养是基于一定的专业知识。

知识和能力是密切相关的。一方面，知识是能力转化的基础与前提；另一方面，能力对于知识的获得起着一定的制约作用。能力是要有一定的知识作为基础的，能力是在一定知识融会贯通的基础上发展的。英国哲学家培根说过一句很有影响的话："知识就是力量。"我国著名科学家、教育家杨叔子院士则认为："严格地讲，这句话不完全对，因为有知识是有力量的必要条件，但绝对不是充要条件。这句话如果换一个角度，从反面讲即'没有知识就没有力量'，这就对了。"②分析起来，杨叔子院士更强调能力、强调素质。研究生探究性教学不仅要培养研究生扎实的专业理论，更要培养研究生的能力，丰富的知识"养料"为能力的"茁壮成长"提供了必要的条件。有了一定的能力之后，获得知识的效率也会得到提高。

研究生探究性教学最基本的内涵，就是要培养学生扎实的专业知

① ［美］布鲁贝克．高等教育哲学［M］．王承绪译．杭州：浙江教育出版社，1987：114.

② 杨叔子口述，肖海涛整理．育人而非制器——杨叔子口述史［M］．武汉：华中科技大学出版社，2020：200.

识，锻炼学生的问题意识、探究能力和创新精神。众所周知，基础知识是由基本概念、基本理论以及基本方法构成，是拓展知识、深化学习的基础。基础知识就像大江的源头，从发源地流出的清澈见底的小溪，甘甜凉爽，能力和新知识就像渐渐注入的其他支流，最终形成了气象开阔的大江大海。若源头之水枯竭或者受到污染，想要喝到甘甜的山泉是不可能的。

研究生探究性教学强调“体验”的工夫，更多地强调让学生体验自主探究的过程。所谓体验，是人对事物或生活的亲身经历和感受的过程及结果。在中国传统文化中，体验就受到高度重视，如孔子讲“学而不思则罔，思而不学则怠”，孟子讲“反求诸已”，朱熹讲“虚心涵泳”“切己体察”，王夫之讲“学思相资”等。这些都是要求认真思考，用心体验。研究生探究性教学是师生共同参与的教学，参与教学的师生都是有着独特个性的生命体。在这个过程中，知识通过教与学的交互作用获得新的活力，这种新的活力又不断提升着师生的能力和品质。

研究生探究性教学的精髓是探究，探究的核心是问题。即探究从问题开始，探究能力的培养，基于对问题的敏锐捕捉。研究生探究性教学的关键，是培养学生能自主提出问题、分析和解决问题的能力，能够体验到自我探索的艰辛和成功后的喜悦。教师不会包办研究生的学习，而是会结合学科特点、学术的前沿知识以及学生的学习兴趣，合理营造探究氛围，引导学生发现问题，积极耐心地向学生提供有助于他们分析问题、解决问题的资源和意见。

研究生探究性教学的过程，是让研究生在探究实践中亲身体验、自我选择、自我建构的过程。在这个过程中，研究生不断建构和重构自己的知识结构、能力结构，在自由、自主的过程中去尝试、去锻炼、去体验，从而培育和展现自主性和个性。

四、合作探究、共同成长的师生观

教学是一种复杂的认识活动，在教学活动中，“教”和“学”是一个过程的两个侧面，而不是两个过程。它是一个整体，是不断产生需要与满足需要的教师一面与学生一面的合二为一，就像硬币有正反两面；它是教师与学生双主体互动，是教师与学生在相互关联中的合作、互动与协同，而不是相互对立的两面。教师和学生作为教育主体的两面，在教学过程中都会绽放出自己的生命活力。

研究生通过探究性教学可以得到培养和锻炼，教师也会得到成长和发展，师生共同进步、共同发展。在充满问题意识的教学过程中，师生互助交流、教学相长，共同发现新知、培养能力、增进情感、砥砺意志、完善品性，师生的生命活力得以真正地绽放。

研究生探究性教学不是强调一堂课中教师教给学生多少的理论知识，而是将知识作为一个整体教给学生，主张让研究生参与到教学活动中，参与到课内及课外的探究训练中，鼓励学生参与多样的实习和实践性活动，鼓励学生参与课堂讨论，主张教师和学生合作探究，协同发展，为学生创造研究的环境和条件，调动研究生的学习主动性和积极性，发挥自己的特长和潜能，在实践中培养研究生的能力。

在研究生探究性教学的过程中，不仅会激发学生的探究技能，教师的教学智慧也会得到很好的体现。教师的教学智慧，是教师在教学过程中灵活地处理各种复杂的教学事件、教学情境的一种教学思维和能力。教师的教学智慧，体现出教师的知识积累程度、应用技能和教学风格。研究生导师的学历高、知识丰富、经验丰富，在不断的教育教学实践活动中积累知识和经验，可形成优良的教学智慧。导师在对研究生的教学和指导过程中，应该张弛有度，讲究艺术，既不能过多过细，也不能太宽太松，就像松紧带，拉得太松起不到松紧的作用，而拉得太紧，会失去弹性。

总之，研究生探究性教学的教学目标、教学内容、教学方法、教学过程以及教学结果评价并不只是事先设定好的、按照预计的方案就可以实现的。它的教学内容是开放的，教学方法是灵活的，课堂中充满了问题，需要学生去探究解决。在这个过程中，导师对研究生的指导作用主要是指路、启迪和升华。导师们所面对的研究生的知识结构和能力结构存在个体差异，需要随机应变，根据教学实际情况、根据研究生的共性和个性特征调整教学计划，灵活运用指导方法。通过研究生探究性教学，研究生导师的教学智慧也会得到充分的锻炼和展现。

第六章

研究生探究性教学的案例分析

研究生探究性教学作为一种教学理念，指导着研究生教学实践的发展。如果只将其束之高阁，不与教学实践结合起来，那么即使是再先进的教学理念，也不会产生实质性的作用。

深圳大学高等教育研究所坚持研究生探究性教学的理念，对研究生的培养比较鲜明地体现了研究生探究性教学的特质。以深圳大学高教所作为案例，分析探究性教学的教学实践，有益于更好地理解探究性教学的特征及意义。

第一节　以探究精神结成一个“家”

1979 年，深圳建市，正如一首广为流传的歌曲《春天的故事》中所唱的那样：“1979 年那是一个春天，有一位老人在中国的南海边画了一个圈，神话般地崛起座座城，奇迹般地聚起座座金山……”

1983 年，深圳大学成立，这是深圳特区的第一所综合性本科院校。当时，深圳市领导以“当掉裤子也要把深大建起来”的决心和魄力来建设深圳大学，市政府拿出当年市财政收入的一半来建设深圳大学。在当时深圳市经济困难，中国建筑业及相关行业的技术、设备等非常落后的情况下，深圳市竟然只用 4 个多月就高质量地建好了深圳大学，从建校到招生仅用半年时间，这就是后来邓小平同志所高度赞扬的“深圳速度”。

在师资队伍建设上，一批来自北京大学、清华大学、中国人民大学的优秀老师纷纷南下支援深圳大学建设。30 多年来，在不断成长壮大的道路上，深圳大学坚持办“特区大学、窗口大学、实验大学”，持续深化改革，不断创新，培养了大批优秀人才，取得了丰厚成果，为特区经济发展做出了巨大贡献。近些年来，深圳大学办学实力与声誉快速提升，世界知名大学排行榜显示，深圳大学的国际排名每年提升 100 多位、国内排名每年提升 10 多位，被誉为“内地进步最快的高校”，创造了高水平大学建设的“深大速度”。

深圳大学高等教育研究所（以下简称“深圳大学高教所”）成立于 1986 年，是深圳大学较早设置的专门研究机构之一，也是广东省较早设置的高等教育研究机构之一。自成立之始，高教所就开始承担各级高教研究课题，包括开展对本校改革发展问题的研究，以及整个高等教育改革研究。2006 年取得高等教育学硕士学位授予权后，大力抓人才培养质量建设，形成了良好的学风，2015 年高教所被中国高教学会评为“全国优秀高等教育研究机构”。高教所师资力量强，教师成员多为博士学历，其中张祥云教授、李均教授、肖海涛教授，都是高等教育泰斗潘懋元先生的学生，传承了潘懋元先生的学术精神。

潘懋元先生是我国高等教育研究的开拓者，是我国高等教育理论体系的奠基人。早在 20 世纪 50 年代，潘懋元先生就呼吁开展高等教育学科建设并撰写相关论作，催生了高等教育学科思想的萌芽。改革开放后，他将自己的学科思想付诸实践，并不断丰富和发展高等教育理论，形成了自己的高等教育学思想体系，推动了中国高等教育研究的蓬勃发展。潘懋元先生认为，理论研究要避免“大、空、洋”，“大”就是题目大、口气大，认为别人的研究一无是处，只有自己的理论是“填补空白”的；“空”即“空对空”，研究的结论纯粹是由理论推导出来，空话连篇；“洋”就是喜欢搬洋人的话，以壮大自己的声势，而真正有原创力的理论，必须来源于实践，并能指导实践。潘懋元先生的学术思想和理论建树在奠定我国现代高等教育研究发展基础的同时，也培育了一大批高等教育理论工作者。潘先生还被评为2014年度“全国教书育人楷模”。

潘先生十分尊重学生。在博士生选择学位论文选题时，他总是充分尊重学生，他说，学生选的题往往是自己感兴趣的问题，也是从自己的知识结构或工作经历中引发出来的。学生自己选的题，就会其乐无穷地去探究，就不会觉得苦，往往会得出新的观点。高教所的老师大多是潘先生的学生，教学风格上传承潘先生的精神，一定程度上可以说，高教所老师们的教学风格与潘懋元先生对研究生及博士生的培养方式是一脉相承的。

近年来，高等教育的扩招使得我国的本科生数量迅速增长，研究生的规模也随之不断扩大。但是，深圳大学高教所每年招收的学生并不多，高教所对研究生的培养，用高教所老师们常说的一句话就是“大众化背景下的精英教育”，注重人才培养质量。

走进高教所，就会发现这是一个“与众不同”的地方。高教所的课堂是一个会议室，大家围坐在一个椭圆形的会议桌边，师生之间是平等的对话关系，课堂也不是教师一个人的舞台。师生可以围绕某一个或某几个问题探讨，发表自己的观点，教学内容的发散性很强。

就讲课而言，高教所的每位老师都形成了自己的特色。学生有如下形容：上张祥云老师的课有一种在云端的感觉，让人觉得仿佛思想上的遨游；上李均老师的课有一种在流水中乘船而下的快感，顺畅通快；上肖海涛老师的课就仿佛置身于花海一般，每次上课都是一次美的享受和美感的满足。

更为重要的是，高教所的师生关系融洽，如家庭般温暖，作为高教所的学生是幸福的，很有归属感。而且，高教所富有个性特色的探究性教学，处处充盈着探究精神，使得高教所更像是一个以探究精神结成的大家庭。

第二节　学海无涯，治学有术

深圳大学高教所的教学有着自己的特色，充分体现了探究性教学的特征。例如，“十个问题”的思考，不仅扩展了研究生看问题的视野，同时也锻炼了研究生系统地分析资料、系统地提出问题的能力；“反刍”的写作与展示，让研究生在探究中“温故而知新”，同时也为师生、生生之间的沟通交流、彼此了解架起了一座新的桥梁；“专题教学”的进行，使大家获得了系统的、有拓展性的知识，同时对做研究的具体步骤有了深刻的了解和体会；硕士论文的“诞生”过程，老师们耐心的指导，让硕士生涯更加丰富和富有价值。

一、“十个问题”的思考

问题是探究的起点。一个人对问题的捕捉和思考能力，在很大程度上展现出一个人探究能力的强弱，至少是其所蕴藏的探究的潜力。

研究生的年龄一般在20岁以上，他们的思维存在着某种定势，有人认为，在某种程度上，成年人一般会根据生活经验来解释或接受生活中的许多现象，已经过了问“为什么”的阶段，面对一些事物已经到了“见怪不怪”的程度，正如杜威所说：“成年人本身默认了这种常规，他们陷入了经验的种种格式之中，并对这些格式安之若素。”[①]

在高教所的教学中，老师们是要研究生们问“为什么”，要求研究生们能提出问题。作为一名研究生，如果不善于发现问题、提出问题，那么怎么能称为“研究”生呢？我们总说“研究”，没有问题，谈何研究呢？

例如，张祥云教授在主讲“高等教育学”的第一堂课时，就给大

① ［美］约翰·杜威．我们怎样思维·经验与教育［M］．姜文阅译．北京：人民教育出版社，1991：30.

家布置了一个作业：要求大家提出与高等教育有关的“十个问题”，具体要求是，分析为什么提出这“十个问题”，包括提出的背景、研究思路、研究方法。一开始听到这个作业，大家可能会说：“提出十个问题有什么难的?”其实并不容易，作为一名研究生，对问题的敏锐捕捉和多方位思考是必不可少的，但是作为一名刚入学的研究生，想要提出有研究价值和意义的“十个问题”，仅凭自己那一点学识是不可能完成的，必须要查阅分析大量资料。

在张祥云老师看来，任何教学都能发展人，但是讲授式教学着重记忆和复现性思维，而问题性教学则是一种高级的发展性教学，是以发展学生的智力心理活动的情感—感知方面为目的而组织起来的。

下文是禤同学的问题及分析。

为什么但凡高等教育办得好的国家，往往是由外来文化与本土文化相结合并创新而成?

——以美国、日本为例

引进外来文化，同时也要结合本国本土文化，并且首先需要重视本国本土文化，才有可能在外来文化与本土文化相结合的基础上发展创新。

（一）问题意义

1. 理论意义

中华民族的复兴需要中华文化的复兴，要想文化复兴，树立我国国民的文化自信尤为重要，只有这样，才能理直气壮地把我们传统的、精华的文化和当今世界先进的外来文化结合起来。但由于我国在1840年鸦片战争以后，经过了许多变化，包括新中国成立之后的变化，包括改革开放这些年来的功利主义倾向等，实际上这么多年来，我们并没有给我们国家找到真正的核心价值观。中国若想走向大国崛起，我们的文化准备就必须通过通识教育来建构，通过通识教育建构我国的核心文化价值体系，从而树立我国国民的文化自信。

2. 现实意义

从东西方文化的角度探讨美国、日本高等教育发达的原因，确实是一件有意义的工作，它可以为急于走上现代化道路的发展中国家提供一个样板。要教育年轻一代，文化无好坏之分，关键是如何抉择，一方面要积极吸收外来文化的精华，另一方面又要树立起对本民族文化内在生命力和创造力的坚强信念。

（二）历史嬗变

文理学院作为美国通识教育的一种制度组织，是西欧高等教育的精华与美国本土文化相结合的创新。本土文化是世界各国高等教育创新的酵母。战败于法国而引发的强烈的民族文化意识，催生了德国的研究型大学；同样，由于具有强烈的本土文化意识，使得100多年前的美国大学虽然对德国大学充满了崇敬之情，却依然保持着强烈的民族文化意识。100多年前，在哈佛大学成为世界一流大学发展过程中起着决定性作用的艾略特校长的一段话，值得我们深思：美国的大学至今仍未从自己深厚的文化土壤中成长起来。它必须由种子长成，而不能从英国、法国或者德国移植过来……美国的大学应该植根于美国的社会和政治传统。美国的学院是独一无二的机构；美国的大学同样具有独创性。试想，如果美国人一味跪倒在德国大学模式之前，对其顶礼膜拜，那么，美国的高等教育顶多也只是一个二流的复制品，美国也就不可能成为新的高等教育强国。继承、借鉴、综合创新，是建设新的世界高等教育强国的必由之路。

明治时期日本教育现代化的过程，可以看作是东西方两种文化碰撞、融合的典范。日本在全面学习西方先进教育思想和制度的同时，并不完全放弃本国的固有传统。1872年颁布的《学制》是日本西洋化的反映。但日本学习西方并不是照搬西方的模式，而是把法、德、荷、英、美以及俄国等国的不同因素综合到一起，从中选择适合日本国情的东西。而这之后主持制定《教育令》的田中不二磨和制定《学校令》的森有礼，又分别吸收了美国和德国的教育长处，并同本国教育实践相结合，从而形成以“国家主义教育”为特征的日本近代教育体制。

从明治时期的教育改革过程我们可以看到日本教育的现代化，既不是全盘西化，也不是传统教育的恢复与延续，而是一种结合日本国情的西洋化。在先进的文化面前，日本不是闭关自守，拒绝吸收；也不是全盘接受，不加选择。教育在这个过程中还起到了中介作用。通过教育，西洋文明在日本扎下了根，人们的思想更加开放和活跃；通过教育也认识了本民族传统的重要性，增强了保持固有传统的自信心。因此，西洋化是明治时期的一个口号，而西洋化与日本化的结合才是日本教育现代化的主要经验。

继明治时期教育改革之后，1945 年至 1955 年，日本进行了其教育史上的第二次教育改革。这次教育改革的背景是日本战败，国内经济濒于崩溃，社会一片混乱。日本政府根据美国占领军当局的意见，对社会政治、经济和文化教育进行了一次全面的资产阶级民主改革。从文化的角度看，这是一次全面的美国文化入侵，这之后的所有改革，无一不渗透着美国文化的痕迹，如教育民主化、教育法制化和教育个性化，在教育机会均等、普及义务教育、提倡“生活教育”方面，无一不渗透着美国文化的痕迹。但日本又在这种强势文化面前，表现出极大的融合力量，即“为我所用”。通过十几年的改革，日本既未全盘“美化”，而又不同于战前的军国主义形象。教育在这里再次充当了“文化扩大器”，将两种文化有机地融合在一起，从而推动了日本社会的向前发展。

（三）研究思路

(1) 查找并阅读美国和日本高等教育发展历程的资料，分别整理出关于美国和日本高等教育引进外来文化并结合本土文化的内容；

(2) 分析美国和日本高等教育繁荣的原因，提炼出外来文化与本土文化相结合并创新是其关键的观点；

(3) 阐述对于我国高等教育发展引进外来文化，与本土文化相结合并创新的借鉴意义。

通过禤同学对问题的分析过程，可以看出，这“十个问题”的作业不仅扩展了研究生看问题的视野，同时也锻炼了研究生如何系统地分析资料、系统地提出问题的能力。

在探究性教学的过程中，学生的创造性思维会被激发出来，教师独白式地叙述新教材，学生死记硬背这些教材不再占主导地位，取而代之的是学生独立地掌握未知知识的教学—认识活动，课堂中充满了师生、生生之间的对话交流，很好地处理了研究生教学中教师指导和学生自我活动、自主探究之间的关系。在这样教学过程中，学生不仅学会了“如何学习”“如何思考”，而且学会了“如何研究”。

二、“反刍”的体验

生物学上有“反刍”现象，俗称“倒嚼”，是指某些动物进食后，经过一段时间，将半消化的食物从胃里返回嘴里再次咀嚼，也比喻对过去的事物反复地追忆、回味。哲学家涂又光先生曾提出了教育上的“反刍律”，强调学生对早期学习或先前学习的消化和回味。

肖海涛教授主讲“外国高等教育史”“比较高等教育”等课程。“外国高等教育史”安排在第一学期，是以专题课程的方式进行，每次课程的时间是半天。在第一节课上，肖老师就提出要求：每一专题结束后，大家都需要做“反刍”，也就是每次专题讲座课后，研究生们都要这次课的所学、所思、所感、所想进行整理与反刍。这既是对这次课的整理与总结，又是对自己认真学习、努力思考的肯定，同时也包含着对自己缺点和不足的反思。下一次上课之前，肖老师要求大家将上一次课的反刍内容与大家进行分享。这样，由一个观点出发，引发了对一个问题的多个层面、或对多个问题的讨论。肖老师还说，这其中就有中国传统教育智慧，即《学记》所倡导的“相观而善”的意蕴。

“态度决定一切”。想要做好反刍，首先要“慎于始”。对于研究生而言，要怀着真诚的、认真的、主动的态度去学习。如果学习态度不端正，心中杂念太多，很难静下心来学习与钻研，开始的时候没有诚心去学习，那再长的时间也是徒劳。没有做好学习的准备，没有踏实地学习知识，没有经过慎重周密的思考，怎么能写出用心的反刍？

在反刍的过程中，大家围绕自己所学的知识，特别是印象最深的地方进行思考和整理，由此找到新知识的生长点。往往是从一个问题出发，引出多方面的思考，这些思考又可以衍生出许多新的议题……周而复始，循环往复，研究生学习的主动性也在这样的体验中得到了强化，并增强了他们学术研究的动力和能力，这其实就是一个主动探究的过程。

有时候，有些研究生的反刍洋洋洒洒，可以变成一篇小论文，这对于他们逻辑思维能力、书面表达能力的训练是大有裨益的。从心理学的角度看，知识的生长点是知识的固着点，已有的知识可以作为获取新知的工具。每项新知识既是旧知识的延伸和发展，又是后续知识的基础。知识的链条节节相连，环环相扣，旧里蕴新，推陈出新，又不断化新为旧，形成纵横交错的知识网络，再加上教师的讲解与点评、同学的交流与讨论，便形成了更加立体的知识金字塔。反刍就是为这知识金字塔添砖加瓦，使其更加牢固。

反刍，其实也是“在研究中学习，在学习中研究”。研究生的学习与本科是不同的，研究生是要在系统的知识理论的支撑下进行研究，以提高自己的钻研探究能力，能更深入地思考问题。因此，研究与学习是密不可分的，反刍中随处可见研究与学习的影子。课堂其实就是大家研究和学习的场所，大家将自己课堂中所学的知识与个人的实际感受和想法记录下来，写进反刍，正是在学习中将自己想进一步研究的内容描述出来，在研究中将自己想进一步学习的知识表达出来。

肖老师曾说：“教育的最高境界是自我教育。”反刍就是一种比较好的自我教育的方式。在每一节课开始之前，肖老师会将大家的反刍整理到一起，与大家分享。肖老师常说“相观而善”，通过交流、分享每个人学习的心得体会，吸收别人对问题的独特见解，何尝不是一种合作探究的过程。将自己的所学、所思、所感、所想记录下来，经过一次次的反刍，大家会看到自己一次次的进步，对于自己来说，这是一种有形的激励；而通过别人分享的反刍，看到他人的进步，对于自己来说，则是一种无形的激励。在这有形和无形的相互作用中，自我教育正在悄然进行。

例如，在一次课后，阳同学有如下的反刍。

“相观而善”意指同学、朋友之间相互学习、相互探讨，取长补短，共同进步。这里可以做两种解释。

(1)“三人行，必有我师焉。择其善者而从之，其不善者而改之。”这句话也可以一分为二来讲。一是说同学、朋友之间相互学习，这也是这句话主要涵盖的意思。它所强调的是一种合作性、小集体性、互惠性的学习，跟我们高教所学习模式相差无几，这种“相观而善”式的学习不仅可以发挥每个人的独特个性，还可以学习他人长处，相互提升，应该提倡。但它需要每个人都诚心实意，真性情些。二是说师生之间教学相长，特别是学生应该从课堂、生活中对老师的一言一行有所领会。教师举手投足皆是智慧，学生应该相观而“上”。这里的“上”是“好好学习，天天向上”的“上”。

(2)“吾日三省吾身——为人谋而不忠乎？与朋友交而不信乎？传不习乎？”这里跟“相观而善”扯上关系似乎有点牵强，那我们这样来看：把每个人分为现实中的自己和虚幻世界里的自己，让这个虚幻世界里的自己和现实的自己多对话，让自己的内心不断得以修炼，最终达到宁静、平和。

阳同学的反刍对“相观而善”的意思做出了自己的诠释，“相观而善”不仅是观别人，更要观自己。他将自己的研究精神融入反刍之中，也传递给了每一个与他分享反刍的同学。

再如，肖海涛教授在讲授“印度高等教育”这一课时，对“苦行”的含义进行了阐释，听完课后，阳同学专门对于“苦行”进行了反刍，其中有如下一段。

苦行是宗教语。佛教、印度教、婆罗门教等都有苦行。一般来说就是要人通过炼狱般的磨炼，以达到修行目的。苦行者虽在苦行却不会认为这是一种痛苦，反而会觉得是纯净的、是神圣的。这让我想起了川藏路上一路朝圣的人们，五体投地，心灵至诚，行为至纯，不觉困苦，反而会为自己的每步前行备感兴奋，心灵也得到安抚。当下我心生敬意，因为这是我所不能的。我想苦行本来也是快乐的吧。如今，自己也能算是个所谓的有知识的人，不能说是知识分子，还在修行，还需苦行，能不能把读一本书当作快乐，能不能把每一次练笔当成快乐，能不能兴致盎然谈论真正的学术问题，饶有滋味地咀嚼这些问题，这是未来需要勉力的地方。正如老师所说，“书上有路勤为径，学海无涯乐作舟”，读书应该诗意一些。文山湖旁，荔枝树边，手捧圣贤，感受大自然的灵性，快哉，快哉！嘿嘿！乐意做个这样的苦行者。

同学们认为听肖老师上课，有如置身花海般的美感享受。在另一次课后，王同学有如下反刍。

听了肖老师的课后，我们沉浸在美的享受中，同时，引发了我对美感教育的思考。

梁漱溟曾说过一段话，大意是人一生要解决三个问题，一是人与物的问题，二是人与人的问题，三是人与心的问题。如果说人与自然的关系靠自然科学来解决，人与人的关系靠社会科学来处理，那么人与心的问题就需要艺术宗教来慰藉。美感教育所能提供的情感体验就成了这一“慰藉”的必然。但是，就现在的高等教育课程设置来看，自然科学比重不断增加，美感教育日益边缘化，似乎逐渐成为课程设置上的空白。这可能使物质层面的追求占据主导，引起一些大学生养成极端的现实主义、享乐主义等消极态度，随之而来的可能有道德滑坡，甚至引发社会负面事件。这实际上就是高等教育中审美价值和工具价值失衡，将课程看作是换取社会价值的工具而非自我提高的内在资源，因此人文素质的缺失实质上是高等教育的缺憾。

那么，如何在高校中真正地落实美感教育？我认为至少要有以下几点：第一是要有制度的保障，这里需要国家政策对于美感教育的提倡和监督，建立美育教学制度，拟定教学大纲等，确保美育的实施；第二是课程设置的改革，增加美育课程并改良教学模式，使学生不是被迫接受传统的考试导向，而是有机会接触真正的美育并被其感染，从“被迫学”

到“爱学”；第三，是教学资源的保障，其中包括教师、教材、场所、设施等资源的充分配置，确保美育的教学效果。

希望美感教育早日回归高校，使更多的学生体会美，认知美，享受美。

肖海涛教授在教学中坚持要求学生进行反刍。这其中有“温故而知新”的良苦用心，包含着师生、生生之间“相互倾听”的情感交流，也蕴含着“相观而善”的平等的师生关系，更是促进学生自主探究的实践尝试。

三、“专题教学”的探索

高教所的每门课程都是按专题进行教学的，教师把每门课重要的内容分成十多个专题，通过每一专题的讨论，不仅使学生得到了锻炼，也拓宽了学生的知识面。将课程分成专题进行讲授，把知识的“点、线、面”结合在一起，使得学生能够在有限的课堂中学到更多的知识。

以“高等教育学专题研究”课程为例，除了教师所讲授的内容，大家的研究选题就多达二三十个，涉及高等教育学科的诸多方面，如中西文化比较研究、科学发展观与高等教育发展研究综述、高等学校学术自治与科层制管理关系的研究综述、人与教育研究综述——以张楚廷为例、人本主义心理学与教育研究综述、人文主义与科学主义、理性主义与功利主义的主要内涵及其对高等教育发展的影响、高等教育学若干基本概念辨析综述、教育学、高等教育学科性质研究综述、高等学校“产·学·研”相结合（一体化）发展的主要研究成果综述、关于高等学校分类与定位研究的主要成果综述、学科（或知识）特性与高等教育教学模式关系研究、隐喻的教学原理与方法研究、知识社会与高等教育发展研究综述、21 世纪初我国高等学校课程研究的主要进展、对话的教学原理与方法研究、高等教育与文化关系的研究综述、学术性与职业性——高等教育质量观研究综述、通才教育模式与专才教育模式的主要特征与途径研究综述、关于“大学理念”的有关研究综述、研究型大学·教学研究型大学·教学型大学的特性及其发展模式差异研究、后现代主义与高等教育研究综述、高等教育学科体系研究、当前我国（高校）德育理论的进展和研究趋势，等等。每个学生进行三四项研究，通过收集资料、整理资料，形成自己的见解，并呈现给班里的其他同学，大家交流讨论，互通有无，采他人之长，补自己之短，最后由教师进行总结，提出进一步修改的意见和建议，以使研究生获得更大的进步。在这样一种锻炼中，常常会使人萌发出新的想法，好多文章主题甚至论文题目都是在这样的讨论与练习中产生的，研究生的探究精神也在这样的专题训练中得到了培养。

下文是阳同学学习“高等教育哲学”这门课程的收获与心得。

人文性是教育的天性

人类进入文明社会，任何活动无不打上人的烙印，教育也不例外。教育作为家庭活动、社会活动、学校活动，总而言之是人的活动、人与人之间的活动，“人的问题是一切问题的元问题”，因而人的问题才是教育的根本问题。这也决定了教育必然具有人文性，教育的人文性是其根本属性，人文性是教育的天性。

《中庸》讲：“天命之谓性，率性之谓道，修道之谓教。道也者，不可须臾离也。可离，非道也。”钱穆先生言：“天命所给予你的，就是人之禀赋，这叫做性。”性是与生俱来的，不可否认，不能离“经”叛“道”。教育的“命”与“性”在人文，教育的道理在人文。教育的这种人文天性就是要使人“明明德”而“止于至善”。离开人文性，教育也就不再是人的教育，而沦落为机械的、物的教育。教育必须顺从人的天性，并扩展其天性，随“性”而为，而不是违“性”乱为。

教育的“性”从不同视角讲也不同。从中西差别讲，中国教育异于西方教育。因历史文化、民族性格不同，中国教育有中国教育的天性，譬如中国教育追求“天人合一，民胞物与”；西方教育有西方教育的天性，譬如西方教育致力于理性至上，科技创新。从社会元素结构讲，教育不是政治、不是经济、不是宗教、不是科技，教育必是人文的。

人类教育不管走多少路，最后还是要回到它的本真。教育的人文性是区别于政治、经济、宗教以及科技的本质属性。而回归教育的天性，也必须从主体、方法方式等各个方面达成。

1. 教育不是政治

教育不是政治的工具、手段、玩物以及牺牲品。好的教育需要良性的政治环境，好的教育也必然推动政治的成功。

2. 教育不是经济

教育不是经济，教育的导向不能是经济效率。从经济范畴看教育、看人生、看世界，容易将这个人文世界越看越肤浅。

3. 教育不是宗教

教育不是宗教，教育却要了解宗教。教育归根结底是解决人的问题，而宗教也是因人而出现，以解决人精神世界的问题。宗教与教育都面向人类的生存问题，都以解决生命的延续为己任。

4. 教育不等于科学

教育不等于科学。教育不仅仅是一门科学，科学一词也不能完全概括教育的应有之义。我们且从教育与科学的几个特征来进行说明。科学是具体的，教育是主客合一的；科学是实利的，教育是未来的；科学说明的是“我它关系”，而不是“我你关系”，而教育要回到“我你关系”。

5. 教育必是人文的

教育是人文的。首先体现为教育是人的活动；其次，教育的对象是人；再次，教育影响是人与人之间的传递。

6. 教育要回归天性

教育回归人文的天性，即是要教育回到人本身，回归人的本体论世界。人本身即是教育的目的。而如今教育存在诸多问题，教育整体处在客观化、科学主义化、实利化的世界之中。

通过一学期“高等教育哲学”的专题学习，阳同学不仅收获了高等教育哲学知识，同时还形成了自己对于教育人文性的独到见解。

经过了研究生第一学期提出“十个问题”的训练，研究生对问题的捕捉能力有所提升；经过“反刍”，研究生对问题的提炼分析能力有所提高；经过“专题教学”，研究生对研究的具体步骤有了深刻的了解和体会。这个过程其实就是硕士论文的形成过程。老师们将枯燥的论文写作训练过程融入教学中，在教会学生知识的同时，也教会了学生做研究应有的态度和方法。

四、硕士论文的“孕育”

研究生学位论文是研究生在科研方面受到全面训练、获得独立从事科学研究能力的关键环节。高教所对研究生的论文质量严格要求，从学生入学后就开始引导学生自己发现问题，寻找自己感兴趣的文章题目。硕士论文的写作就像是一个“生命孕育”的过程，“十月怀胎”虽漫长却值得期待，有痛苦也有快乐，而老师们所进行的论文开题、中期报告、预答辩就像是一次次的“产检”，研究生与老师们的个人交流就像是一次次“育儿指导”，以确保论文能健康“孕育”，顺利“诞生”。

在开始酝酿论文选题时，一种比较普遍的想法就是通过文献检索，如果搜出的文献数量较少，那么这个选题可能就会有很大的创作空间，如果搜索出的文献数量较多，那么这个选题就很难再有创新点。其实不然，通过老师平常在课上的讲解，文献数量并不能决定一个选题是否有研究价值。寻找有研究意义的论文选题，是作为一名研究生“痛并快乐”的经历，既有着抓耳挠腮、苦思冥想而不得其果的痛苦，也有着豁然开朗、灵感一现的喜悦。

在研究生二年级上学期末，高教所的老师会组织论文开题，这样经过老师们的研究讨论，可以及时发现论文选题是否有价值，是否值得继续着手。如果有选题不值得继续研究，研究生还有时间尽快转变思路。海森堡曾说过，提出正确的问题往往等于解决了问题的大半。

问题的提法是否正确，常常预先决定了研究工作的成效。一个错误的问题，会使得研究工作徒劳无功，最终走向失败；而正确地提出问题往往能引导人们在科学研究中较顺利地获得成功。老师们提前进行论文开题，并不是要打击研究生们的信心，而是要在论文写作前给大家一个方向性的指导。就如孔子所说的“不愤不启，不悱不发”，在研究生还没有对一个问题进行系统的资料收集和分析，还没有熟悉自己所想研究问题的概况时，教师无法对其进行指导。另外，在一个选题遇到似乎“山穷水尽”的困难时，并不一定是无路可走，有可能从新的角度出发，转化一种问题提法，或者寻找一个新的研究视角，就会使研究工作发生转机，“柳暗花明”。论文开题的目标也就在于解决上述的问题。

一旦确定了选题，研究生就可以着手准备资料，进行论文的写作。“路漫漫其修远兮”，研究生们“将上下而求索”。这个过程，是一个痛并快乐着的“十月怀胎”的过程，有因为论文写不出而放声大哭的痛苦，有由于苦思冥想之后夜不能寐的辛酸，但也有才思泉涌、完成论文某一章节的兴奋和喜悦。在这个过程中，高教所的老师并不会放松对学生论文思路的指导，在课上以及课余时间，老师们很欢迎学生与他们探讨问题，交流沟通。

在研究生三年级上学期末，老师们也会先于学校规定的时间开展论文中期汇报工作，学生们将自己近一年的论文写作成果展示给各位老师和同学，老师们对论文的不足之处尽数指出，以便于学生们在剩余不多的时间里修改完善论文。

在正式答辩前的半个月，老师们还会组织一次预答辩，这并不是一种“形式主义”，而是一次“真枪实弹”的演练。教师们对于研究生的论文答辩时间严格控制，对于答辩时的神态、言语表达都会提出中肯的建议。

有了这样全面而又尽心的论文指导，怎么会培养不出优秀的研究生？怎么会“孕育”不出优秀的硕士论文？

第三节　经验与反思

深圳大学高教所的教学重视以人为本。多年来，高教所坚持多元化的探究性教学，对研究生探究性教学做出了很好的诠释。研究生教育作为我国最高层次的教育，是培养从事高科技前沿探索研究和基础教育研究、具有高尚人格和创新能力的高层次专门人才的主要途径。高教所的老师们始终坚持对研究生的培养不仅要重视基础理论和专业知识教育，更要注重研究生理论思维能力、探究能力、创新能力和实践能力的培养，体现出教学的探究性、交互性、实践性、启发性和开放性。总结高教所的教学，可以归纳出三个特点：既重视知识的演绎，也重视知识的归纳；师生关系融洽，亦师亦友；讲授与研讨并行，认同性与开拓性并重。

其一，知识的归纳与演绎并重。

在高教所的教学中，知识的归纳和演绎是相互联系，相互补充的。例如，在“十个问题”的思考、“反刍”和“专题教学”的过程中，老师们引导研究生从纷繁复杂的知识海洋中，探寻到教育中存在的普遍现象、真理和规律，以进一步发现有研究价值的议题。通过做文献综述、自己选择研究专题进行讲解，对各类教育现象进行分析，对相关研究成果进行总结，归纳出其主要特点和规律，归纳后随之进行演绎，使归纳出的认识成果得到拓展和深化，有利于指导研究生下一步进行的相关研究；演绎后随之进行归纳，用对实际材料的归纳来验证和丰富演绎出的结论。在这样的归纳与演绎的交互循环过程中，研究生们学到的不仅是系统化的知识，还培养了自己的探究精神，学到了做学术应有的态度和方法。

其二，师生关系融洽，亦师亦友。

从专题教学、学术沙龙以及老师们对研究生论文的指导过程，可以看出高教所的导师与研究生之间存在着师生和朋友两种关系，他们之间亦师亦友。这样的教学环境使得研究生能够更加放开自己，在课堂上可以放心大胆地提出自己的见解，与老师、同学进行讨论甚至争辩，不同于传统的师生关系，老师以知识的占有者和给予者自居，高教所的老师把自己作为与研究生地位同等的课堂教学、探究讨论的参与者，与学生进行交流。导师对研究生的指导不只是在课堂上，在课下，研究生也可以以朋友的身份与老师讨论学术或者交流情感。这样融洽的师生关系为研究生探究精神的发展和探究能力的培养提供了必不可少的空间。

其三，讲授与研讨并行，认同性与开拓性并重。

高教所的教学不是教师的“一言堂”，老师们很注重让研究生发表自己的观点和看法。从“专题教学”和学术沙龙都可以发现，老师们除了讲授知识外，会给学生留有时间和空间，让他们发表意见、研讨学术，讲授与研讨并行。老师们鼓励研究生畅所欲言，不论其发表的观点是否严谨、是否有价值，通过对其观点的评价，启迪和引导研究生，使得知识转变为研究生个人的财富，这一过程也会让研究生意识到学习知识、掌握技能是自身发展进步的需要，进而激发研究生的探究欲望和探究精神，认同性与开拓性并重。

高教所的教学对探究精神做了较好的诠释，对目前研究生探究性教学的开展有一定的借鉴意义。在课堂教学中，部分研究生参与讨论的积极性不高，如果学生不主动参与到探究活动中，即使再好的教学也无法产生实质性的效果。在日后 的教育过程中，还需要进一步激发学生的积极性和主动性。

第七章

提升研究生探究性教学的策略

立足研究生探究性教学的特殊性，针对研究生教学探究精神缺失的现状，探讨研究生探究性教学的策略，对于创新型高级专门人才的培养具有十分重要的意义，下面讨论提升探究性教学的策略。

第一节　秉持探究性教学理念，加强教学管理

为了促进研究生探究性教学的顺利实施，首先应明确探究性教学理念，加强对研究生教学的管理。对研究生探究性教学进行政策引导和支持，明确其重要性；对人才培养进行总体规划，为研究生的培养指明发展方向；文化氛围的陶冶，使得研究生受到探究氛围潜移默化的影响；资源的合理配置，为研究生探究性教学的实施提供重要媒介。

一、政策引导和支持

研究生探究性教学尊重学生的学习兴趣，重视学生自主探究能力的培养，在对研究生的知识结构和能力导向进行充分建构与分析的基础上，让研究生自主参与到研究生教学中，充分发挥他们的主体性与主观能动性，以促进他们的问题意识、探究能力的进一步发展。只有让研究生真正参与到研究生教学和管理中，才会对培养他们的主体意识、探究能力产生实质性的作用。

因此，需要对研究生探究性教学进行定位：研究生探究性教学涉及研究生教学的方方面面，体现了研究生教学的本质，是指导研究生教学的一种教学理念，能否成功实施探究性教学，对于研究生教育质量的提高，培养学生的问题意识、探究能力，促进研究生的全面发展十分关键。只有对研究生探究性教学进行清楚的政策定位，才能更明确、更顺利地实施。对研究生探究性教学进行这样的政策定位，不仅是传统研究生教育制度改革和创新的基础，也是开展研究生探究性教学重要的制度支持。

在政策引导时，要尽量避免产生因适应市场而导致的价值取向上的失衡问题。学术取向、市场取向、人文取向是教育价值观的三种取向。市场是调节资源配置的有效途径，它追求的目标是利益最大化。它的运行逻辑都沿着这一基本目标展开，因此，功利性是它最基本的特征之一。市场的选择、市场对资源的配置都是即“劣币驱逐皮币”，从而按照“是否有用”甚至“是否立刻有用”的标准进行的，因此，在“学”与“术”之间，市场必然会选择重“术”轻“学”，这有可能导致布鲁贝克所说的学术的“格雷欣法则”，即“劣币驱逐良币”，从而导致“术”盛行而“学”衰落。研究生探究性教学要避免因市场经济所带来的竞争而使教育沦为纯粹追求利益的工具，忽视研究生教育本该具备的学术取向。

学术取向是研究生教学应始终坚持的标准，它是研究生教育的标准，也是研究生教育内在发展逻辑的必然要求。离开了学术导向，研究生教育则会深陷“适应论”的泥潭，始终被市场牵着鼻子走，最终迷失方向。

人文取向在本书第一编中已经详述，此处不再赘言。

二、人才培养的总体规划

制定研究生的个人培养方案，是研究生培养过程中的重要环节。个性化的研究生个人培养方案，既有利于教学管理部门对研究生的管理，又有利于导师对研究生进行针对性的教学指导，更有利于研究生的发展，使其充分发挥自身的主动性、探究精神和创造才能。

通常，研究生入学的第一学期都会经历选择导师的过程，导师会根据自己学生的个人情况制定其专属的个人培养方案。但很多学校在研究生培养过程中，个人培养方案变成一种形式，历届学生的培养方案大同小异，只是更改了个人信息而已，导师对研究生的个人特质并不了解，以至于学生在读研期间并没有得到导师个性化的指导，所有研究生的培养模式大同小异，找不到自己“专属”的发展方向。

对于研究生培养计划，在设置人才培养计划时，最好不要一开学就进行，此时教师与研究生基本都处于初次接触，彼此并不熟悉。在第一学期接近尾声的时候，教师与研究生熟悉了彼此的教学与学习风格、知识结构后，进行导师与研究生的双向选择是较为合适的。研究生要根据自己的研究兴趣和需要慎重地选择导师。俗语言，“兴趣是最好的老师”。兴趣不仅是研究生学习、开展探究活动的动力，更能使研究生焕发出潜在的探究和创造才能，使其“书山有路勤为径，学海无涯乐作舟”。

选择了适合自己的导师后，再由导师与研究生共同商讨，决定 3 年的研究生生涯中如何对研究生进行有针对性的、个性化的培养。在这个过程中，导师要引导研究生主动思考，对自己的研究方向、课程学习、文献阅读、硕士论文的进度安排有大致的计划和安排。经导师和研究生共同商讨后制定的个人专属的培养方案，更加具有前瞻性和实效性，才能真正发挥人才培养方案的价值。

三、文化氛围的陶冶

要想顺利实施研究生探究性教学，良好的探究氛围是必不可少的。研究生除了按教学计划学习理论知识外，还必须融入探究的氛围中，借助课内与课外的各项实践活动丰富和深化自己。

美国卡内基教育促进基金会 1984 年对美国许多大学生的调查结果表明：“大学教育的效果与学生在校园里度过的时光以及学生参加各项活动的质量联系在一起。”① 其实，研究生的教学效果也是这样，并且研究生不像本科生那样处在一个大班级之中，他们参加大集体活动的机会也比较少，一个良好的探究环境和氛围对于研究生的影响和塑造是不容小觑的。

研究生探究性教学也是教学的一种方式，当然少不了系统知识的讲授，教师传授学生相应的专业知识是理所当然的，除此之外，教师在课堂中可以加入一些具有探究性的问题或者相关的研究课题，引导学生参与探索研究。

众所周知，环境对人的影响力是巨大的，环境是教学的要素之一。身处在狼群中的小孩，久而久之可以习得狼的习性；一个充斥着疯狂竞争的环境无法培养出团结互助的品质。同样，一个乏味压抑的教学环境也培养不出具有探究精神的人才。研究生探究性教学，要求教师摆脱传统教学观念的桎梏，冲破传统封闭沉闷的课堂教学的牢笼，创建探究学习的氛围，积极鼓励学生参与课内与校内的课题，与课堂教学相互融合，相互促进。

文化承载精神，精神体现文化。校园文化，就是校园的“环境”，就是校园的“氛围”，就是校园的“生态”，就是校园中弥漫着的文化精神，乃至可以说是学校的灵魂。金耀基先生曾说：“文化生活常决定大学的风格，影响学生的气质品性。这是一种有文学气质、有文化情

---

① 许建领．大学参与性教学——理论探讨与系统构建［M］．青岛：中国海洋大学出版社，2006：171.

调、有生命意义的生活方式。”[①] 华中科技大学涂又光先生的“泡菜坛理论”指出，校园是泡菜坛，文化就是泡菜水，学生就是泡菜；有什么样的泡菜水，就将泡制出什么样的泡菜。这也是我国古谚所告诫的：“蓬生麻中，不扶而直。白沙在涅，与之俱黑。”[②] 可见校园文化对学生的影响是不容忽视的，校园物质文化、精神文化、制度文化对研究生的陶冶与影响是潜移默化、深远而持久的。

要实施研究生探究性教学，培养学生的问题意识、探究能力和创新精神，良好的学校文化传统和校园氛围是必不可少的。在教师改变课堂教学方式，实施研究生探究性教学的同时，创建良好的校园文化环境，让研究生在崇尚学术、求实创新、独立自主、积极参与、团结合作的环境和氛围中受到潜移默化的熏陶，能促进研究生个性的完善以及能力的提升。

我国对研究生的培养要求是在大学本科毕业的基础上，更巩固深入地掌握本专业的基础理论、专门知识和基本技能，熟悉本专业主要的学科发展趋向，具有独立进行科学研究工作和相应的教学工作的能力，可见，对于研究生的教学，除了要扎实掌握基础知识和专业技能外，更重要的是要研究生具备较强的问题意识、探究能力和创新精神。

对于知识的传授，教师可以把知识系统地讲授给学生，学生也可以通过书籍学习，这都是比较固定的方式，但是研究生探究性教学不仅要求学生掌握专业知识，还十分注重研究生能力的培养。能力的培养不是仅靠看书听课就可以的，它更强调实践锻炼和个性的发展，这不是一时半刻、用同一种方式就可以产生效果的。教师在课堂教学过程中，要适度引入一些具有探究性的问题或者引导学生自己提出问题并积极探究、解决。高教所的教学正是如此，教师将主要的专业知识讲授给学生，剩余的时间留给学生自己选择感兴趣的问题进行研究，通过查阅资料或组成小组讨论，形成结论，并将自己的结论组织成文，汇报给教师和其他同学，大家共同讨论，提出自己对于该问题的见解。通过这样的教学，不仅学生对知识的运用能力以及总结陈述能力都会

① 金耀基．大学之理念［M］．北京：生活·读书·新知三联书店，2008：7.

② 杨叔子．校园文化与时代精神［J］．中国高教研究，2007（3）：4.

得到锻炼，更重要的是学生对问题的敏锐性以及探究的能力都会有很大的提高。另外，研究生导师会有很多课题，导师可以让自己的学生参与到他的课题研究之中，不仅导师会多一个或多个助手，研究生也能在参与中获得科研锻炼和个人发展。

四、资源的整合与配置

研究生探究性教学倡导研究生参与到探究活动中，体验探究的全过程，在这个培养过程中，资源的整合与配置也起着重要作用。在高等教育大众化进程中，核心资源严重缺失成为影响研究生教学发展的关键性问题，导师资源、学术资源都存在着或多或少的不足。因此，要使得研究生探究性教学顺利实施，这些资源是必不可少的。

（一）导师资源的保证

在培养人才的过程中，研究生导师的作用相当重要。研究生导师是研究生培养质量的第一责任人。导师作为研究生培养过程中的重要因素，对研究生探究性教学的开展起着至关重要的作用。

首先，要严格审核研究生导师的招生资格，建设一支结构合理的导师队伍。这就要求导师的年龄、学历、职称、学术领域、知识和能力结构合理。在导师队伍中，需要德才兼备的人担任学科带头人，高水平的教师担任学术骨干，只有这些人成为研究生导师，其合理的知识结构、科学的观念和思维方式，才能为培养研究生的探究精神和探究能力提供可能。

其次，要采取有效的措施引进优秀师资，可以考虑在国内外长期或短期聘请专家学者，不断完善教师工作的环境和条件，学校行政管理部门要尽力做好自己的本职工作，为研究生导师减轻压力，使其能潜心教学并进行高水平的科学研究，并给予优秀研究生导师一定的激励政策，激励其不断开拓新的研究领域，同时在充分调动现有师资的基础上引进拔尖优秀师资。

（二）学术资源的保证

研究生教学强调参与性、自觉性、主动性，因此，仪器设备、图书资料这些学术资源的充足配置是研究生参与探究的重要媒介。研究生的教学仅靠教师课上讲授的知识是远远不够的，一般教师只是引入专业知识，不可能对每个知识点做深入分析。研究生探究性教学强调师生在课堂上探讨问题，因此，研究生需要在课外多看书、查阅资料，做好充足的准备。如果没有阅读足够的前沿性学术著作、足够的经典著作，研究生的知识面和视野就开阔不了，他们的问题意识就无法得到锻炼；还有不少专业的研究生需要使用实验仪器才能完成他们的探究活动，没有仪器就无法获得相应的数据。例如，心理学专业的研究生想要分析大脑的思维过程，需要进行眼动实验，利用眼动仪将受试者在进行操作时眼睛的活动情况记录下来。如果没有先进的眼动仪，那么就无法测出比较详细准确的数据，实验的意义就不复存在。利用陈旧的仪器设备进行探究活动，反而会造成人力资源的浪费。有些仪器设备或教学用具因为长期搁置而被破坏，也造成物质资源的浪费。这些都会使研究生的探究意识受到压制，探究能力和动手能力得不到充分的锻炼和培养。

总之，研究生探究性教学要求保证仪器设备、图书资料的充足供应，学校相关部门要积极采购，尽可能设法提供研究生参与探究活动所需要的各项硬件，同时要做好规划，使这些资源得到优化配置。

第二节　师生互动，协作探究

梅贻琦先生在《大学一解》中精辟论述道："学校犹水也，师生犹鱼也，其行动犹游泳也，大鱼前导，小鱼尾随，是从游也，从游既久，其濡染观摩之效，自不求而至，不为而成。"[①] 教师对学生的指导、师生关系的融洽对于教学的顺利进行的作用是不言而喻的。研究生探究

① 涂又光．中国高等教育史论［M］．武汉：湖北教育出版社，2003：334.

性教学实施的关键环节就在于教师的教、学生的学以及教学主体之间的多向互动。

一、教师:“牧羊式”培养

研究生不同于一般的大学生，在研究生培养中，“牧羊式”培养是一种很好的培养方式。所谓“牧羊式”培养，是指既给学生以方向的指引，又给学生充足的自由，如同一位牧羊人，将羊群带到水草肥美的地方，任羊群自由觅食。牧羊人最重要的职责，是让他们的羊群保持完整，保护它们免受狼和其他食肉动物的袭击；另外也要监督羊群迁移，并确保他们能够在指定的时间到达指定范围，以便进行剪羊毛的工作。牧羊人也有分工合作的行规，通常数个相熟的牧羊人之间会形成小组，一起照顾一个庞大的羊群，又或者把各自的小羊群聚集起来一并照顾，这样每人都会尽力履行责任，且不容易丢失羊只。这段期间牧羊人在野外会在同一个简便的小帐棚里休息，每天轮流带羊群寻找草源，以及到邻近的小镇采购食物。

牧羊人的故事对研究生教学有一定的指导意义。为什么这么说呢?牧羊人并不会过度限制羊群的活动范围，也不会为了让羊快速长大而逼迫羊群疯狂进食，而是引导羊群有节制的活动。“牧羊式”培养，给予学生一定的自由活动的时间和空间，同时给予学生适当的指导，使学生明确努力的方向，促进研究生自主探究。

当然，“牧羊”不是“喂羊”，即使牧羊人先打好草让羊来吃，也不是自由散漫、漫无目的、放任自流的，也不是让学生囫囵吞枣，或者“一口吃成大胖子”。常常有这样的现象，导师平时对学生没有严格的学习要求，比如需要读哪些书，需要定时做什么报告，甚至学生的毕业论文也不会多加干涉，全凭学生自觉。这样的培养方式不利于研究生探究性教学的实施，不利于研究生探究精神和探究能力的培养和提升。

进行研究生探究性教学时，导师的任务是给学生指引方向。研究生探究性教学提倡发挥学生的主动性，让学生自由探索和表达自己的观点，教师教学时应注重启发思维，引导讨论，更多地要求学生自己去讲去实践，有意识地培养学生独立思考的意识、探究精神和科研能力，在师生间形成教与学的双向交流。教师可以更多地采用问题式、讨论式和发现式教学，鼓励研究生以自己的方式看待问题，为他们提供可运用各种思维方式来看待所学知识和实际问题的机会，努力使课程学习成为师生共同探讨、获取新知的发展过程。同时导师要注意将自己的最新研究成果，或是学术界近期的研究进展及时补充到课程讲授中，还要重视跨学科的教学。教师要鼓励研究生熟练使用“显微镜”，窥探本学科的本质与奥秘，也要让他们经常使用“望远镜”，掌握未来发展的方向及其他学科进展的现状。

二、学生:“淘金式”思考

很多研究生都采用“海绵式”的学习方式。当然，“海绵式”的学习方式有自身的优势。

第一，吸收得越多，存储得越多。对学生而言，吸收外界的信息越多，就越能体会到世界的多样性，而获取的知识将会为以后展开进一步的复杂思考打下基础。

第二，相对而言，这种方式相对“轻松”，它并不需要绞尽脑汁地去苦思冥想，尤其是当你看到的材料本身已经井井有条又生动有趣的时候，这种学习方式更显成效。要想成为一个有思想的人，吸收外部世界的信息确实可以提供一个轻松又快捷的起点。

但“海绵式”学习存在着两个极严重的缺点。一是对各种纷至沓来的信息和观点如何进行取舍，如何做出判断，它提供不了任何方法；二是当思维陷入局限时，学习效率就更低了，更别说能力的提升了，就像海绵干了，就挤不出水分了。

对于研究生而言，要学会“淘金式”思考。所谓“淘金式”，是指淘金者们打捞起河里或湖里的淤泥后，在淘盘上洗涤淤泥，以便找出淤泥里的天然金沙。这里的“淘金式”思考，是指在学习过程中，研究生要自己掌握学习的主动权，带着问题去学习、去思考。相比“海绵式”学习强调单纯的知识获取结果，“淘金式”思考重视在获取知识的过程中与知识展开积极互动，“淘金”的过程使学习者能在纷繁复杂的知识海洋中不断提问并思考问题的答案，披沙拣金，淘出自己需要的“真金”。“淘金式”思考要求研究生在学习的过程中不断地提问，在思考的过程中无时无刻不在和自己阅读的材料、自己收集的资料互动，目的是批判性地评价所掌握的知识，在客观评价的基础上得出自己的结论。

提倡“淘金式”思考，并不是说“海绵式”学习不可取。其实两种方式是互补的，因为要想在知识的河流里淘出智慧的金子，自身的淘金盘里首先要有点东西供学习者筛选才行。

三、师生关系：主体多向互动

著名教育家怀特海曾说过：“大学之所以存在不在于其传授给学生知识，也不在于其提供给教师研究机会，而在于其在‘富于想像’地探讨学问中把年轻人和老一辈人联合起来，由积极的想像所产生的激动气氛转化为知识。”[①] 师生、生生在交往过程中，必定会产生联系。因此，要实现师生主体间的多向互动，就要倡导平等、交往、对话的师生关系。

平等应着重体现在导师与研究生之间互相理解，互相尊重的态度上。师生交往不应只限于课堂范围内，应拓宽师生互动的领域；师生对话不应是制度上的规定，不仅仅意味着语言层面上的你问我答，而应充分体现思维、情感、学术上实质性的碰撞、沟通与理解。这就需要导师改变传统“居高临下”的权威姿态，树立互动意识，立足理解，尊重差异，以自身学术水平和人格魅力去吸引学生、引导学生、教化学生；学生也应对导师给予人性的理解，而非神性的崇拜。生生之间要摒弃“你不能比我强”“我要防着你”这种变形的竞争意识。师生、生生之间建立一种平等对话的情境，互相尊重、互相包容、互相学习，

---

① ［美］布鲁贝克．高等教育哲学［M］．王承绪，郑继伟，张伟平，等译．杭州：浙江教育出版社，1987：14.

成为良师益友，这样才能与对方产生学术上以及精神层面的沟通和交流，从而创造一个健康的师生、生生互动状态，为研究生探究性教学的实施创造良好的环境和条件。

在探究性教学过程中，研究生不单单是一个受教育者、一个学习者，也是一个研究者，是在研究中学习，在学习中研究的学生。师生不仅在人格、生命尊严的层次上是平等的；而且，由于教学过程中知识的不确定性和未完成性，教师和研究生更是合作、探究的学术伙伴，在彼此质疑、批判和互助的学术氛围中实现自我超越和共同成长。因此，研究生探究性教学要求教师摒弃等级性质的师生关系观念，在学术探究面前，坚持“吾爱吾师，吾更爱真理”的探究性教学理念，通过平等、共生的教学、探究，研究生不仅能学习到教师渊博的知识、严谨的治学方法，还能濡染到教师的人格魅力和学术精神。

第三节　优化研究生课程教学体系，融渗探究精神

课程是依据培养目标而有计划、有组织地编制的教学内容。[①] 研究生教育是高等教育的最高层次，对于其所培养的对象在掌握知识的广度和深度、独立研究能力等方面都有着特殊的要求。研究生的教学目标主要是通过设置一定的课程而实现的，课程教学在研究生的培养过程中占据着基础性的地位。因此要使得研究生探究性教学有效实施，课程设置、课程教学方法都应该进行优化和完善，有探究性特色。

一、多维课程设置

（一）专题综合

要想让研究生在较短的时间内了解并熟悉本专业的经典及前沿知

① 薛天祥．研究生教育学［M］．桂林：广西师范大学出版社，2001：199.

识，专题课程的设置必不可少。众所周知，任何一门课程，都是由众多内容构成的，就像一棵大树，每一章都是大树的一个分支，每一个分支都枝繁叶茂。研究生探究性教学无法去分析研究每一片树叶，而是要将课程的主干和枝干清晰呈现，找准教学的主线，精选教学专题，将课程的主要内容讲透彻、讲清晰。

所谓专题综合，就是把本学科最主要的知识以专题的形式呈现出来，并且给予学生自主选择专题、收集整理资料和进行讲授的机会。它是这门学科教学内容的高度浓缩、高度概括和深化。专题课程的设置可以为教学明确方向，指引研究生循序渐进、有条不紊地学习专业的经典及前沿知识。

专题综合课程的设置要求教师熟悉课程自身及其与相关学科的逻辑联系和规律，以一种有序的节奏来组织教学内容，开展教学，突出课程内容的探究性。通过条理清晰的专题课程讲授，可以将学生的思维引导到课程主线上，学生可以沿着这条主线深入课程内部，挖掘课程的精华。每一个专题的教学与研究，都是一次探究能力训练的过程，在这个过程中，研究生搜集和分析资料的能力、口语和书面表达能力都会得到训练和提升。

（二）问题导向

研究生教育是教学与科研紧密结合的最高阶段，因而是认识已知和探索未知的高度统一。[①] 研究生探究性教学的本质就是探究性，要真正培养和发挥研究生的探究意识和探究能力，就要让学生带着问题去思考、去学习、去研究，以问题为导向。研究生的教学不再是简单地把书本中的概念、原理或定律直接传授给学生，而是将知识寓于问题之中。问题是学生学习内容的载体，是学生深刻理解知识的工具，问题解决的过程便是学生获得知识的过程。

教师在教学过程中，必须要注意创设“问题情境”，培养学生的问题意识。从教学中概括出“适度的不确定原则”，在教学过程中有意识

---

① 潘懋元，王伟廉．高等教育学［M］．福州：福建教育出版社，2007：184.

地安排一些“信息缺口”，利用这些不确定的因素来创设“问题情境”，使学生产生探求欲望，从而激发起认识兴趣。[①] 在创设问题情境时，教师应根据研究生教学目标的要求，结合所教研究生的知识储备和能力发展的特点，在理论与实践的结合上，在学科与学科的统合上，在学习与探究的过渡上多加思考。

研究生探究性教学虽然也强调课堂教学的重要性，但是其作为研究生教学过程，有着强烈的实践性、独立性、自主性、逻辑性。虽然探究性教学是针对单一学科进行的，但是其所包含的知识却超越一门学科的范围，注重从多学科联合的角度设计问题情境、提出问题对研究生探究能力的发展显得尤为重要。

研究生探究性教学就是要培养并激发研究生对问题的好奇心，打破研究生的思维定式，于无疑处始有疑，于有疑处存于心，长期思索存于心的疑问，也许因个人能力及条件的限制无法获得理想解释，但是对问题意识的培养以及探究思维能力的锻炼十分有效。

二、教学方法融渗探究精神

研究生探究性教学不仅是一种具体的教学方法、教学模式，更是一种彰显着探究精神的教学理念、教学哲学，其目的观、过程观、师生观都要求教学方法的整体运用过程要融合和渗透探究精神，以这种“闲逸的好奇”精神带动整个研究生探究性教学的发展，带动师生探究能力、创新能力和主动性的进步和提升。

众所周知，任何学科都是人们对客观事物本质属性的认识和揭示的科学总结，学科的不断发展反映出人类认识的不断深化，世界不断发展，人类的认识也随之发展，这种发展是永无止境的。研究生的教学本就应该是极具发散性、扩展性的，对研究生进行探究性教学，不能长篇大论式地讲解，要有点有面，深入浅出。而教学的开展，必须要借助一定的教学方法才能顺利进行，我们可以综合运用多种教学方

① 潘懋元，王伟廉．高等教育学［M］．福州：福建教育出版社，2007：174.

法，使研究生教学始终融渗着探究精神。

教学方法是科学和艺术的统一。说其是一种科学，是因为它的运用需要符合一定的科学原理、规范和程序；说其是一种艺术，是因为每一位教师在教学方法的运用上都有着自己独特的风格。研究生教学的探究性，使得研究生导师在整个教学过程中需要更加注意教学方法的运用艺术，将探究精神贯穿其中。高等学校教学方法主要有讲授法、讨论法、实验法、实习法、发现法、问题教学法、案例教学法等几种，这几种教学方法并不是孤立的、单一的，而是相互联系的，这些教学方法的相互配合、适当运用，会使课堂始终充满着探究精神。

在研究生探究性教学的过程中，要掌握一定的“节奏”，循序渐进，才能使教学始终贯穿着探究精神，教学方法融渗探究精神。这里所说的“节奏”不是简单的机械重复，而是有逻辑性的一种规律。教学方法运用适当“节奏”，能使学生的思维循序渐进，逐步拓展。要使教学方法融渗探究精神，需要教师在教学过程中掌握“节奏”。

“第一拍”是读。为使研究生了解熟悉本专业的基础知识，教师可以提前为研究生提供一份书单，将本专业相关教材和参考资料列出，供研究生研读，以便能够积极参与课堂教学。

“第二拍”是问。问题是探究的起点，一个好的问题可以使教学升华，使学生增加对所学知识的兴趣，教师在研究生阅读了大量学科经典书籍的基础上，从知识的整体性和系统性出发，进行核心知识的讲授，自己提问或引导研究生提问，活跃课堂气氛。

“第三拍”是议。即引导研究生分析解决所提出的问题，引导研究生拓展思维，不要就问题谈问题，要尽可能让研究生进行多方位思考，通过与教师和同学的讨论，来扩充自己的想法，重点突出，概念清楚。

“第四拍”是评。教师将本次学习所涉及知识亮点点出，并对研究生思考和解决问题的思路和方法进行评论。

“第五拍”是结。即将本次学习的知识进行整理和总结，综合大家的想法，有时这次讨论所得出的结论就会是下一个问题提出的前提。

这种教学节奏其实就蕴含了多种教学方法，读是研究生探究性教学得以进行的前提和基础，问、议、评是保证研究生探究性教学教学效果的必要形式，结是本次学习的结束和下一次学习的开端，而这一切都指向着研究生探究性教学的本质：对探究精神的追求。通过这种循环往复的思考与讨论，将探究精神融渗到教学方法之中，研究生不仅能够在充满探究精神的课堂中学到知识，还能够锻炼自己的探究能力和创新能力，发展自己的逻辑思维和理性思维。

三、学术沙龙营造探究氛围

研究生探究性教学的开展，不仅需要学校的文化氛围的陶冶，还需要一个良好的课堂探究氛围，这一大一小的探究氛围的双重配合，更容易激发研究生的灵感，碰撞出思维的火花。

营造探究氛围的方式多种多样，其中比较重要的一种方式就是开设学术沙龙。学术沙龙崇尚参与者之间的平等交往与对话，其自由、平等、开放的特质使得它不同于传统课堂教学的“教师中心”“知识中心”。学术沙龙中自由宽松的环境氛围、跨学科的学术交流、批判意识与问题意识的产生和方法论的发展对于研究生探究精神和探究能力的培养有重要作用，研究生探究性教学更需要植根于这样的学术环境之中。学术沙龙是研究生在学术思想上进行理性探讨的智慧宫殿与创新之源。

学术沙龙的知识聚集性质与知识网络关系使得学术学习者、沙龙参与者呈现出多层次、多样化的格局。每个人的知识结构和思考问题的方式都具有浓厚的个性色彩，因此，在学术沙龙中，客观上要求所有参与者互相尊重，主讲者和参与者、导师和研究生都是以平等的姿态相处，不存在身份和地位的“霸权”。所有人都可以根据自己的学术专业基础和生活经验，充分发表自己的观点，碰撞出思维的火花，形成和展示自己的研究能力和创造能力。

同时，学术沙龙强调知识的广泛交流，各个不同方向但有“远亲”或“近亲”关系的领域之间进行交流，在不同经验的交叉传递中，在不同领域的横向交流中，常常会使人感到备受启发；学术沙龙注重深入研讨，在近乎苛刻的争论和探讨中，常常会形成更深入、更全面的认识。这样的组织形式对研究生的批判意识和探究精神的生成和方法论知识的丰富很有帮助。批判孕育着创新，而方法论的发展必然会推动科学研究的进程，二者有机结合，使得研究生的能力获得提升。

此外，学术沙龙的主讲人或者组织者带给研究生的不仅是学术知识，还有他们做学术的态度。他们良好的思想品质、严谨的治学态度、渊博的学识都会引起研究生内心的触动，对研究生的学术精神和学术能力产生潜移默化的影响。

因此，研究生培养机构应将学术沙龙纳入研究生课程体系之中，有组织、有计划地开设学术沙龙，定期邀请不同学科的权威专家和教授开展讲座，并鼓励师生积极参与。必要时可适当规定研究生参与学术沙龙的次数，并要求研究生在沙龙结束后填写沙龙记录本，将所参与沙龙的主要内容归纳总结，以学术通讯稿等形式梳理沙龙的内容和过程，反思并不断建构自己的思维方式和探究精神，以使研究生获得更大提高。

四、评价考核制度的完善

对于研究生探究性教学，科学的导师及研究生的评价考核制度也是必不可少的。我国现阶段进行的研究生培养机制改革的核心就是引入了动态的竞争机制，在这样的竞争机制下，一个公正客观的“游戏规则”就显得十分重要，需要有一个科学的导师及研究生的评价考核制度对导师科研能力的高低、导师对研究生教学及指导的用心程度、研究生探究能力的高低、个人品质的优良中差等进行评价和考核，以更好地实施研究生探究性教学，提高教学质量。

由于时代的发展及科技的进步，各种新兴的学科不断出现，学科不断分化，门类更复杂多样，不同学科专业之间存在着显著的差异，在进行研究生探究性教学时会涉及多方面的因素，因此，单一的导师及研究生的评价考核制度难以进行科学客观的操作，得出公正合理的结论，必须对其进行改革。在国家基本的评价考核制度的基础上，各高校要结合本校的实际情况，结合具体学科门类的特点，建立科学合理的导师及研究生评价考核制度，以保障导师教学质量及研究生能力的提升和发展，促进导师升录制度及研究生奖助学金制度能够得到公平、公正的实施，切实发挥出其对导师及研究生的激励作用。

对导师的评价考核部分，要对导师资格制进行改革，健全导师权责制度，建立动态导师管理制度。根据每一年的招生需求，综合考虑专业学科特点、教师的学术水平、科研能力、培养质量以及师德表现，由学校主管部门审定后确定本年或下一年可以招生的导师及其培养研究生的名额，打破导师资格终身制。建立健全导师的权责机制，导师要对研究生的培养、管理、论文等各环节负责，对不合格的导师要及时淘汰；同时要给予优秀导师一定的奖励。

对研究生的评价考核部分，不同专业的研究生的能力的考核指标不应完全相同，各指标所占的比重也不尽相同，需要具体问题具体分析，例如通过作业完成质量、课程成绩可以衡量学生对知识的学习和掌握能力，通过参与的课题数及发表的论文数量和质量来衡量学生的探究和创新能力。

总之，不同专业的评价考核方式和侧重点不同，要综合考虑多方面的因素，改革现有的导师及研究生评价考核制度，以确保研究生探究性教学的顺利实施，切实提高研究生教学质量，真正做到培养研究生的问题意识、探究能力、创新精神。

第三编

沙龙课程化：学术沙龙在研究生教育中的运用

问题意识、探究精神、创新精神等的培养和提高，是研究教育的题中应有之义；更为密切的师生关系、更加浓厚的学术氛围、更加宽阔的学术视野、更加深厚的学术涵养等，是研究生教育不可或缺的重要特征。如何使研究生教育表现出“研究”“创新”的特质，在研究生教育中引入学术沙龙，乃至促进学术沙龙课程化，是一条有益的途径。

学术沙龙如春风化雨，对人才培养具有潜移默化的影响。作为一种教育教学方式，学术沙龙有着深厚的教育意蕴，它与研究生教育，特别是文科研究生教育有着内在的契合。学术沙龙具有平等互动、民主开放、自由探究、尊重包容等特点，它不仅能够密切师生关系、创造浓厚的学术氛围，更能够提升研究生的知识视野、问题意识、探究精神、创新精神，促进研究生教育质量的提高。

第八章

学术沙龙的文化氛围与意义

学术沙龙具有平等互动、民主开放、自由探究、尊重包容等特点，它在教育上的应用日益受到重视，给常规的课堂教学带来了清新之风。研究生教育的高层次性、探究性和独特性，使得它更加适合于开展学术沙龙，特别是对文科研究生而言。

第一节　沙龙及学术沙龙

一、沙龙的起源

沙龙，起源于意大利文艺复兴时期，“沙龙”原意指“会客厅”“主厅”，后来慢慢演变为对一种上层社会的介于公共领域和私人空间之间的社交场所的称呼。就地域而言，随着西欧经济、政治、文化中心从意大利转移至西北欧，沙龙文化在 17—18 世纪的法国巴黎发展至鼎盛。

在17—18世纪的法国巴黎，沙龙多以一位富有学识与社交才能的优秀女性为中心角色，她通常被称作“沙龙女主人”，她们在沙龙中通过优雅的举止、机敏的语言、圆滑温婉的社交技巧等，在严肃的知识分子群体与喧哗的社交界之间起着一种强大又低调的黏合剂作用。当时沙龙是典型的贵族生活的一部分，沙龙女主人通常为上层贵族女士，发展到后来，沙龙开始慢慢褪去贵族色彩，更加不讲究形式，凡是有才能的人都可以进入它的大门。沙龙女主人也逐渐由上层贵族女士变成新兴中产阶级的妇女，这一时期的沙龙被称为“洛可可沙龙”。

哈贝马斯认为，“沙龙是宫廷的精神遗产”，是没落的宫廷公共领域向新兴的资产阶级公共领域过度的桥梁。① 德国作家瓦·托尔尼乌斯通过细致描述15世纪到19世纪500年间的近代西方沙龙的精彩片段，将不同时期的沙龙通过生活的角度和漫画的笔法活灵活现地展示出来，也展示了那些富有热情、知识底蕴、文化内涵的人们如何把社交演变为艺术。在书的译序部分，该书译者、著名学者何兆武先生指出：“作为社交与政治、社会和文化活动的重要场所，沙龙既是重要的学术和艺术的中心，同时也是引导新思潮和新风尚的活跃场所。”② 沙龙文化产生了深远的社会影响，一定程度上可以说，巴黎深厚的文化艺术氛围同其长期存在的沙龙文化是有紧密联系的。

随着政治、经济、科技、文化的大发展，沙龙谈论的话题变得更加广泛，形式变得更加开放和多元，气氛变得更加轻松自由，不讲究等级观念，主持者和参与者的身份变得更加具有包容性，沙龙逐渐演变成了一种普遍的聚会方式与信息交互的平台。一些学术研究者开始将沙龙融汇到学术活动中来，用沙龙的形式从事学术研究，由此便产生了学术沙龙。

按照沙龙的呈现形式，可分为两种沙龙：一是基于活动的沙龙；二是基于文字的沙龙。基于活动的沙龙，是以面对面的沟通交流为表达形式的沙龙，是通常所指的沙龙。基于文字的沙龙，是以文字为表

---

① ［德］哈贝马斯．公共领域的结构转型［M］．曹卫东，王晓珏，刘北城，等译．上海：学林出版社，1999：37.

② ［德］瓦·托尔尼乌斯．沙龙的兴衰——500年欧洲社会风情追忆［M］．何兆武，译．北京：世界知识出版社，2003：4-7.

达形式的沙龙，多以报刊、网络平台等为载体，例如，报刊开设的读者沙龙专栏、话题讨论专栏，以及网络学术论坛等。

二、学术沙龙

学术沙龙，顾名思义，是与学术密切相关的沙龙，它是沙龙的一种形式。

所谓学术沙龙，是一个知识分子或“学术人”网络，其组成人员具备一定的学缘关系，沙龙就是他们基于学术与闲暇的目的而组织的经常性聚会或学术交流活动。学术沙龙上，“学术人”常常会围绕着一定的学术问题，进行漫谈式、讨论式的学术交流活动。

学术沙龙的特点可归结为以下几点。

（1）开放性。学术沙龙虽然一般是“学术人”参加，但相对门槛比其他的学术活动要低，且参与者之间因学术修养、学界地位的区别而带来的等级感较少，只要对所讨论的内容感兴趣，几乎都可以参加，都有发表意见的权利。

（2）互动性。学术沙龙哪怕讨论开始的时候有专题性讲座引入，也不是独白，不是一言堂，而是大家有互动、有讨论，能各抒己见。

（3）探究性。学术沙龙不同于一般的聚会，它总是以探讨和解决学术问题、促进学术研究的繁荣为目的。

（4）包容性。学术的探讨一定是包容的，可以有不同的观点，因为真理是远未得出结论的东西。学术沙龙的探究性也就决定了它的包容性。

学术沙龙对于学术发展具有积极的促进作用，越来越受到学者的欢迎，也越来越多地被引入到教育教学活动中。例如，20 世纪 20 年代末开展的邵洵美沙龙和曾朴沙龙；20 世纪 30 年代林徽因之“太太客厅”、朱光潜之“读诗会”；20 世纪 40 年代西南联大的“十一学会”（即“士子学会”）；20 世纪 80 年代至今的潘懋元先生的周末家庭学术沙龙；华东师范大学瞿葆奎在 20 世纪 90 年代初创立的“学术星期六”，以及社会各类组织或个人开展的学术沙龙等。

从渊源来说，教育学术沙龙有悠久的历史。孔子带学生就具有沙龙的特征。例如，《论语·公冶长》中有如下记载：

> 颜渊、季路侍，子曰："盍各言尔志?"子路曰："愿车马、衣轻裘，与朋友共，敝之而无憾。"颜渊曰："愿无伐善，无施劳。"子路曰："愿闻子之志。"子曰："老者安之，朋友信之，少者怀之。"

颜渊、季路侍奉在孔子身边。孔子说："为什么不说说各人的愿望呢?"子路说："我的愿望是，将车马和裘衣和朋友共用，把它们用坏了也不遗憾。"颜渊说："愿做到不夸耀自己的好处，不宣扬自己的功劳。"子路说："想听听老师您的愿望。"孔子说："使老人能享受安乐，使朋友能够信任我，使年轻人能够怀念我。"在教学过程中，孔子向学生提问，学生们也就自己的所见所闻、所思所惑向孔子提出问题，孔子与学生之间的交往对话、交流探讨，实际上就是一种促进人才培养的学术沙龙。

我国古代书院中也处处可见"沙龙"的影子。书院有"讲会"制度，这是书院在教学实践中创造的学术交流和学术争鸣的教学组织形式。例如，书院历史上有著名的"鹅湖之会"。公元1175年，南宋大儒吕祖谦为了调和朱熹"理学"和陆九渊"心学"之间的理论分歧，出面邀请陆九龄、陆九渊兄弟到信州（今江西上饶）与朱熹见面。六月初，陆氏兄弟应约来到鹅湖寺，双方就各自的哲学观点展开了激烈的辩论。这是中国哲学史上一次堪称典范的学术讨论会，首开书院讲会之先河。在某种意义上，这就是书院式学术沙龙的代表。

现代高等教育中，学术沙龙被越来越多地引入，成为一种具有教育功能的学术组织形式，也可称为教育学术沙龙。学术沙龙的开展，有利于活跃学术氛围，促进人才培养改革。这种学术沙龙，是将沙龙贯穿于人才培养和教学过程之中，使之成为一种教育活动形式，或一种活动课程。也就是说，学术沙龙不仅是作为一种独立于课堂之外的活动，或者是教学的辅助形式而存在，而是真正融入课堂教学实践当中。探索沙龙课程化，促进课程改革，这无疑对创新人才培养具有极大的意义。

通常教育学术沙龙表现为四种形式：讲座式；师徒式；论文式；自由式。其中，讲座式学术沙龙目前应用得最为广泛。

讲座式学术沙龙的组织形式与18世纪出现在德国的习明纳有些相似。当然，也可以从更宽泛的概念去理解学术沙龙的教育意蕴。需要说明的是，讲座式的学术沙龙，不同于一般的学术讲座，而是在学术讲座之后，围绕所讲的内容主题展开充分而自由的讨论。这种教育学术沙龙，既具有学术性，也具有教育性，有利于促进知识创新和人才培养。

第二节　著名的学术沙龙举隅

学术沙龙以其平等、开放、自由、互动的形式聚集着人们的热情，促进着学术的繁荣。历史上，一些著名的学术沙龙产生了深远的文化影响。

例如，卡尔·马克思在柏林大学求学期间常常参与的柏林青年黑格尔派的博士俱乐部，是当时著名的学术沙龙。一群思维敏捷、知识渊博、喜爱和善于讨论的志趣相投的人们相聚于此，他们就很多重要的问题、观点和著作进行激烈的讨论，很多历史上重大的学术成就都发源于此，马克思也正是在这里奠定了其后来的唯物史观的基础。①

再如，被称为“现代社会学之父”的马克斯·韦伯的“韦伯圈”。马克斯·韦伯在海德堡大学任教时，每个星期日开展学术沙龙，被称为“韦伯圈”。“韦伯圈”中不少人是著名学者，或是后来成为著名学者，他们常常激烈地讨论学术问题，进行着思想的碰撞和争鸣，这极大地推动了学术的发展，不仅如此，海德堡大学自由讨论、思想论争的学术氛围也因此更为浓厚。

---

① 殷小平．学术沙龙：精神之家与创新之源［J]．大学教育科学，2006(5)：106.

前文已经说过，在我国学术界中，也有不少著名的学术沙龙。下面仅以爱因斯坦年轻时组织的“奥林匹亚科学院”、林徽因的“太太客厅”、潘懋元先生的周末家庭学术沙龙为例，阐述学术沙龙的意义。

一、爱因斯坦之奥林匹亚科学院

爱因斯坦是伟大的科学家，他成名之前并不是一帆风顺，但是他对科学有着狂热的喜爱。1900 年，爱因斯坦从苏黎世联邦理工学院毕业以后，便开始创作博士学位论文《分子大小的新测定法》，然而这篇论文在 1902 以前两次被否定，直至 1905 年，他提交了第三次申请才予以通过。在这 5 年多的时间里，前两年他处于失业状态，仅靠代课以及做家庭教师来勉强维持自己的生计，后来在瑞士伯尔尼联邦专利局求得了三级专利员这一职位后，他的生活才开始稳定下来。

日子稍稍安定的 1905 年，爱因斯坦如清泉喷涌般发表了 5 篇具有划时代意义的重要论文，提出光量子假说，解决光电效应问题。更重要的是，他独立而完整地提出了狭义相对论原理，开创物理学的新纪元，这一年后被称为“爱因斯坦奇迹年”。

爱因斯坦的成功，与他组织的学术沙龙“奥林匹亚科学院”有着密切的关系。在 1902 年至 1906 年这段的时间里，爱因斯坦的身旁活跃着与他一样意气勃发、充满激情、渴望交流并深切地热爱着物理学的年轻人，如索罗文、贝索、沙旺、哈比克特等。他们是一些物理学爱好者，他们聚在一起组成了一个非正式讨论小组，称其为“奥林匹亚科学院”，这实际上是爱因斯坦真正意义上的研究生院。

再往前追溯，爱因斯坦从小就显现出他是一个天赋异禀、特立独行的人，他对数学和物理学有着极大的兴趣，还有着强烈的怀疑批判精神，而且不畏惧权威。他小学时，一位老师就断言他“干什么都可以，不过肯定是一事无成”；高中时，由于与老师关系处理不好而遭到开除；大学时，又因为我行我素的脾性同系主任产生了很深的私人恩怨，以致毕业之时连一个助教的职位都没有得到。这多少压抑了爱因斯坦的科学探索活动，但他对于哲学及理论物理学的痴迷态度，不畏权威的个性，独立的思考能力、判断能力，不被外界影响的高度专注集中的精神，批判怀疑精神等，并没有湮灭，反而激发了他进一步的探究，也造就了他成就。

奥林匹亚科学院最开始是由爱因斯坦及其学生组成的。爱因斯坦刚到伯尔尼不久，便在当地报纸上刊登了一则小广告，招揽需要补习的学生，广告内容如下：

> 愿为大学生与中小学生提供最全面透彻的数学和物理钟点补习。阿尔伯特·爱因斯坦，持有联邦技术大学专业教师证书。正义胡同 32 号 2 楼。试讲学时免费。

爱因斯坦的第一个学生是当时正在伯尔尼大学修习物理及哲学的索罗文。索罗文感到大学的课堂内容尤其是物理课内容太浅显，听起来不“解渴”，于是找到了爱因斯坦。在他们正常的收费课程结束后，两人很快便开始一起随心所欲地畅谈、讨论哲学和物理学，并且一发不可收拾。不久，同为伯尔尼大学的学生、修习数学的哈比克特也参加了他们的讨论。很快，收费课对于课后讨论变成了次要的事情，课后讨论却喧宾夺主地成为他们的主要活动。他们给这个非正式讨论小组起了一个宏大的名字——奥林匹亚科学院。

接下来的第二年和第三年，与爱因斯坦同在一个办公楼上班的联邦邮电局雇员沙旺以及爱因斯坦的老校友、老朋友及同事贝索也加入了进来。在爱因斯坦成家稳定下来之前，他们定期在五人其中一人的家里聚会，爱因斯坦结婚后，讨论地点就基本上固定在了爱因斯坦家里。

讨论之前，他们往往先吃一些简单的食品，如茶、水果、香肠、干酪等，接着就根据爱因斯坦给定的严肃的“课程”开始讨论，讨论的内容大部分是同物理学有关的哲学命题。几年下来，他们阅读和讨论过柏拉图、穆勒、皮尔逊、休谟、莱布尼茨、庞加莱等人的经典著作。他们对研究内容的选择有着自己的看法，他们组成的这个团队，就像是一个过滤器，以对真理的追求为标准，对当时流行的各种理论流派、科学范式、观点见解、事实数据等进行过滤和筛选，在研究中以问题为导向，避免学校教育那种特有的对学生进行“知识轰炸”的方式，也避免考试之累、知识体系之累、身份地位之累等。他们沉醉其中，甚至于连续几天或者几周激烈地推敲、探讨，通宵达旦也是常有的事。他们是真正志趣相投的人，真正对科学感兴趣、具有批判精神和怀疑精神的人，这样的一群人聚集在一起，相互交流碰撞，相互激发，不时擦出绽放奇异光彩的思想火花。

奥林匹亚科学院成员的讨论方式，促进了他们科学创造力的勃发。他们的业余时间几乎都被这种讨论占据着，这些讨论渗透到他们的日常生活中，他们的谈话地点也并不局限，有时在家里，有时就在路上，有时也会去咖啡馆这类地方，总之，只要有成员，在哪里谈论都不成问题。他们兴致勃勃地相聚，又热切地期盼着下次的讨论。

作为成员之一的索罗文后来曾回忆说：在这里，典型的讨论方式是“读一页、半页，有时只是一小段，然后讨论，当问题很重要时，讨论持续好多天。我常常在中午出去，在爱因斯坦离开他的办公室后找到他，回到前一天晚上所讨论的问题上来。你说过那些……，但你不相信它们……或者是：我昨晚说过的，我想再补充一点……”①。这种一以贯之的探索热情，恰是奥林匹亚科学院给予爱因斯坦的最为珍贵的精神食粮。奥林匹亚科学院是爱因斯坦的精神同盟，为他提供了持久的创造动力。

可以说，奥林匹亚科学院是名副其实的科学院，它提倡批判、思考与创造，并且崇尚一以贯之的对话、交流和共享，这是一个爱真理、爱科学、爱智慧的团体。在奥林匹亚科学院中，这群年轻人坚持不懈地进行自由自在的哲学讨论和物理学的思想碰撞，使爱因斯坦一步步构筑起了他的各种奇妙的想法，使他的理论物理学创造如虎添翼，在五年的时间里成就了伟大的科学巨人爱因斯坦。

二、林徽因之“太太客厅”

林徽因是我国20世纪著名诗人、小说家、建筑学家，她集美貌与智慧、才情于一身。20世纪30年代，林徽因的家庭学术沙龙“太太客

① 李现平．奥林匹亚科学院的精神遗产——兼论创造性人才的培养［J］．学位与研究生教育，2004（9）：13.

厅”给当时的文化圈、文学圈带来了非常深远的影响，也是当时新文学运动和新文化运动后启蒙思想背景之下的文化景观的呈现。

林徽因成功举办家庭学术沙龙有着诸多重要因素。首先，林徽因出生在书香之家，在她的成长道路上，祖父和父亲对她产生了重要的影响。她祖父是光绪己丑科进士，后任职翰林院编修，然而他却并不是一个墨守成规的传统文人，他思想开明，在对后辈子弟的教育上采取中西并进的态度。

林徽因的父亲林长民深受中西之学的影响，十分重视子女的教育。他在考察欧洲时便带上林徽因同往，并告诉女儿："我此次远游携汝同行。第一要汝多观察诸国事物增长见识。第二要汝近我身边能领悟我的胸次怀抱……第三望汝暂时离去家庭繁琐生活，俾得扩大眼光，养成将来改良社会的见解与能力。"[①] 而且他还不像当年多数家长那样是家长制的专制作风，他非常民主。他曾说："做一个天才女儿的父亲，不是容易享的福，你得放低你天伦的辈分先求做到友谊的了解。"[②]

林长民对女儿林徽因是寄予厚望的，在欧期间，林徽因父亲经常在家邀客聚谈，在所邀客人当中，多为一些"新交忘年"，而这些"忘年"之交，又"皆是可人"[③]，并且对文艺的兴趣都十分浓厚。这些人聚在一起，俨然形成一个小小的沙龙。林徽因在这种家庭环境下耳濡目染、观摩学习、培养锻炼，为其婚后独立主持"太太客厅"打下了良好的基础。

林徽因在自己举办沙龙之前曾参加了许多著名人物举办的有名的茶会，在参与这些茶会的过程中，林徽因收获颇多，为她日后自己举办沙龙也提供了宝贵的借鉴和经验。

1931 年，林徽因一家迁居至北平东城北总布胡同，她的家便成为当时最顶尖的知识分子聚会的场所，来这里参加沙龙的大都是当时海内外学术界名流。林徽因是一位极其出色的沙龙女主人。她兴趣广泛，

---

① 费冬梅．林徽因"太太客厅"考论［J］．社会科学论坛，2015（9）：93.

② 徐志摩．伤双栝老人［M］//梁永安．徐志摩散文全编．上海：学林出版社，2010：216.

③ 林长民．林长民致徐志摩［M］//虞坤林．志摩的信．上海：学林出版社，2004：231.

涉足多个领域，都有相当的了解和发言权。她不仅对建筑本色当行，对各种文学体裁也都有所涉猎，对舞台设计、期刊插图及封面等，也都做过一定的尝试。她的见解往往很独到又犀利，好恶也界定得十分清楚，从不模棱两可。但她又懂得回旋，懂得看到同一事物的好坏两个方面，在批判的同时不只是一味的批判，也会看到并指出其某一点可取之处。当然，作为沙龙女主人，最必不可少的一项才能莫过于出众的口才了。

对于沙龙女主人出色的学术素养和社交魅力，亲身参与其中的很多学者都进行过高度评价。比如，萧乾曾感叹："徽因的健谈绝不是结了婚的妇人那种闲言碎语，而常是有学识，有见地，犀利敏捷的批评……她从不拐弯抹角，模棱两可。这种纯学术的批评，也从来没有人记仇。我常常折服于徽因过人的艺术悟性。"[①] 沙龙的熟客费正清说林徽因擅长交际，而且极富魅力，无论在家还是在其他任何社交场合，永远都是目光的焦点。[②] 而诗人卞之琳回忆自己第一次进"太太客厅"时则有如下清晰的描述："当时我在她的座上客中是稀客，是最年轻者之一，自不免有些拘束，虽然她作为女主人，热情、直率、谈吐爽快、脱俗（有时锋利），总有叫人不感到隔阂的大方风度。"[③]

在林徽因的沙龙里，谈话是非常自由的，话题也无所不包。就林徽因本人来说，在她讲话的时候，激情澎湃，洋溢着感染人的活力和创造性。话题从诙谐的轶事到敏锐的分析，从明智的忠告到突发的愤怒，从发狂的热情到深刻的蔑视，几乎无所不包。她总是聚会的中心人物，当她侃侃而谈的时候，爱慕者总是为她那天马行空般的灵感中所迸发出来的精辟警语而倾倒。[④] 她的话题有很多，可以自由地在文学、人生、事实、昆明印象等之间信手拈来、切换自如。人们聚在这

---

① 萧乾．一代才女林徽因［M］//刘小沁．窗子内外忆徽因．北京：人民文学出版社，2001：3.

② ［美］费正清．费正清对华回忆录［M］．陆惠勤，陈祖怀，陈维益，等译．上海：知识出版社，1991：122.

③ 卞之琳．窗子内外：忆林徽因［M］//刘小沁．窗子内外忆徽因．北京：人民文学出版社，2001：14.

④ 费慰梅．太太的客厅［M］//刘小沁．窗子内外忆徽因．北京：人民文学出版社，2001：33.

里，更多是出于一种休闲的目的，一起喝喝茶、聊聊天，除了品评新的文学作品、过去的书法家画家及他们的作品、以规定的方式背诵中国的诗歌、分析并比较外国诗歌等文学艺术方面的谈话外，也会闲聊清华大学、燕京大学里的熟人的品性、性格等。

林徽因的"太太客厅"沙龙，不仅给参与者们带去了闲逸、开阔的氛围和交友、切磋的便利，更扮演了一个文学批判者的角色。它在某种程度上充当了文学作品第一时间的发布平台及评论者。由于它的知名度和影响力，这里成了新人们走进文坛的一个"捷径"，是那些渴望上进的知识分子的一条进取之道。正如唐小兵所说："林徽因的'太太的客厅'不仅仅是一个物理意义上的建筑空间，也是一个社会学意义上的认同和交往空间，更是一个表征着文化权力和象征资本的文化空间。"[①]

三、潘懋元先生的周末家庭学术沙龙

著名教育家、高等教育学奠基人潘懋元先生的周末家庭学术沙龙也是学术界一道美丽的风景线。自从招收研究生开始，潘懋元先生便创设了一种"学术生活的制度化场所"，即周末家庭学术沙龙。每个周六的晚上，所有有兴趣来参加沙龙的人们都围坐在潘先生的家里，大家无拘无束地进行着学术交流。

潘先生的家庭学术沙龙创办之初，便讲明道理，立下了规矩。在这里学术对话被大力提倡，旨在开启学人心窍并鼓励学术的创新，与此同时又大力提倡学术民主，平等是任何对话的前提。在长期的沙龙实践之中，潘先生不断发展出一套学术原则，并将其很好地运用在沙龙之中，形成了一定的"沙龙规矩"。[②] 不论是硕士生还是博士生，在他们入学的第一堂课中，潘先生总是会提及韩愈的《师说》："弟子不

① 许纪霖．近代中国知识分子的公共交往［M］．上海：上海人民出版社，2008：319.

② 肖海涛．试论师生学术共同体的构建——以潘懋元先生的家庭学术沙龙为例［J］．江苏高教，2007（5）：23.

必不如师，师不必贤于弟子，闻道有先后，术业有专攻，如是而已。”他鼓励学生秉持“吾爱吾师，吾更爱真理”的原则，允许学生与导师有不同的意见。在潘先生家的沙龙上，大家既自由宽容，又畅所欲言；既有对真理的执着追求，又有学术的民主对话；既有家庭的温暖，又有学术的严肃。这就体现出了自由讨论、平等对话、启迪思维、追求真理的沙龙学术原则。

许多学生在加入厦门大学高教所之前就听说过潘先生家里大名鼎鼎的周末家庭学术沙龙了，并且都感到向往和期待。已经毕业的学生或者其他参加过潘先生周末家庭学术沙龙的人也折服于这一沙龙的魅力，乐此不疲地宣传着潘先生的沙龙。“每每遇到潘先生的学生，他们便会提起先生，提起先生的学术沙龙。而每当他们讲起先生的学术沙龙，便会喜形于色，兴致盎然。”①

潘先生的周末家庭学术沙龙是一个生动的、具体化的多学科的高等教育研究方法论的实践平台。每到周六晚上，研究生们、一些年轻教师，还有国内外慕名而来的学者，相聚在潘先生家中开展沙龙讨论。沙龙时间，周六晚7点半开始；沙龙地点，潘先生家的客厅。宽敞的客厅里，沙发、茶几、壁立的书架外，还备有不少凳子（沙龙结束凳子可叠放），人数多的时候，客厅济济一堂，据说人数最多的一次有49人。茶几上早准备好了茶点，茗茶、咖啡、水果、糕点、零食，花样丰富；抽烟的男生，还可分享潘先生的好烟；遇到节日，还有汤圆、粽子、月饼等。茶点时间往往是沙龙进行到一半的时候，有些类似于课间休息。

潘先生无疑是极具个人魅力的，而周末家庭学术沙龙更加彰显着他的魅力，这里既有个人魅力，也有学术魅力，不断地耳濡目染着在座的每一个人。他的沙龙上谈的话题很宽泛，既有当前国内的、国际的政治经济文化的动态，又有教育特别是高等教育上的热门话题，还经常有学生将自己的论文等拿来与大家分享探讨，请大家发表意见、提出建议。在沙龙上，通常为潘先生起头，谈起某一话题，

---

① 肖海涛．学术的魅力与精神的光芒——记潘先生的学术沙龙［C］//殷小平．我们的精神家园——潘懋元先生周末学术沙龙二十周年纪念．厦门：厦门大学研究院，2006：105.

之后大家就你一言我一语地围绕着这个问题展开热烈的探讨，就算偶尔大家讨论得太过火热，群言相激，以致偶尔离题，也处处闪烁着大家智慧的火花，洋溢着热烈的气氛，好不热闹。争论的过程中，既有面红耳赤，又有欢声笑语，所谓“不打不相识”，不同的见解充分展开，不同的观点激烈交锋，人与人之间的感情增进了，每个人的视野开阔了，各种创造性的思维如泉喷涌。潘先生通常在参与者发言的时候静静地坐在一旁笑眯眯地认真倾听，他手指间夹着一支香烟，不疾不徐地抽着，多数时候半举在空中，任轻烟袅绕。他有时点头不语；有时插入几句精辟的评价，亦庄亦谐，恰如时雨之润，话题在不知不觉中便更上境界；又或随手抛出另一个话题带领大家去探寻另一方圣地。

在潘先生看来，学生们远离父母亲人在外求学是非常不易的，他在尽自己所能地给大家营造一个家一样温馨的环境，让学生们感受到家的温暖。就是这样一种人文关怀，使得师生间仿佛结成一个大家庭，同学之间也培养出了兄弟姐妹般的情感。师生几载，情深谊浓，临别依依，每一个即将毕业的学生在临别之时都会满眼噙泪，舍不得离开。很多已经毕业了的学生们，对先生的沙龙也还是念念不忘的，只要有机会，就会回到这里重温过去的美好时光。

例如，潘先生的学生李均教授回忆道：“每逢周末，除非有重要的事情，一般我都会到先生家参加沙龙，风雨无阻。因为，那里是我们的精神家园！在那里，师生聚集一堂，海阔天空，无所不谈；在那里，不仅开阔了我的眼界，增长了我的知识，更让我感受到先生高尚的风范和父爱般的关怀，体验到这个世界上最美好、最珍贵的师生之情。”[①]

潘先生家的周末家庭学术沙龙自创办以来，从未间断，一直延续至今且影响愈加广泛和深远。然而在国内，沙龙举办者、举办单位颇多，却很少有人能够坚持下来并将其发展得如此兴旺发达，究其原因，可能有以下几点。

首先，潘先生的沙龙具有温馨的家庭气氛。学术沙龙与课堂教学有所区别，学生和老师们在聊天式的漫谈中感受着团结紧张与严肃活

---

① 李均．难忘的周末沙龙［C］//殷小平．我们的精神家园——潘懋元先生周末学术沙龙二十周年纪念．厦门：厦门大学研究院，2006：12.

泼、争论不休与融洽缓和，精神食粮与物质食粮的双重满足，这些都不是普通的课堂所能够带来的。其次，潘先生独特的人格魅力。他秉持着“儒道互通”的道德观及人生观，并且为人温和宽厚，对待学生耐心宽容，允许他们犯错并热情地帮助和引导他们变得更好。潘先生性情豁达，为人也很幽默，于举手投足之间、人品学问之中，成为学生们活生生的榜样。他不仅是学生的良师，更是学生的益友。再次，潘先生对学术原则的坚持。他的主要观点就是平等和谐的师生关系和同学关系、教学相长、追求真理、提倡学术交流和学术平等，这为同学们求得真知，获得真正的锻炼提供了环境保障。

另外，沙龙的学术价值也是不可忽略的一点。潘先生总是在沙龙中给学生以有益的启示，激发学生的创造性，师生教学相长，相互探讨、激励，造就了一种自由又充实的探讨和向上的学术氛围，充分体现了科学、民主、人文、创新精神，学术魅力与精神光芒熠熠生辉。最后，也许是因为潘先生的沙龙毫无功利目的，使得它得以兴旺发达、隽永持久。有人称这种毫无功利目的的沙龙为“学术生态场”“民间思想村落”“精神飞地”，它不仅吸引着来自四面八方的学子，更引发国内外学者及媒体的关注。

其实，不只是同学们通过沙龙学到了知识，其他嘉宾和高教所的老师们也会吸纳一些有学术价值的观点，就像潘先生说的，“我也积极向年轻人学习，与他们一起探讨问题，总能找到新思想、新观点的碰撞和冲击”。

无论是爱因斯坦的奥林匹亚科学院、林徽因的“太太客厅”，还是潘懋元先生的周末家庭学术沙龙，都有着共同的平等互动、民主开放、自由探究、尊重包容的学术沙龙特征。这些沙龙都对社会文化和学术发展产生了重要影响。

第九章

学术沙龙的教育意蕴

学术沙龙最基本的特点是“平等尊重，宽容接纳”，它具有深厚的教育意蕴，将学术沙龙运用于研究生教育的实践过程中，不仅有助于形成密切的师生关系，而且有助于形成良好的学术氛围，更有助于培养研究生的问题意识、探究能力、探究精神、创新精神，对研究生教育具有深刻的意义。

第一节　沙龙是实现“教育对话”的有机载体

对话，在教育中有着原理性的教育价值。而对话，正是贯穿于沙龙始终的，使沙龙得以有效进行的最基本的方式。通过沙龙，可以将对话自然、和谐地渗透于教育当中，并且沙龙自身所具备的多种特点能够对对话实现进一步的充实和升华。

一、沙龙代表一种教育教学态度

“平等尊重，宽容接纳”，是沙龙得以存在和发展的基础，是沙龙赖以生存的基石。没有这样的保证，沙龙就不能称其为沙龙，也就丧失了其自身最大的优势。

参加沙龙的人们正是被这种“平等尊重、宽容接纳”的氛围所吸引，也正是“平等尊重、宽容接纳”成就了沙龙和喜爱沙龙的人们。首先，沙龙是一种形式，是一种由人们自主创造出来的、为人们所喜欢、接受的形式。在这种轻松的形式背后，更深层地是折射出一种态度。在沙龙中，人们的交往是以对话为主导的，而对话之所以成为对话，就在于对话主体双方之间的“平等尊重、宽容接纳”，只有对话双方，也即沙龙参与者始终秉持着这样一种对话的态度，才能够使对话有效进行下去，才能够使沙龙的价值得以发挥。

随着传统教学的弊端日益突出，学者们也日益发现沙龙所蕴含的巨大的教育价值。在当前的教育过程中，“平等尊重、宽容接纳”的教育教学态度愈来愈被人们所接纳和推崇，沙龙恰好代表并能够实现这一教育教学态度。

（一）平等尊重

传统教育中，教育者、受教育者之间难以以平等尊重的态度相互对待。一方面，由于教育者在掌握知识方面的优越感和社会赋予的权威身份，使其客观上在求知者面前“高人一等”，很难以平等尊重的态度对待受教育者。另一方面，由于传统的教育观念的影响，大部分人都秉持着“为师是尊”的原则，不敢挑战他们及其所讲授的“真理”。这样，似乎形成了一种“统治与被统治”的关系。

再者，教育者同受教育者间的活动是单边的。言语的流动、思想的流动等都是单边的，缺少互动和碰撞。教育者同被教育者是主体和客体的关系，是言说者和倾听者的关系，受教育者往往只是被动的接受者，被动地接收教育者传递的知识，并适时地根据各种“题目”的需要调用早已存储好的知识。大部分受教育者将知识视为既定的、不变的客观存在，很少思考知识背后的问题，也很少思考这些知识存在的合理性。这样的教育造就的只能是知识的存储器，而不是会思考、会创新的发展的人。

学术沙龙在教育中的运用，为教育注入了一股清新的“活水”，蕴含在其中的平等尊重的对话态度，以其鲜活的生命力和创造力，成为解开传统教育弊端之枷锁的钥匙之一。在开展学术沙龙的过程中，教育者同受教育者间的身份界限变得模糊，教育者同受教育者之间的关系是平等的，互相尊重的，他们之间的对话也是平等的，互相尊重的，“教学相长”得以更加充分地展现。学生能够在平等尊重的基础上成为“思考者”，学会分析、质疑、批判“真理”和“权威”，勇于表达自己，并且与教师互相讨论、切磋，共同成长。

在学术沙龙中，没有谁是真正的权威，没有谁是话语权的绝对控制者，双方都是平等的对话主体，在对话的过程中，这种主体身份是可以自由交换的。正如哈贝马斯所说：“纯粹的主体间性是由我和你(我们和你们)，我和他（我们和他们）之间的对称关系决定的。对话角色的无限可互换性，要求这些角色操演时在任何一方都不可能拥有特权，只有在言说和辩论、开启与遮蔽的分布中有一种完全的对称时，纯粹的主体间性才会存在。”①

（二）宽容接纳

对话，是沙龙进行的主要方式，为了对话的顺利进行，它必然要创造或提供一个宽容接纳的场所和氛围，这是由沙龙的对话特性决定的。

对话，必然涉及不同的主体，主体间的差异性客观存在，不以人的意志为转移，因此对话必然是具有差异的主体间的对话。存在差异，就必然存在着碰撞和交流，而要将对话和谐且有意义地进行下去，则需要彼此间宽容接纳的态度。真正的对话，“意味着各种彼此对立、相互矛盾的不同观点之间的充分碰撞和交流，意味着允许各种相反的异

---

① 冯苗．论教育场域中的对话［D］．长春：东北师范大学，2008：11.

质的观点充分地表达自身并在此过程中使双方抛弃原先的僵硬对立，走向某种综合，它内在地要求在‘对立’和‘矛盾’中思考，因此它与‘独白’和‘话语霸权’是不相容的。”① 真正的对话，需要对话双方理解并宽容与自己不同的观点，虽不要求绝对认同，但至少能够平和相待，理解并尊重它们的存在，宽容并接纳持有这些观点的人们的自由表达，在理解的基础上去粗取精、博采众长、兼收并蓄，最终为我所用。世间不存在绝对的对立，如若人们都能够以宽容的态度尝试接纳他人异于自己的观点，这个世界便会碰撞出不可估量的、绽放着奇异色彩的思想火花。

学术沙龙提供这样的心理环境，它宽容地接纳不同的人，宽容地接纳不同的观点。在沙龙中，受教育者不再受传统教育观念的束缚，他们可以自由地表达自己，可以大胆地质疑问难“权威”和“真理”，在沙龙中的人们不会因为他们有不同的声音或大胆的想法而排斥他们。相反，在这里，这样的精神是被鼓励的，这样的举动和对话是可以被宽容和接纳的。沙龙就是要成就这样一种互相切磋交流、不畏权威、大胆挑战的环境，使得无论是教育者还是受教育者都能够在这样的环境中、这样开放性的对话中，完善自我，不断发掘更多的可能。

二、沙龙作为一种教育教学方式

沙龙不仅提供了一种平等尊重的态度，一种宽容接纳的精神，实践过程中，它更为教育提供了一种可贵的教育教学方式，其中蕴含的“互动”“分享”“理解”“碰撞”等精髓，是实现、充实、促进、升华教育“对话”的关键所在。

（一）在互动中实现“教育对话”

互动，是学术沙龙的重要特点之一。所谓互动，表示在某一特定

① 张祥云．大学教育回归人文之蕴［M］．广州：中山大学出版社，2004：158.

社会背景及具体情境之下，各主体间各种性质、形式和程度的互相影响与互相作用。互动必须是发生在多个主体之间，且主体之间必须具备的是双向循环，而不是单个主体的自我活动或是主体之间的单向传输。

对话就是一种互动。对话，不是自我独白、不是话语霸权，也不是对话双方的单向信息传输，它必须是基于差异性的双向交流与互动。它是对话双方共同走向“之间”以及在“之间”的领域中相遇。“之间”不可能在“我”之中发现，也不能在“你”之中发现，只能在“我—你”关系的互动中才能产生。[①]

教育关系在本质上是一种互动关系。传统教育展现出来的却是单向的、缺乏互动的异化的教育关系。弗莱雷曾经就克服教育关系的单向性、提倡互动性提出过“教师学生”和“学生教师”这两个概念。这两个概念是相对而言的，指的是“作为学生的教师”和“作为教师的学生”。他认为，在学生同老师的对话中，老师再也不单是权威的授业者，因为他们也从与学生的对话中获得教益，这时学生反过来对老师进行教育，学生同老师在对话过程是合作的关系，是共同成长的。沙龙，它所展现出来的互动性正好弥补了传统教育中那种单向的、缺乏互动的异化的教育关系的不足。

在沙龙中，学生和老师之间、学生和学生之间是互相平等、互相尊重的，他们频繁地互动着，每个人都就自己的观点和想法与同学和老师们进行交换，他们中的任何一员都可以对他人的观点提出赞扬、质疑甚至批评，也可以发表自己的独特见解，供他人品评。在这种互动之中，敬佩之情和激烈争锋的“硝烟”相互交叠着萦绕在沙龙活动中。

学术沙龙提供一种特别的氛围。在这里，人们可以获得知识的积累、经验的成长、智慧的见识，无论是被肯定、被建议还是被批评；在这里，哪怕争吵到面红耳赤也不会有人记仇，因为那只是基于观点的讨论、基于学术的切磋，并不是针对个人的攻击；在这里，人们择其善者而从之，择其不善者而改之，博采众长，相观而善。在这

---

① 张祥云，罗绍武．对话的意蕴——基于教育立场的多维理解［J］．高等教育研究，2011（7）：33.

里，人们获得更多的是成长，而不是被打压，这种成长既是思想的成长，也是人格的成长；在这里，师生们真正能将自己置身于对话的场域中，在平等尊重的氛围下展开交流讨论，并学会和发扬对话时所应具备的宽容接纳。因为只有宽容接纳，才能够使得大家自由地表达自己的观点，才能够愿意去设身处地地理解、分析、接受或者批判别人的观点，才能够在观点交互的过程中提升自我，同时也使他人收获更多。

这种沙龙中的互动，摆脱了传统教育观念中学生对老师的“唯命是从”，在这里，不再是老师教、学生被教，老师讲、学生毫无质疑地听，不再是知识自教育者向受教育者的单向流动，而是真正地能够实现教育对话，学生和教师在互动中促进相互之间的了解，实现知识的互递，在互相问难中真正展开思考、学会思考并获得成长。俗话说，“授人以鱼，不如授人以渔”，获得知识只是教育目标的一小部分，更重要的是，要教会学生对话的态度、对话的能力以及与他人共同合作获得知识和解决问题的本领，并且将这种“对话”和宽容接纳的精神生生不息地传播下去。

（二）在分享中充实“教育对话”

分享，是沙龙的另一重要特点。所谓分享，有两方面的含义：一是将自有资源与他人共同分享，另一方面是分享他有资源。这两方面的含义往往同时发生，即每个人在分享自有资源的同时也会接收到来自他人的分享。分享不是单向的，是一种相互的分享，是一种双赢的状态。

在沙龙中，每次沙龙参与者的发言其实都是一种分享，或分享他们所知，或分享所闻所见，或分享自己的观点和态度等。在这里，人们纷纷表达着自我，纷纷进行着分享，有的人对于某一个他人分享的话题有话要说，有问题要提，自然也是一种分享，就是在这种不断交互的分享中，大家你一言我一语，你轻声细语，我慷慨激昂，他分享赞同欣赏，她分享批判怀疑……如此往复。这种基于平等尊重、宽容接纳的对话便充实丰富了起来，使得它看起来是那么的多彩动人。

在传统的教育关系中，缺少这样的分享。传统教育中，教师站在“权威者”的立场上做单向知识传输，顶多算得上是一种面向学生们的、对既定知识的“分而享之”，与真正意义上的“分享”实在是相去甚远。然而在沙龙中，教师和学生同为沙龙的参与者，具有平等的地位，没有高低尊卑之分，每个人都是分享的主体，都有机会与权利进行分享，分享的内容也不受限制，大家可以畅所欲言，无须太多顾虑。虽然分享的内容可能会有明显的层次差别，或者彼此之间产生一些误解，但这也使得分享的内容异常丰富，并且在这种氛围中，可以通过进一步的分享减少层次的差别，消除误解，使学生和教师们不仅能够在知识上更上一层楼，在为人上也能获取有益的经验。学生再也不是传统教育中的温顺接受者，他们也可以分享教师不知道的内容以及向教师提出疑问或者不同意见。教师也不再是原来的权威者，他们只是相对于学生们更“术业专攻”“闻道有先”的人而已，但仍然是一个在知识等方面有所不足、需要进步的人，他们可以在沙龙中分享他们所知道的、拥有的一切，也可以根据自己的学识和生活经验给予学生指导，更可以就自己所不清楚的问题向学生们请教，汇聚学生们的智慧。这便是沙龙中的分享。

分享在沙龙中无处不在，分享使得师生之间的关系发生了根本性的变化，分享使得“对话”成为可能。并且，学生和教师在分享中，互相受益，各取所需，他们一来一往的分享使得教育“对话”变得越来越充实丰富。

（三）在理解中促进“教育对话”

教育是追求理解的，理解贯穿在整个教育过程当中，并且促进教育意义的生成。理解也是沙龙中人和人之间交往和交流的重要纽带。对话是理解的过程和方法，“我—你”在对话中平等交换、互相接纳，得以产生理解，而“我—你”对彼此的理解，又进一步促进双方的对话，进一步促进双方在对话中的平等交换与互相接纳。因此，沙龙不仅能够使得参与沙龙的人们在对话中互相了解、互相接纳，还能够使人们在理解中进一步发展对话，使得彼此能够进一步在对话中平等交换与互相接纳。

学术沙龙追求理解，将理解贯穿于整个沙龙过程，这促进了沙龙教育意义的形成。然而，并非所有的教育都能够达成真正的理解，很多时候在教育的主体，即教师和学生之间，理解是不存在的，师生之间缺乏有效的“对话”，他们的身份地位和传统观念决定了这一切。但是，学术沙龙不一样，理解是沙龙的题中应有之义。没有理解、没有真正对话的沙龙根本不能称其为沙龙，沙龙的意义更是无从谈起。因此，理解与沙龙共存，对话与沙龙共存。

将沙龙融入教育，作为一种教育教学方式，那么理解和对话也便自然而然地渗透于教育当中。沙龙与生俱来的心理环境、平等宽容的氛围，使得进入到其中的主体被“平等化”。教师和学生能够以平等的地位交流对话，与此同时逐步加深着对彼此的理解和接纳，不仅是对人的理解和接纳，还有对其所说内容的理解和接纳。教师与学生之间再也不是单向的既定知识的传输，而是双方在对话中，“把自身已有的生活经验和精神世界呈现给对方并走向对方，他们根据自身的理解选择性地接纳并重新建构自身整体的生活经验和精神世界”[①]。在他们互相理解和接纳之后，更深层的教育“对话”便应运而生了。如此循环往复，师生之间不断地进行着越来越深入和深刻的教育对话，实现着教育的真谛。

（四）在碰撞中升华“教育对话”

碰撞是沙龙中观点交流的必然，是沙龙的题中应有之义。碰撞是由人与人之间的差异性导致的。沙龙以对话为主，而对话的主体具有差异性，每个主体对待同一事物的观点态度都不会完全相同。并且，有差异的对话才是有意义、有质量的对话，它意味着各种不同甚至相反的观点在充分地被表达的同时，对话主体双方抛弃原来的僵硬对立而走向某种综合，也就是人们在对立和矛盾中思考并解决问题，互相宽容接纳，走向彼此。

---

① 张祥云，罗绍武．对话的意蕴——基于教育立场的多维理解［J］．高等教育研究，2011（7）：34.

传统教育关系中，老师同学生之间的“碰撞”是极为少见的。学术沙龙的意义在于，众人聚在一起充分地表达自己的观点并且提倡碰撞、讨论、切磋，因为这样才能够使气氛更加热烈，话题更加深入，思想更加深刻。师生在沙龙中抛弃身份地位的差别，只潜心投入学术上的交流。教师不再固守自己的权威，学生也不再温顺地沉默，取而代之的是师生都变得活跃起来，整个教学气氛也变得轻松起来，师生们秉承着平等尊重、宽容接纳的原则互相交流讨论，不畏惧观点思想的碰撞，因为这正是学生们成长的大好机会，也是教师进行教育、实现教学相长的大好机会。在碰撞中，师生之间的教育“对话”也获得了进一步的升华。

第二节　沙龙是优化协同效应的有效途径

协同效应，简单地说即“1＋1＞2”的效应。协同效应最初是一种物理化学现象，又称为增效作用，指两种或两种以上的成分相加或调配在一起，所产生的作用大于各部分单独应用时产生的作用的总和。将学术沙龙引入教育领域中，存在着不同学科之间、师生之间、同学之间以及理论和实践之间这样几种关系，每种关系中的主体相互作用、相互交融，使得其最终得到的效果远远大于各主体单独应用时产生的效果，从而使得沙龙成为优化协同效应的有效途径。

一、多学科间的协同效应

沙龙是一个平等、自由、开放的所在，理论意义上任何人只要有兴趣都可以加入到沙龙中来，在沙龙中没有身份地位的限制，也没有行业学科的局限，只要拥有一颗学习的心就可以。因此沙龙中存在着拥有不同学科背景的人们，他们在自己所学的学科上不免要比其他人更精专、更敏感，考虑问题时的思维方式、看问题的角度等也都与其学科背景有着密切的、自然而然的联系。当这样一群不同学科背景的人们聚集在一起时，沙龙所带来的多学科间的协同效应便开始绽放出它的迷人光彩。

在沙龙中，人们总是就一个或几个话题展开交流讨论，当不同学科的人聚在一起就同一话题进行探讨时，每个人看问题的角度、所看到的问题、提出的看法和见解都是独特的，都或多或少映射着自己的学科背景。

例如，就高校扩招话题的讨论，经济学家也许看到的是扩招带来的社会经济增长，教育学家也许看到的是由于规模增长带来的的教育质量的变化，政治学家也许看到的是国家综合国力的变化，历史学家也许结合古今中外的历史去评判这一现象……聚在沙龙中的人们通过倾听他人的观点无形中开阔了视野、打开了思路、增长了见识并汲取了不同的思维方法，了解了同一问题的方方面面，接触并思考了很多自己未曾思考的"盲区"，促进了学科间的相互理解，也有可能从中获得突破性的启发等。这些远远超过固守个人所学学科去思考问题的收获，这也正是沙龙带来的多学科之间的协同效应。

英国科学家贝弗里奇提到："有的时候，决定一项研究的基本思想是来自应用或移植其他领域里发现的新原理或新技术，这也许是科学研究中最有效、最简便的方法，也是应用研究中运用最多的方法。"[①] 美国高等教育研究的著名学者伯顿·克拉克也认为："没有一种研究方法能揭示一切。宽阔的论述必须是多学科的。"[②]

多学科之间相互协作是重要的也是必要的。沙龙正是提供了这样一个场所，可以供不同学科的人聚在一起互相交流讨论，互相吸收借鉴、取长补短。在沙龙中，人们可以自由地发言和讨论，没有高低贵贱也没有绝对的是非对错，这里为多学科之间的相互吸收借鉴提供了一个自由平等开放的环境，多学科在这样的环境下相互交融，使得问题的探讨产出最为丰硕的果实，使得沙龙参与者获得丰厚的收获。

---

① 金吾伦．跨学科研究引论［M］．北京：中国编译出版社，1997：85.

② ［美］伯顿·克拉克．高等教育新论——多学科的研究［M］．王承绪，徐辉，郑继伟，等译．杭州：浙江教育出版社，1988：2.

二、师生间的协同效应

“教育结构的运行归根结底是在教师和学生之间进行的”[①]，教师与学生是教育活动中的两个主体。教学过程中两主体间的合作程度决定着教学取得的成效。随着经济社会的变迁以及经济时代的到来，知识结构发生了转变，教师不再是知识的权威传授者，“以学生为中心”的理念开始大放异彩，教师成为教学过程的引导者，即学习主体——学生的引导者。而沙龙是一种非常强调自由、平等、互动的模式，将它引入到教育过程中来，使得教师与学生之间变得更加的平等和自由，老师同学生间的互动变得更为自然和频繁，两者间的相互作用也变得更为明显。教师与学生之间不再是教师单向地发挥作用，而是师生共同携手，相互促进，取得更大的教学效果。

沙龙中，虽然参与者的地位都是平等的，但是教育范畴内的沙龙，其参与的主体多为师生双方，而教师作为长者，作为相对于学生们更“术业专攻”“闻道有先”的人，在与学生交往过程中，即使怀抱着平等、尊重、宽容的心态与学生们相处，也会自然而然地被学生们当作榜样去学习和效仿。基于此，教师应从严格要求自身做起，为学生起到好的榜样作用。

首先在沙龙中，教师的为人治学态度，都会在自己的一言一行中体现出来，学生们也会敏锐地感知到，因此教师要时刻发出自己“导人向善”的声音，恪守自己“育人以德”的道德使命，要善于体现自己“日新经术”、博览群书的热情，还要有善于反思、勇于反思自己的态度……学生们在与老师的交流过程中，会深刻地被这些无形的力量潜移默化，尝试成为自己崇拜的那个人。

其次，在沙龙中，以师生之间的学术交流探讨为主，在双方你来我往的交换观点和讨论中，学生们可以学到老师对问题的分析思路、独特的思维方法，以及做学问的研究方法，这是只有在不断的相互

① 陈桂生．师道实话［M］．上海：华东师范大学出版社，2004：59.

交流和倾听中才能够获得的，相比传统教育关系中那种只是传授既定知识的做法，沙龙中学生不仅学到了知识，更加学到了学习的方法。

另外，在教师与学生的交流过程中，学生作为对话的另一主体，也在向教师不断传达着他们的见解和思路。在这其中，既有创新和独到的看法，也有深刻而有力的质疑，学生与教师之间的这种互动，为教师带来的不仅仅是挑战，更多的还有启发、拓展，所谓“教学相长”大概就是如此。

在沙龙中，学生和老师之间通过平等、自由又频繁的交流对话，使得双方共同获益良多，这远比“独学”收获更大，同时教学效果也有了质的飞跃。

三、同学间的协同效应

教育领域中的沙龙，其参与者绝大多数为学生，因此在沙龙中同学之间的交往就显得尤为突出。在传统教育关系中，教师几乎独揽课堂的话语权，课堂上基本都是教师说、学生听，学生在课堂上互相交流是违反纪律的表现，会遭到教师的强烈谴责。然而，在沙龙中却不存在这种情况。沙龙是一个平等自由的地方，没有绝对的权威，也没有绝对的“话语独裁者”，有的只是沙龙参与者之间的平等交流和探讨，而且这种交流探讨在沙龙中是被鼓励的，沙龙需要这样热烈的气氛，需要如此丰富的交流互动。

教育学术沙龙的主要参与者是学生，他们之间年龄、知识水平、认知水平等方面差别不是很大，他们对问题的看法和态度也较能激起彼此的共鸣，而且大家的身份都是学生，互相之间的交流切磋也更加放松，有质疑也更容易毫不留情地提出并展开论辩。在沙龙中他们再也不用拘泥于课堂纪律，而是可以随时随地提出自己的见解和意见，与同学们展开深入的探讨，彼此借鉴、促进，互相激发。

在同学们的相互交流中，不同的同学会展现出不同的思维方式方法、分析问题解决问题的思路等，其他人可以进行吸收和借鉴，也可能因接触和了解不同的人而对这个世界报以更多的理解和宽容。再者，虽然同学们的水平大致相当，但各自之间还是有些许的差别。在沙龙中，可以透过发言发现自己追赶和学习的目标，虚心倾听并请教，也可以发现其他同学的不足，并用恰当的方式给予帮助。学生与学生之间通过沙龙结成更加深厚的友谊的同时，也使得通过沙龙取得的教育效果得到提高。

第三节　沙龙是形成浓厚学术氛围的重要手段

以学术交流为中心的沙龙就是学术沙龙，在学术沙龙中形成的充实而自由的学习、研讨、向上以及相互激励的氛围则为学术氛围。在教育教学中，由学术沙龙所营造出来的学术氛围，可不断地形成、扩大，激发师生的创造力，提高沙龙参与者与沙龙举办机构的学术科研水平。

一、促进师生共同体建设

教育是教化，教人是教心。教育不仅仅是单纯的知识传授，更不是知识灌输，而是人的灵魂的教化，是互为主体的师生之间的身、心、灵交流的活动。而现代意义上的大学，需要浓郁的学术氛围，这种氛围的形成，则是由一个个具体的教师和她的学生们为着学术而共同努力造就的[①]。梅贻琦先生说的“学校犹水也，师生犹鱼也，其行动如游泳也。大鱼前导，小鱼尾随，是从游也。从游既久，其濡染观摩之效，自不求而至，不为而成”就是强调，大学要尽可能营造一种“教师导引、学生从游”的浓厚的、良好的学术氛围，这样的氛围对于学生的健康成长是十分有利的，学生们经过长期的“从游”，在潜移默化与耳

① 肖海涛．试论师生学术共同体的构建——以潘懋元先生的家庭学术沙龙为例［J］．江苏高教，2007（5）：22.

濡目染中会使教育效果事半功倍。

学生们不仅在学业上能从这种浓厚的学术氛围中受益，而且不知不觉中将形成一种探究精神，这正是日后在学术生活中，乃至日常生活中所需要的为学术而探究，为真理而求索的精神。毕业于哈佛大学的吴咏慧先生在回忆哈佛求学的岁月时，说过这样一段话："哈佛的可贵之处，便是提供一个良好的气氛，让每个人尝试去表达自己，发觉真实的自我。在哈佛，每个人受到鼓励用自己的想法去思考，用自己的感官去感觉，按自己喜爱的方式去生活。除了个体层面的解放之外，哈佛还能够承接西方智识的传统，使置身其地的人随时可以与古人精神相往来。"①

学术氛围是教师与学生一同创造的，师生关系是大学教育乃至教育的重要基石。在良好学风创建过程中，和谐的师生关系变成了重要课题。然而反观当下，师生关系疏离的问题突出，这可能导致教育与其本质渐行渐远。今日之大学教育忽视人以及人的精神道德状况的现象开始显现，且愈发严重，教师同学生之间为着学术而共处的"学术共同体"甚至异化为"利益共同体"，这着实是令人伤心的事情。

沙龙走进教育，融入教育实践中，以其具有的独特魅力，平等、自由、开放、分享、互动、宽容、接纳等特点，使得处在沙龙中的师生得以开展真正意义上的"对话"。师生在沙龙中的交流、互动和互相切磋等增进了师生之间的了解、密切了师生之间的关系，有利于改善上述问题。

二、促进同学间的同伴效应

人际交往中，尤其在学校教育的过程当中，有两种既普遍又重要的人际互动方式，一种叫做群分效应，一种叫做同伴效应。人们往往倾向于选择和自己品味、偏好、身份、职业等方面相近的人密切交往，

① 吴咏慧．哈佛琐记［M］．北京：生活·读书·新知三联书店，1997：139-140.

即人们会自觉不自觉地形成或选择一个群体，这一过程便是指群分效应。而同伴效应是指，在群分效应之下产生的群体内部、群体成员间频繁的互动和互相影响。同一所学校或同一个专业的学生们具有相近的学习能力、学习水平、身份认同及专业背景、认知水平等，他们间更容易形成密切的交往，并在交往过程中易于互相理解、互相影响、产生共鸣。因此将这些人聚在一起能更好地发挥同伴效应的作用，密切他们的交往、增进他们的关系，使得他们在学习过程中能够彼此效仿、影响、促进，并能够更好地进行知识互递、相互合作、交流探讨，互相比拼追赶，共同为着学术的目标而努力和进步，形成浓厚的学术氛围。

学术沙龙可以为他们提供这样一个密切交往的条件和环境，他们借助着沙龙平等、自由、开放、分享、互动、宽容、接纳等独特之处所营造出来的氛围，展开“团结、紧张、严肃、活泼”的学习交流活动。由于同学们之间年龄相仿、水平相近、知识储备和认知能力大致相当，彼此之间在沙龙中交流切磋起来也比较能够互相理解和体谅。同时，“三人行必有我师焉”，同伴之间总有着可以当作榜样的人：有的学生知识丰富、视野广阔，可以为他人增长见识、拓宽视野，也可以激励他人产生额外学习的动机；有的学生品行端正、彬彬有礼、讲话得体，可以为他人树立“为人”的楷模，使得在这方面有疏忽的同学加以完善；有的学生问题意识强，具有明显的探究意识、创新能力，可以带动他人用心观察、虚心请教，力求提高自己的问题意识、探究意识和创新能力；有的学生善于与他人合作，擅长在沙龙之前或之后就所谈内容提前准备或额外补充，团结团队，使团队获得仅凭一己之力难以取得的效果和收获，这也能够激起其他同学的羡慕与敬佩之情，进而效仿和追赶……总之，同伴之间的互相影响是巨大的，这种浓厚的学术氛围便在同伴与同伴之间反复的共激和影响当中逐渐壮大起来。

三、激发探究精神和创新能力

“探究”一词在我国的《现代汉语词典（修订版）》中，定义为

"探索研究或探索追究，试图发现隐藏的事物或情况"[①]。学者们对于"探究"的界定大致分为两种，即广义的探究和狭义的探究。广义的探究表示所有独立解决问题的活动，这是人类的天性及认知内驱力，而狭义的探究则专门表示科学研究。探究精神是一种热爱探究、勇于探究的精神，是基于好奇心和自主性之上的一种内生的探究欲望，希望能够对问题进行最全面最深入的探索和挖掘的愿望。这是一种强烈的认知内驱力在起作用，正如布鲁贝克在其《高等教育哲学》中提到的认识论中的"闲逸的好奇"，探究精神在本质上，便是这"闲逸的好奇"的精神。

学术沙龙是一个很好的可以满足充满着"闲逸的好奇"精神的人们的活动。这里具备着能够激起人的探究精神的规则和气氛，参与沙龙的人们会被沙龙平等、自由、开放、分享、互动、宽容、接纳的魅力所影响、所感染，自然而然地沉浸在人与人之间致力于学术的、追求真理的"对话"之中。在谈话过程中，他们不停地思考、分析和判断，对于自己质疑的或感兴趣的、好奇的观点或知识会追究到底。即便走出了沙龙，如果还有没有探究清楚的问题，也会在沙龙过后自行研究或再次聚集众人进行分析讨论……这便是学术沙龙带来的基于"闲逸的好奇"的探究精神之上而形成的浓厚的学术氛围，它通过人与人之间的互动使得每一个参与其中的人都有所收获。

历史上很多学术沙龙都是本着这种"闲逸的好奇"精神而产生的，并且创造出许多历史的奇迹。伟大的科学家爱因斯坦与他志同道合的朋友们因为对物理学和哲学的狂热喜爱，经常聚集在一起学习讨论和交流，他们给这一伟大的非正式讨论小组取名为"奥林匹亚科学院"。他们的交谈和讨论并没有特定的某个目标，只是出于一种对于物理学和哲学的探究精神，针对他们共同真正感兴趣的东西进行着深入的学习和探究。他们对那些他们都赏识的作品，即使没有名气，也会视若珍宝，彻夜捧读，沉醉其中，甚至连续几天或者几周进行激烈的推敲、探讨。他们在一起互相激励、碰撞并获得及时的反馈，从而擦出绽放着奇异光彩的思想火花。这种探究的欲望是如此的强烈，以至于他们

---

① 中国社会科学院语言研究所词典编辑室．现代汉语词典（修订本）[M]．北京：商务印书馆，2001：1225.

只要抓住彼此些许的空闲时间都要进行一番热烈的讨论。几乎他们所有的业余时间都被这种讨论占据着，通宵达旦也是常有的事。这样一种一以贯之的探索热情，恰是奥林匹亚科学院给予爱因斯坦的宝贵的精神食粮，爱因斯坦正是因此而创造出了许多科学的奇迹。

在经济学界，同样存在着思想创新来自学术沙龙的情况。比如1960年A. 迪瑞科特邀请英国学者R. 科斯以及米尔顿·弗里德曼、乔治·斯蒂格勒等经济学领域的顶尖高手们总共10人相聚在他的寓所聚会座谈。饭后，他们就科斯在其发表的《联邦通讯委员会》这篇文章中有关权利界定的观点提出质疑。科斯是孤立无援的，他单枪匹马面对着众人的挑战，但这丝毫没有削减他的锐气，在这里，充分彰显出了人类最高智慧的激烈碰撞所发出的万丈光芒，最后竟然变成了经济学历史上一个光辉的奇迹。讨论到中途，科斯不再孤军奋战，他通过精彩的论辩点醒了其中一位学者，该学者也就是弗里德曼开始与科斯并肩作战，共同与其他学者展开激烈的唇枪舌战，在这一过程中，又有一些经济学家也开始接受科斯的观点。他们一直争论到深夜才散去，回首刚才的惊涛骇浪的争辩也都颇为震惊。正是在这样的学术氛围下，在这样激烈的讨论中，催生了20世纪经济学经典名篇《社会成本问题》以及经济学史上的一个重要流派——新制度经济学派。①

第四节　沙龙是培养创新人才的摇篮

创新是一个民族进步的灵魂，是国家兴旺发达的不竭动力。创新人才对民族的发展、国家的进步、学术及科研等方面的前进都发挥着强大的推动力作用，创新意味着不同于从前，意味着进步，勇于创新、善于创新、不断创新的人才是不断进步的人，勇于创新、善于创新、不断创新的国家和民族才是不断发展着的民族。“逆水行舟，

① 殷小平．学术沙龙：精神之家与创新之源［J］．大学教育科学，2006（5）：107.

不进则退”，只有不断创新，才能够使我们国家永久地屹立于世界民族之林，才能使我国繁荣富强，而创新人才的培养是完成这一理想的重要途径。

沙龙强调参与者间平等自由的对话、交流，这里没有身份地位的差别，也没有绝对的权威，每一个参与者都有权利平等自由地发表自己的看法和见解，也被鼓励对他人质疑问难、辩论切磋，这里期待各种思想激烈地碰撞出奇异的火花，这里是宽容的，也是轻松的，没有那么多的限制和拘束，只要发言者言之成理，就事论事并保持最基本的礼貌即可。在这种环境下，参与者能够敢于说不，敢于提出不同的观点和见解，敢于质疑和问难，这种批判的精神本身就已暗含着创新，创新意识以及创新能力的培育和发展便在无声无息中开展了起来。

多种学科的交叉与融合是创新的另一重要源头，它为创新提供了强大的知识储备，拓宽了思考的范围。当代学科呈现着高度分化又高度综合的新趋势，重大突破性的科研成果以及新的学术思想的萌发、新的学术生长点等，往往于不同学科的交叉与融合之中产生，人类重大问题的解决思路与方法也往往需要多学科知识的协同作战与合力攻关，而沙龙刚好为此提供了一个多学科相互交流、借鉴、吸收的场所。在沙龙中总是存在着拥有不同学科背景的人们，通过表达自己的观点以及倾听他人的观点，参与者们便在无形中开阔了视野和思路，见识并汲取了不同的思维方法，了解了同一问题的方方面面，接触并思考了很多自己曾经思想的“盲区”，促进了学科间的相互理解。当这些宝贵的资源经过一定时间的酝酿和消化吸收以后，也许会在某一时刻甚至当时就获得某种突破性的启发，创新便应运而生了。因此，沙龙所提供的多学科相互交流、探讨、切磋、借鉴吸收的环境非常有利于培养创新人才。

沙龙给人带来的不仅仅是知识和见识上的增长、各方面能力的提升，更重要的是沉浸在沙龙那种浓厚的学术氛围中的一种精神享受。参与者在沙龙中保持着高度的注意力，一刻不停地分析和思考，大家互相交流切磋，群言相激，好不热闹。这在无形中形成了一种浓郁的学术氛围，人们沉浸其中，并被其感染着，在这种学术氛围的影响下，参与者致力于学术的热情，以及问题意识、探究精神被充分地调动起来，这种影响甚至会扩展到沙龙之外，使得探究精神和问题意识成为他们一以贯之的学术精神。探究孕育着创造，众多的创新无不是在不断的探究过程中得来，问题意识和探究精神的树立正可以提高探究能力，为未来的创新打下良好的基础。

沙龙就像培养创新人才的摇篮，生成于其中的批判暗含着创新，探究孕育着创新，多学科推动着创新，这三者相互配合，使创新人才得以在这摇篮中茁壮成长。

沙龙以独特的形式和显著的效果为人们所追捧和推崇，它在直观地提高沙龙参与者的知识水平和眼界视域的同时，也锻炼和提高着沙龙参与者的思维能力、倾听能力、表达能力、社交能力和为人处事的能力，可以说是对人的全方位的培养和提高。这一点很多教育方式很难做到，然而沙龙却得天独厚地具备着优势。

一、思维能力培养

思维能力无论对于个人还是对于整个国家民族，都非常重要。历史上许多著名的人物对思维能力的重要性给予了肯定。恩格斯说，思维是地球上最美丽的花朵；美国教育家贝斯特说，真正的教育就是智慧的训练；英国教育哲学家赫斯特也强调，教育的中心目的是向学生传授主要的思维形式。而可以培养和提高思维能力的方式有很多种，沙龙便是其中之一，且沙龙能不带有任何目的性地、润物细无声地使人的思维能力得到训练和提高。

沙龙促使人们不断地根据别人所说去静心倾听，并深刻理解、分析、判断，进而形成并表述自己的观点，与此同时别人也在进行着倾听、理解、分析和判断，这样，才能使话题得以进行，并且产生真正的交流和对话。如果没有对他人所述的一系列思考和判断，就无法进一步深化自己的看法，也无法理解接下来大家所谈的内容，也就使得以对话为主的沙龙无法继续。而置于教育过程中，沙龙本身所具备的平等尊重、宽容接纳的氛围使得师生之间不再拘泥于传统的教育关系，学生不再是一味接受知识的“存储器”，教师也不再是介于书本和学生之间的知识的“权威搬运者”，学生们在沙龙中可以自由自在地思考，他们可以探寻某个知识是怎么来的，可以提出“为什么这样”“不这样会如何”“那样会不会更好”等类似的问题，也可以对书本、对老师，或对其他同学进行质疑问难、展开激烈讨论。他们开始成为真正的思考者，在思考的过程中能更加深刻地理解和消化知识，并且在吸收知识的过程中解决与此相关的疑问。

在这样氛围中，学生们学到的不仅仅是单个的知识，而是不仅限于书本的知识网以及分析并解决问题的能力，也即思维的能力。同样，教师的角色在沙龙中也有所转变，教师们在备课过程中的任务也较以前更重。为应对学生们提出的各式各样的问题，教师不仅要熟悉书本知识，还要围绕书本知识进行更深入的思考和发散，因此，教师的思维能力在备课之时就已经开始得到了锻炼和提高。

二、倾听能力培养

倾听不单是重要的沟通技巧，更是一个人的素养、内涵的充分展现。沟通过程中，大致包含四种沟通行为：倾听、交谈、阅读、书写，其中倾听的时间所占的百分比最高，为40%，其次才是交谈、阅读和书写。由此可见倾听在沟通过程当中是有着极重要的地位的。倾听是一种积极地、有意识地主动获取信息的行为，它以理解为基础，任何不以理解为基础的倾听都不叫倾听，任何没有倾听的沟通也都不能算是有效的、成功的沟通。另外，温德尔·霍姆斯认为，听是智慧的特权，倾听表达了听者对言者的一种尊重，而且只有懂得倾听的人才能够从沟通中获取更多的收获。

沙龙是人们聚在一起进行的一种平等、自由、开放，包含多样互动的交流活动，在这里有分享、有共鸣、有碰撞，但无论怎样，都要求沙龙的参与者具备一种能力，便是倾听能力。因为只有带着同理心去注意并理解、思考沙龙中其他人的看法和观点，才能够真正融入沙龙的交流过程。如若不然，大家众说纷纭，没有沟通的交汇点，沙龙也就不能称其为沙龙，而大家聚在一起的谈论也将变成各自独白的一盘散沙。因此，倾听能力是沙龙对其参与者的内在要求。

将沙龙运用于教育过程中，可以有效培养和提高学生同教师的倾听意识及能力。在传统教育关系中，教师处在话语权的主导地位，而且大部分时候都是教师说，学生听。而在沙龙中，首先要求教师树立全新的教育观念，改变看待师生关系的态度，要求教师发扬民主，提高自己的倾听意识，从拥有绝对话语权的权威者转变为与学生平等的会倾听的学习伙伴，以营造良好的氛围。

另外，沙龙需要教师身体力行，用自己切实的行为向同学们展示倾听所需要具备的注意力、理解力、判断力、概括力和记忆力等。教师在沙龙中要耐心地倾听学生的发言，准确理解学生所思所想，做好倾听的榜样。而学生在沙龙进行过程中，也要努力去倾听，一方面是理解思考并判断发言者的观点思路，以保证沟通得以有效地持续下去；另一方面要尽可能地准确理解发言者的观点，避免因自己倾听的失误或疏漏而造成不必要的误解。当所有人都努力倾听时，整个沙龙会形成一种浓厚的学习氛围以及一种和谐尊重的气氛，这种气氛能促进沙龙的教育效果得到最大化的发挥。

三、表达能力培养

有效准确的表达可以使倾听者准确全面地理解发言者的观点和想法，是有效沟通所应具备的另一重要能力。表达能力的强弱，决定了他人理解自己的程度，影响着沟通的成效。一个好的想法，如果没有良好的表达能力予以辅助，则有可能因为表达得不好而削弱其说服力，甚至有可能引起误解。

沙龙是一个提高表达能力的好地方。“三人行必有我师焉”，在沙龙中，可以通过互相之间的沟通交流，观察并学习表达能力强的人的表达方式、方法，同时在沙龙中不断地尝试练习。沙龙鼓励人们大声地表达，而且沙龙的整个过程都是由不同的人接连不断的表达而构成的，在这种氛围下，每一次表达都是自己提高与进步的大好机会。在传统教育关系中，在课堂上学生表达的机会是很少的，基本都是教师在说，偶尔会穿插一些简短的提问。而沙龙却并非如此，它提供了一个师生平等交流的民主的环境，学生们不必等待老师的提问才可以在课堂上讲话，而是有观点有质疑就可以随时表达出来并得到回应。大家互相交流、切磋，学生与学生之间、学生与老师之间，总是在就某个问题不断地交换着彼此的看法，为了使对方更加理解自己所说，每个发言者都尽其所能地想要表达清楚。正是在这样的一种环境中，沙龙参与者的表达能力一步步得到提高。

四、交往能力培养

沙龙规模有大有小，但无论其规模大小如何，沙龙中总是由各式各样的人组成，每个人都是独特的个体，有着区别于他人的显著特性。在沙龙中，人与人间的交往、交流是普遍的，是贯穿于沙龙始终的，因此恰当地识别人与人之间的差异性、有效地处理人与人之间的关系就显得尤为重要。

沙龙可以使人学会彬彬有礼。人与人之间和谐关系的基础以及前提便是相互的尊重，而彬彬有礼则是表达尊重的一种很好的方式。当别人分享过后懂得感谢，当认同别人的观点时予以肯定和赞扬，当怀疑或不认同别人的观点时知道如何恰当合理地表达等，都是彬彬有礼的体现。在沙龙中，人们可以通过观察他人以及自己身体力行去培养彬彬有礼的习惯。

沙龙可以使人学会如何巧妙地处理摩擦。在沙龙中，难以避免地会出现观点的碰撞与摩擦，很多人会在沙龙中争论得面红耳赤。争论的过程有时候是很不讲情面的。然而毕竟这类交流不是针对个人的人身攻击，也不存在对他人的歧视偏见等，争论过后总是要以某种和平的形式收场，使得沙龙恢复到和谐的状态，这就需要争论者巧妙机智地处理好这种摩擦，这非常需要随机应变能力以及包容心。在学会更好地处理观点上的摩擦这一方面，沙龙相比起其他的场所，有着得天独厚的优势。

沙龙可以使人学会如何选择并结交朋友。沙龙中会出现一些让自己感到钦佩或者有共鸣的人，人们都有着想要亲近这些人的本能，成为朋友便是一个非常好的办法。然而结交朋友也是一门很大的学问，需要在实践中不断地摸索。沙龙刚好提供了这样一个环境和氛围，人们不仅可以发现与自己志趣相投、脾气秉性相和的人，还可以在沙龙不断的交流互动中想办法结交朋友并加深友谊。

第十章

学术沙龙课程化的案例分析

与理工科教育相较而言，学术沙龙更易于被引入文科教育中，甚至可以进行沙龙课程化的探索实践。深圳大学高教所形成了一套研究生“学术沙龙课程化”的教育体系，取得了良好的教育效果，下面以深圳大学高教所培养文科研究生为案例，分析学术沙龙课程化。

深圳大学高教所成立于1986年，教师多毕业于国内高等教育重镇厦门大学和华中科技大学，传承着潘懋元先生和朱九思先生的学术精神和精心培育研究生的理念，将学术沙龙贯穿于整个研究生教育过程中。学术沙龙形式既有独立于课堂之外的沙龙，也有融渗于课堂之中的沙龙式课堂，还包括平日闲暇里师生相聚时刻所自然展开的师徒式沙龙。

在高教所，学生们平时上课都在1700会议室中。这里有一张几乎占据了整个房间的椭圆形会议桌，四周围着许多的椅子。由于这里经常召开学术沙龙，来的人众多，因此在会议室的墙边，也满满地摆着一圈舒服的靠椅。这里完全没有普通教室那种冷清又严肃的感觉，而是洋溢着一种温馨与和谐的氛围，还能够感受到浓浓的学术气息。学生们每天上课都围坐在教室中央这张椭圆形大桌旁，面对着彼此。对于所里的学术沙龙以及沙龙式课堂来说，在这里开展更能够找到沙龙的感觉，这样的方式使得大家的眼神交流更加方便和频繁，互相可以观察到彼此，并且这样面对面的围坐使得气氛也变得更加和谐和轻松自然，促进了交流，尤其是讨论起来，大家你一言我一语，围坐在一起，好似一场热烈的聚会，而不是学生全部面对着黑板的严肃课堂。在这里，沙龙能够更加自然地展开，使得沙龙的教育意蕴得以充分实现。

在多年的研究生培养过程中，深圳大学高教所的学术沙龙形成了自己的特色和品牌，具有“全员性、全过程性、持续性”的特点，它贯穿于研究生教育的全过程。高教所创设的“跨学科学术沙龙”“沙龙式课堂”“师徒式沙龙”非常具有特色，使得所里的同学们都能够参加到沙龙中来，从不同的沙龙中获得不同的收获。同时所里的老师们怀抱着高尚的教育情怀，长期不懈地将这种研究生教育方式坚持下来，并不断地进行反思、调整，使得这种文科研究生教育方式成为一种真正行之有效的教学实践，能够在真正意义上提高文科研究生的教育质量。

下面分析其中的“跨学科学术沙龙”“沙龙式课堂”“师徒式沙龙”等几种学术沙龙形式。

第一节　跨学科学术沙龙

深圳大学高教所的“跨学科学术沙龙”，是独立于课堂之外的沙龙，但也是一种课程化的学术沙龙。

一、课程化跨学科学术沙龙

2006 年 10 月开始，深圳大学高教所创办了“跨学科学术沙龙”，迄今已成功举办了近 200 期。深圳大学高教所的跨学科学术沙龙以学术性、开放性和跨学科性在国内高教研究界形成特色品牌，来过深圳大学高教所的知名学者无不对其富有特色的跨学科学术沙龙大加称赞。十几年来，先后有100多位专家学者莅临高教所讲学和进行学术沙龙，他们有来自深圳大学校内的专家学者，包括师范学院、文学院、管理学院、社科部、理学院、计算机学院等不同院所的专家学者；也有来自国内其他院校的专家学者，包括厦门大学、华中科技大学、清华大学、华南师范大学、西北师范大学、华东师范大学等院校的专家学者；也有来自日本、韩国等国家的外籍专家学者。著名专家学者潘懋元教授、刘献君教授、胡德海教授、尤西林教授、王伟廉教授、吴岩教授、别敦荣教授、卢晓中教授、黄福涛教授、张应强教授等都曾莅临高教所讲学。

每一次沙龙都由不同的专家主持、有不同的主题，他们所讲述的内容并不局限于高等教育学的领域，但又与高等教育息息相关。下面简单列举一下所讨论主题，即可窥见一斑。

例如，潘懋元教授畅谈“高等教育改革与发展”，别敦荣教授畅谈“高等教育地方化和地方高等教育发展”，刘献君教授畅谈“对高等教育若干问题的哲学思考”，王伟廉教授畅谈“高等学校人才培养模式创新与质量工程”，尤西林教授畅谈“现代性与时间”，黄福涛教授畅谈“国外主要国家高校课程改革的现状与趋势”以及“高等教育质量保证的国际动向与挑战”，张应强教授畅谈“我国高等教育改革的反思与再出发”，吴岩教授畅谈“关于本科教学评估的一些问题”，杨移贻教授畅谈“论高等教育核心质量”，张祥云教授畅谈“后现代主义教育思想审思”，李均教授畅谈“中国高等教育学科的创建过程及其重大意义”“作为一级学科的高等教育学”，肖海涛教授畅谈“国学复兴与通识教育”“杨叔子的教育思想”“潘懋元的高等教育思想与实践”，张文俊教授畅谈“数学中的辩证性”，胡弼成教授畅谈“教育能给人带来幸福吗?”，杨锐教授畅谈“重新审视东亚高等教育”，徐晋如博士畅谈“如何重构传统人文主义教育”，尹玉海教授畅谈“基于天机的人类文明思考”，张得保教授畅谈“太极拳流派传承、理论源泉及应用研究”，等等。

这对于学生们来说，是一个又一个的学习机会，是一个又一个领略名家风采，近距离向大师们学习、请教、切磋的大好机会，从学科领域大大开阔了学生们的视野，激发着学生们的多学科思维和创新思维，使得他们可以站在更高的角度，更宽的视野下去学习、研究和探索，于多种学科思维的综合、观点的碰撞中激发出创新的火花。

前面已经谈到，潘懋元先生的周末家庭学术沙龙。高教所的沙龙继承了潘先生的学术沙龙的特点，也继承了华中科技大学朱九思先生当年经营华中理工大学高教所（后发展为华中科技大学教育科学研究院）倡导的学术例会的精神。在继承的基础上，高教所的跨学科学术沙龙又结合自身实际，形成了自己的特色。

大体来说，高教所的跨学科学术沙龙倡导教学相长、平等和谐、开放包容，具有“制度化、多元化、课程化、持续化”的特点。

（1）制度化。

从组织形式上来说，它是“讲座＋沙龙”，通常是由一位主讲人就一个学术问题进行专题讲座，但它不同于一般的学术讲座的地方在于，讲座结束后师生们围绕这一主题展开充分讨论，畅所欲言，往往还会引出新的话题。时间上，一次沙龙通常需要一整个下午，或是一整个上午；制度上，要求每位学生认真参加，且要求学生记笔记。

（2）多元化。

跨学科学术沙龙面向宽阔的学术领域，涉及教育学、哲学、法学、政治学等多个学科领域。沙龙话题宽泛，而且既有学术上的探讨，也有生活上的观照；既有政治、经济、文化的动态，又有教育上，特别是高等教育上的热门话题。而且，不同的主讲人学术风格也各不相同。

（3）课程化。

这种跨学科学术沙龙是作为一门研究生综合课程，列入每位研究生培养计划的，计 1 个学分，因而要求研究生必须参加。而且，在发布沙龙信息公告后，要求学生就讲座内容搜集相关资料，算是“课前预习”。每到期末，还要检查研究生参加沙龙的听课笔记。

（4）持续化。

跨学科学术沙龙定期举办，基本上固定每周一次或每两周一次，且已成为高教所传统，到目前为止，已经办了近 200 期。

沙龙的每一个主题都不是用两三个小时可以说得透彻的，学生和专家和老师们一起探讨，每次沙龙结束都会留下许多思考的议题。沙龙之前，有的同学会提前了解主讲人的学术背景和学术兴趣；有的同学会就主讲题目提前查阅文献、思考和准备；有的同学会带着问题听讲，准备提出问题；有的同学关注主讲人的研究思路与方法等。平等尊重、宽容接纳、开放自由、群言相激是沙龙的常态，“严谨地对待学术，宽容地对待学者”是对学问、对学者的法则，也是做人、做学问的法则。沙龙之后，学生们大都有种意犹未尽之感，期盼下次沙龙的到来。

一场场学术沙龙为研究生们拓宽了视野，激发着研究生们对高等教育理论与实践问题的思考与探究。在这样一种自由融洽的环境中讨论学术，很容易迸发出新的视点。很多研究生会把自己感触很深的话题记录下来，发到空间、朋友圈和大家分享，又引来新的学习、探讨。不少研究生对某一感兴趣的话题收集资料，形成自己的观点，发表文章，有的还从沙龙中找到了自己硕士论文的选题。

经过学术沙龙的熏陶，研究生不仅能够在开放的学术氛围中获得新知，而且会在无形中受到组织者或主讲人严谨的治学态度、渊博的学识的陶冶。

同学们通过参加沙龙，与主讲人之间、与教师之间面对面交流对话，不仅能够学习不同学科领域的知识和学术观点，更能训练思维方法，拓宽学术视野。这些收获是单纯的课堂教学，尤其是传统课堂教学所不能提供的。沙龙不仅仅是学术的传播，还有情怀的传承。很多研究生一学期见不了导师几面，更别说师生一起谈学术，谈情感，谈情怀。而深圳大学高教所学术沙龙和跨学科学术沙龙课程化，不仅联结了师生的情感，更传递了一种情怀。

研究生在学术沙龙的春风化雨中不知不觉地将知识内化，还提升了自己的道德修养和人文情怀。深圳大学高教所1700会议室的墙上，挂着已经毕业的研究生所书写的“春风化雨”牌匾，正是学生心声的反映。

二、跨学科学术沙龙精彩片段举隅

（一）沙龙精彩片段之一

张应强教授“我国高等教育改革的反思与再出发”学术沙龙

沙龙的准备

进行一项活动，前期的准备工作必不可少。由于高教所的沙龙一贯本着开放的态度进行，所以不限制参加的学生数量，高教所会在本所的网站和学校的公文通发布通知，全校的学生会在第一时间知道沙龙的主题、嘉宾等信息，感兴趣的学生都可以参加。

沙龙的进行

沙龙开始，由高教所的所长介绍张应强教授的基本情况，以及此次他主讲的沙龙的主题。张应强教授是我国中青年高等教育研究学者，长江学者，华中科技大学教育科学研究院院长、教授、博士生导师，中国高等教育学会高等教育学专业委员会理事长，享有国务院特殊津贴的专家，兼任《高等教育研究》杂志副主编。此次他讲座的题目为“我国高等教育改革的反思和再出发”。

在大家热烈的掌声中，张教授开始了他的讲座，讲座围绕我国高等教育领域自新中国成立，尤其是改革开放以来的种种改革做出了从具体到概括的详细解析，并用辩证的态度对改革做出了评价，提出了优化方案。整场讲座共分为六个部分：改革开放以来我国高等教育改革的基本特征；政府推进高等教育改革的权力边界问题；高校的法人法律地位问题；面向社会依法自主办学的法人实体；高等教育双重体制的形成及其后果；高等教育再出发。

张教授最后说，本次讲的内容批判性的东西比较多，但他反复强调，我们绝不能否定改革开放三十年来我国高等教育改革取得的巨大成就。不过在此基础上，我们更应该反思，看到发展的不足，继续向前迈进，这样才能让我们的高等教育不断良性发展。

虽然大家在听讲座的过程中，有很多疑问，但是为了尊重主讲人，不打断他的思路，大家将自己的所思所想记录下来，等张教授把主要的问题和观点说明白后再提出自己的疑问和见解。不过这次沙龙由于时间所限，很遗憾没有机会向张教授请教问题，或与他交流讨论自己的看法和疑问。大家已经摩拳擦掌，将自己的问题记录下来，等下次张教授来的时候再与他进行讨论。

沙龙的最后环节是由老师们对这次沙龙进行总结，李均老师指出，张教授这次沙龙内容非常丰富，信息量很大，提出了很多非常重要的观点，“高等教育改革”这个话题不是一个青春的话题，如果没有一种冷静的、理性的学术态度和社会责任感，很难对这些问题做出全面细致的思考。沙龙在大家雷鸣般的掌声中结束。

后期总结

沙龙在 2 小时 40 分钟之后结束，但对话题的探讨却没有结束。在这之后会有一名研究生对沙龙的内容进行整理，并写出一篇通讯稿，这不仅可以温习沙龙的内容，为大家回味这次沙龙留下宝贵的一手资料，还能锻炼研究生的分析总结能力。

张教授为深圳大学高教所的师生以及教育系的其他老师做了一场深刻又诚恳的学术讲座。张教授为人随和、平易近人，他对待学术的执着和追求、做学问的严谨态度以及他那强烈的社会责任感都深深地感染着每个参加沙龙的人。

（二）沙龙精彩片段之二

肖海涛教授“潘懋元的高等教育思想与实践”学术沙龙讲座内容摘录

梅贻琦的“从游论”提出：“学校犹水也，师生犹鱼也，其行动犹游泳也。大鱼前导，小鱼尾随，是从游也。从游既久，其濡染观摩之效，自不求而至，不为而成。”跟随大师求学，得到的是耳濡目染。

解读潘先生，他的学术人格中有两个特点：一曰“诚”；二曰“闯”。

一曰“诚”。《礼记·中庸》说：“诚者，天之道也，诚之者，人之道也”，“诚之者，择善而固执之者。”认为“诚”是天的根本属性，努力求诚以达到合乎诚的境界则是为人之道。潘先生的“诚”体现为：

(1) 赤诚向学，“岂甘终暴弃，老大徒伤悲”；

(2) 忠诚教育，“如果有来生，我还愿意做教师”；

(3) 精诚开拓，“板凳敢坐十年冷，文章不写半句空”。

二曰“闯”。“明知山有虎，偏向虎山行”。一方面，体现出潘先生敢闯敢干、大胆创新的精神；另一方面，“知”只是道听途说，而要想真正做到“知”，是要自己亲自实践的，做到知行合一。

沙龙中的讨论

什么样的人才能被称作“大师”？

教育者应该具有什么样的情怀？

如何克服前进中的障碍？

……

解读潘先生，不仅仅是学习他的理论、他的思想，更重要的是要学习做人的道理，而这些道理往往是伴随我们一生、终生受用的。

第二节　沙龙式课堂

深圳大学高教所在研究生培养中，探索了一种可以名之为“沙龙式课堂”的教育实践。称其为“沙龙式课堂”，是因为它既有正规课堂教学的特征，又有学术沙龙成分，是将沙龙融渗于课堂教学之中的一种教育形式。也可以说是课堂与沙龙融为一体。

高教所的“沙龙式课堂”，表现为“以课程为名称、以教师为主导、以学生为主体”。如果要做类比，也许有些类似于 18 世纪出现在德国的习明纳教学。

高教所的教师骨干如张祥云教授、李均教授、肖海涛教授等都是我国高等教育学泰斗潘懋元先生的弟子，在教学上传承和发扬了潘懋元先生的“学习—研究—教学实践”三结合教学方式，形成了“沙龙式课堂”教学方式。这种教学方式的基本思路是：导师在一门研究生课程的教学过程中，通过精心的组织和安排，引导研究生在课堂学习中把学习、科学研究和教学实践活动三者有机结合起来，富有成效地完成该门课程的教学任务，使学生不仅系统地学习一门课程，而且能深入地钻研一个或几个课题，并在课堂上做教学汇报。[①]

这种“沙龙式课堂”，除了要求学生带着问题自主研究外，课堂教学通常分为两大部分。第一部分，“教师主演，学生主体，师生共激”；第二部分，“学生主演，教师导演，师生共激”。

一、教师主演，学生主体，师生共激

第一部分的步骤通常是，教师根据所开设的课程，导出主要内容和方向，设计若干个主题，每个主题都巧妙地将该门课程、该学科的知识融会贯通，将分散的学科知识及人文教育教化等，整合互通、“打

① 李均．大学的良心［M］．北京：中国文联出版社，2017：114.

包”在一起，进行主题讲授。课程教学过程中，融入沙龙式探讨。课堂教学如果仅靠教师说、学生听，学生依然处于被动地位。但是，这个问题随着沙龙的融入而得到了解决。在高教所的课程教学中，教师和学生们共同围坐在会议桌旁，彼此平等尊重，进行学术讨论，不仅教师可以对学生分享、提问、质疑和辩论，学生也可以在教师讲授的同时随时发言、分享和提问，甚至质疑、辩论，在这里，宽容接纳是一种原则和常态。

比如，张祥云教授讲授的“高等教育哲学”课以 14 种关系，28 个词语划分为 14 个主题与学生们分享。这 14 个主题分别是：科学与人文、科学与宗教、道德与宗教、美与真善、科学与审美、传统与心性、道理与人文、人事与心事、对话与理解、隐喻与精神、知识与教育、现代性与个人、忙闲与精神、象与象思维。每个主题都很简短精练，但仔细琢磨又有着颇深的意蕴，有着很大的探讨空间以及教育价值。

刚开始，学生大都感到茫然，不知从何说起。随着张祥云教授运用通俗易懂的语言、精巧恰当的隐喻及故事，启发诱导、循序渐进、设疑解答，一步步带领学生走近哲学，又一步步推动着哲学贴近学生的生活实际，再通过学生们在这一过程中的踊跃分享、讨论和积极提问、质疑以及学生和老师的不断互动，使得学生们对于哲学、对于生活有更进一步、更深层次的感悟，进而达到多方面的教育目的。

再如，肖海涛教授是一位极具知性和女性魅力的教授。她对学生温和而开朗的态度，让见到她的学生总是感觉温暖，心情大好。在她的课堂上，总是鼓励学生们多说，她将课堂交给学生们，让他们去展现自己，去讨论切磋、相观而善，学生们感受到一种自由自在、无拘无束而且活泼轻快的“闲谈”气息。在肖海涛教授表述每一句话、每一件事的时候，都是那样地富有情感；在她讲到某段自己非常喜欢的话、某个非常敬重的人，或者是与学生们交流讨论之时听到学生们有新奇的、有价值的、有意义的分享或观点，喜悦之情便会溢于言表，会非常兴奋地表达出来并加以分析和赞赏；如果学生在某些地方出现严重不妥，她又会马上变得严肃且严厉起来，但她轻易不批评学生，有时是用激动的语调加上合理的、恰当的语言去表达出她的不满和你需要改进的地方，有时直接默不作声，一声叹息足以让你自省。你会被她的感情所深深地感染和影响着，整个课堂的氛围都随着她而变得活跃起来。

作为哲学家涂又光先生的学生，肖老师信奉涂先生所说的教育“反刍说”，即学生的学习同牛吃草一般，先将知识“吞”下去，之后再慢慢反刍、消化。运用到教学中，肖老师要求学生们课后“温故知新”，写“反刍”，整理反思每次课的所学、所思、所想，并围绕课堂中自己感兴趣或有疑问的地方进一步深入研究，在下次课上课前做汇报、分享，老师和其他同学进行点评和讨论。这便是肖海涛沙龙式课堂中一个很有特色的环节——“反刍”。

这种反刍促使研究生们学会思考，并课外自己进行知识拓展，提高研究能力。同时，反刍又促进学生“相观而善”。反刍也提高了研究生的沟通表达能力，学生们通过分享以及与他人就其分享进行互动交流的过程，使得其沟通表达能力得到提升。反刍对于研究生的逻辑思维能力也大有裨益，通过课下整理反刍的过程，学生们面对着大量的信息要想办法将其组织起来，有时候灵感突现甚至会将反刍洋洋洒洒地变成一篇小论文，这对于逻辑思维能力是个极大的挑战和培养。

反刍分享环节，需学会倾听他人的收获和观点，互相提问和讨论，交流切磋，有助于自己观点的补充和完善，有助于激励学生们进行更深入的思考以及课后更细致广泛的研究和分析。这样，一个问题发散开来，新的知识生长点就在围绕所学知识进行思考和整理之时出现，这些新的知识和思考又可以衍生出许多新的议题，如此周而复始、循环往复，使得研究生学习的主动性得以强化和提高，同时又激励着他们对学术研究的热情，提升着学术研究的能力，养成了探究精神和探究意识。

二、学生主演，教师导演，师生共激

这一部分，根据教师布置的任务，学生经过充分的自主钻研之后，由学生根据专题轮流主讲，之后教师点评、学生之间相互点评，形成一种相互激发的教育氛围。

这个部分通常在每学期的最后一个月或一个半月进行。一般来说，每位老师都是这样安排的：在学期伊始，每位教师会根据自己本学期教授课程的课程目标，精心设计出若干个研究专题，并打印出来分发给学生们阅读。在这些研究专题中，或根据学生的特点由教师指派专题，或由学生自行在其中选择，如果在这些专题中有学生不满意的或是学生自己有特别想研究的其他专题，在与老师商讨以后，可以另外选择专题进行研究。若一门课程在一个学期安排给一位学生若干个专题，那么学生将和该门课的老师共同商定，每一个专题的研究期限是多久，所有的专题一个接一个地前后衔接，串联起来贯穿于整个学期。每一个专题到了研究期限便马上做分享汇报，这一轮结束后又马上开始下一个专题的学习和研究，然后是汇报。若一门课程在一学期只安排给一位学生一个专题，那么该专题的研究期限则为一个学期，从学期开始到学期结束的前一个月为止。

在专题研究期间，学生们需要充分利用课外的时间进行相关研究，并结合上课所学内容，以及与老师、同学们经常性的交流、探讨，以解决某专题所涉及的问题。在汇报之前形成一篇规范的小论文式的文档以及精美的 PPT，供与大家分享汇报时使用。每学期的最后一个月，课堂将完全交给学生们，由学生们分别到台前汇报自己的研究成果，每堂课都由一组或若干组“主持人＋汇报人”组成。每一个人汇报完毕，在对应主持人的统筹下，先由学生们自由评价和讨论，再由老师进行总体评价，或者穿插着来，最后再由主持人做总结。如此往复，直到所有人都分享汇报完毕。最后，再由学生们根据前一环节老师和学生们的点评、讨论以及指导，修改撰写的文档，最终完成这一研究过程。

高教所每位老师每学期设计的专题很多，虽然在实际授课过程中，根据师生的讨论，学生并不一定完全按照每学期第一堂课选择的研究专题完成研究，但其主体是不变的。

分享过程中，主讲人要专门交代为何要选这个问题，这个问题别人已经做了什么，我研究这个问题采用的方法是什么，主要的观点和结论是什么，研究中的主要困难和未解决的问题是什么，等等。主讲人之外的每个人都是“评审专家”，要对主讲人的内容做出专业上的点评。[①]

当汇报人汇报完毕，便是师生们进行点评。点评的环节往往相当激烈，有的同学观察问题角度独到又切中要害，会直接点出汇报者研究的不足。如果汇报者认同此说法，便会虚心接受；如果不认同，或者认为发言者并未真正领悟其所指，便会展开激烈的争辩，有时甚至会争论到面红耳赤，有一股浓浓的硝烟味；有的同学思考问题深入，会为汇报人的研究提供一些更好的改进建议或者补充内容。有的同学研究做得很扎实，讲得又非常到位，会获得大家来自各个维度的好评；有的同学的研究问题很多，你会发现，同学们会纷纷提出其不足和改进建议。

在这一环节中，师生之间、同学之间都是平等的，并且整个氛围都是宽容接纳的，大家虽然会有问难和争辩，但也只是针对学术，并不是针对个人。每个人都可以畅所欲言，充分表达自己，并被他人所理解和接纳。这种方式不仅可以使知识共享，还可以锻炼学生的创新思维，也可以激发创新想法。

但这并不意味着可以不讲礼貌。人与人之间的尊重和礼貌还是最基本的，就像张祥云老师经常强调的“说话要讲究方式，让别人能够接受”“要学会看到他人的优点，点评时要先分享你看到的优点，再指出不足”等。老师往往在接近尾声时发表评论和见解，对刚刚整个过程进行总体评价。这其中通常涉及发言学生的教姿教态、对研究内容的评价和建议，还会涉及对其他同学的点评内容和方式的看法及建议。

学生经过这一步骤充分地体验了课题选择、搜集整理资料、分析研究、教学汇报、学术讨论、论文写作等过程，从被动的学习者，变成了主动的思考者，大家分享关于同一个问题的观点，也能看到不同的人对同一个问题切入的角度各有不同，进而得到了诸多专业上及个人能力上的提升。

---

① 李均．大学的良心［M］．北京：中国文联出版社，2017：118.

第三节　师徒式沙龙

在深圳大学高教所，师生间的关系亲密，形成了一种更加生活化、轻松化的“师徒式沙龙”。

师徒式沙龙，顾名思义，就是以导师及其学生为主体所开展的沙龙。这种师徒式沙龙的形式丰富多样，开展起来也没有太多的条件限制、场地限制等，只要学生与导师在一起交流便热闹起来，便可以成为一种具有高教所特色的特殊形式的沙龙。这种沙龙形式似乎更加接近于西方沙龙诞生之初本来的样子。

在深圳大学高教所，师徒式沙龙都是随意而自然形成的。交谈的内容是很随性的，或生活或学术，或兼而有之。比如，下课以后，学生与导师一起在食堂用餐，大家围坐在一起，边吃饭边交谈，不急不缓，享受着美食的同时又进行着分享，好不惬意。再比如，路过老师的办公室，忍不住进去和老师攀谈一会儿，有时老师身边已经围绕着其他的学生们，那便刚好可以加入他们。师生们都特别享受这样频繁又亲密的交往互动，因此，导师也会经常找机会主动召集学生们到自己的家中或办公室坐一坐，亦师亦友、亦生活亦学术，便海阔天空聊起来了。

例如，在肖海涛老师的办公室里，常会有围绕着许多她的学生们，包括已经毕业的学生，老师的办公室也常为学生们准备些小零食。这样，在读学生和已毕业的学生也联结起来了。在张祥云老师的办公室，则备有茶案和工夫茶具，可以坐下来边品茶、边聊天，他那富有哲理性的语言、偶尔一两个隐喻，每每让学生茅塞顿开。而在李均老师的办公室，聊天中则经常会爆发出开心爽朗的笑声。

每一次师徒式沙龙，都是很温馨的氛围，学生感觉不到来自教师权威的压迫感，老师自然而然地融入学生们中间。讨论多是先围绕学生的论文展开，接着漫谈开来，到吃午饭之时，大家都会一同去楼下食堂吃饭，继续着愉悦的交谈。吃饭之间，一次小小的沙龙又悄然展开了。同学们都非常喜爱这样与老师和同学们亲密相处的时光，对于师徒式沙龙有着难以割舍的情感。在这里，老师不仅是教师，也是朋友，像智者，似母亲……这里让师生之间感到家的温暖。学生和老师在一起，不仅能获得学问上的长进，而且可以悟得一些待人接物、为人为学的道理。

师徒式沙龙，是一种极其放松的沙龙，它不拘泥于形式，而是更加轻松自在，就像是一场场聚会，随意畅谈，随意走动和吃喝。导师是整个沙龙的主持人、引导者，在沙龙中起着润滑剂的作用。在深圳大学高教所，这种温馨和谐的师生情，就在这一次次师生之间的聚会中酝酿起来，随着时间的流逝，这情也就越发的醇厚，师生之间的关系也就越发的亲密、和谐、融洽；亲密无间的同学情，也在这种聚会中得以升华。

第四节　经验与反思

如前所述，深圳大学高教所的教育学术沙龙实践已经制度化，并呈现出问题性和开放性的特色，这也是深圳大学高教所沙龙课程化教学的有益经验。这种学术沙龙课程化的探索实践，对于研究生创新精神和创新能力的培养具有重要的作用和有益的启示。

一、制度化保障全员性与全过程性

深圳大学高教所的实践提供了沙龙课程化的范例。它不是仅将沙龙融渗进课堂，而忽略了课堂之外；也不是仅将沙龙独立于课堂之外，而忽略了将其融入课堂之中。深圳大学高教所对于沙龙的充分运用既包括独立于课堂之外的跨学科学术沙龙，也包括沙龙式课堂，还包括师徒式沙龙，使沙龙贯穿在研究生教育全过程。这不仅为沙龙提供了良好的开展环境和氛围，也为沙龙提供了制度保障。

在深圳大学高教所，学术沙龙课程化已经形成特色和传统，它是一种由于教师对学生和教育事业的坚持和热爱、由于学生对老师的敬爱与依赖、由于对于“家”的氛围的渴望而共同自觉地传承下来的传统，是高教所维系和加强团结友爱氛围的方式。

二、问题性激发探究性

高教所的学术沙龙坚持“学术为轴，问题为纲，探究为主”的主旨，贯穿于研究生教育全过程，且在实践中不断摸索和改进。在沙龙式课堂里，师生围坐在一起，秉持着追求真理的精神、宽容接纳的对话态度，围绕着一定的专题，海阔天空、畅所欲言，不必拘谨，不必畏惧权威，有疑问可以随时提出，也可以随时向老师质疑问难，可以随时分享自己的观点……分享、询问、讨论自然地贯穿于课堂之中，成为课堂中师生交往的主要方式。

深圳大学高教所所长李均教授曾对新入学的研究生们说过这样一段话：“同学们要更积极地参与，不要只是把自己当一个简单的听众。研究生的教学其实就是一种‘习明纳’，需要大家平等参加到讨论中。我注意到，大家目前还不习惯提问，特别是提专业的问题，这是不利于发展的。其原因也是角色没有转换，把自己当成被动的听众和学生，而没有当成主动的参与者和研究者。‘小沙龙’，我对每个听课同学提出一个要求：当教师做40分钟的专题发言后，每个同学都必须针对主题提出一个问题。这样就迫使你在听课过程中积极思考（想想我要问什么呀?），而不是简单地记笔记！教师回答要简明扼要，三言两语，一针见血，展示大家风范。”

深圳大学高教所还采取了一种专题作业的沙龙化教学方法。这是指学生们在学期初与老师共同商讨本学期要研究的某个与课程相关的主题，在学期末以“沙龙主讲人”的身份向大家做汇报与分享，其他人则作为“评审专家”，对沙龙主讲人进行点评。这样，研究生们不得不为了解决某一专题而进行一系列的资料搜集和研究。等到专题汇报时，同学们和老师在听完主讲人的汇报之后，会进行提问、点评和拓展，这样在连续不断的、热烈的互动之中，思维活跃，相互激发，一个专题不再仅是一个专题，而是扩大范围，从这个专题延伸到了其他领域的问题。这就有助于提升研究生们的研究能力和探究精神。

三、开放性营造和谐的师生关系和良好的学术氛围

教师们在沙龙中展现出的优秀的见识、良好的思维能力、严谨的治学态度等，都会引起学生内心的触动，学生的探究意识被更好地激发、学生的创新能力不断发展。研究生们在研究的过程中不断地追问“为什么”“怎么样”这样的问题，使得探究精神在这一过程中成为一种习惯。沙龙营造的师生之间的和谐亲密的关系，又反过来促进学术的进一步交流和探讨，形成浓厚的学术氛围。

深圳大学高教所的学术沙龙还创造了家一般的温馨氛围，整个高教所好似一个亲密融洽的大家庭，导师之间、同学之间、师生之间的关系亲密融洽。教师们不仅只关注学生们的学业，也关心关怀同学们的生活、情感。同学们在这里收获的不仅是学术上的进益，更增进了师生之情、同学之谊。

日本广岛大学黄福涛教授表示：“深圳大学高教所这几位老师非常的辛苦，大家都是在深圳这个地方，市场化影响应该是比较直接、比较明显的。能够坚守在这市场化日益侵蚀影响校园环境之时，勤勤恳恳指导学生、坚守岗位是非常不容易的。”“我在这里学到很多，特别是这种严谨求学的、对学问的投入的热情很受感染。这是我发自肺腑之言，今后有机会我要至少一年到这边来一次，和大家共同学习共同提高。”

深圳大学高教所2013届欧阳书亮同学在回忆学术沙龙对自己的影响时说：

> 每一次学术沙龙都让我愉悦地沉浸其中，学术分享带来的收获是能想所以想，想应当想，表达思想畅游后成形的语言，这是一种幸福。其一，沙龙较好激发了我们的问题意识，不管是抽象问题还是具体问题，大家的思维都有所拓展，并能用生动的、个性化的话语表达出来；其二，沙龙有效地引导我们有逻辑地分析问题、系统地分析问题，要有理论、有

思想、有事实、有历史，要从事实到价值，从西方回到东方，从现代回到传统等；其三，沙龙讨论的问题有的具备很高的理论水平，有的又很生活、很实际，体现出来的是一种教育的智慧。每个人的获得不一样，却都得到很好的成长。

还有学生说：

在读书的时候，每次都会准时参加所里的沙龙，不曾迟到也不曾请假，沙龙对于我、对于我们同学来说，都是一个拓宽学术视野的平台，所里经常请各个学科领域的专家教授，选取各种各样的主题来开展沙龙，高等教育学本身就是跨学科的高深学问，所以沙龙对于我们来讲，是一个极好的学习机会。而且，问题意识是研究生阶段要养成的一个非常重要的品质，沙龙结束之后是讨论环节，老师们也会从不同的角度去解读主讲人的发言主题，开展更深入的讨论，这也是我们学习的一个重要途径；学生的发言，是刺激我们思考的一个重要环节，是培养我们问题意识的重要环节，特别是可以促使自己发现问题，并寻找解决问题的途径，启发自己多读书。

还有学生认为：

我觉得每周的学术沙龙不仅是一种知识或方法的传授，更多的其实是一种潜移默化的影响，有点像教化的功能，尤其是后面的专门的交流讨论环节，老师和老师、学生和老师之间的一些交流，或者说有时候学生与学生、学生与老师之间观点的碰撞和争论，会更多地刺激到我，有一种头脑风暴的感觉。可能某一点平时上课并不能想到，但是恰好某个老师或学生提出了一种观点，恰好刺激了你。另外，当真正的“大咖”来的时候，他个人的学养、品格、职业道德、修养或多或少对我都有一定的影响。

深圳大学高教所的学术沙龙形成了一种良好的学术氛围。有人说，学生爱这里的学术氛围；有人说，这里可以见到很多大师；有人说，这里可以陶冶情操；有人说，这里可以激发他们无限的灵感、思维的活力，可以拓宽他们的视野；还有人说，这一期的沙龙刚结束，就开始期盼着下次沙龙的到来了；有人说，正是参加了高教所的沙龙，才对高教所产生了热爱，决定报考高教所的研究生，融入这个大家庭。

当然，深圳大学高教所的学术沙龙也存在一些不足，例如，如何更大范围内邀请到更多学者参与，如何让学生在沙龙前进行准备和事后进行总结等，还需不断地摸索和总结经验。

以上只是深圳大学的个例，不同机构在采用沙龙化教学方法时可以因地制宜、因时制宜地加以改进，但其宗旨都是要在沙龙过程中调动起大家的积极性、主动性，激起大家的求知欲、好奇心，使培养学生的探究精神成为可能。

第十一章

优化学术沙龙的策略探讨

学术沙龙具有良好的教育意蕴，然而，开展真正意义上的沙龙并非易事，能长期坚持更是难能可贵。可以说，沙龙虽好，但实施不易；实施可行，但奏效不易；奏效虽好，但坚持不易。促进沙龙教育意蕴的充分实现，需要一些有效的教育条件，诸如使学术沙龙制度化，灵活运用沙龙的教学组织形式；优化沙龙式课堂的教学过程；营造有益于沙龙实施的良好文化氛围等。

学术沙龙可以广泛地应用于研究生教育中。不同的组织单位、不同的学科都可以根据需要组织和开展学术沙龙，进行沙龙化教学，或者促进沙龙课程化。然而，文科研究生教育更适合或说更容易开展学术沙龙，因为：第一，文科类知识非常灵活，没有固定的答案，没有绝对的公理，教学重在思想的碰撞与激发；第二，文科研究生教学过程多以师生之间、同学之间的交流交往以及阅读分析文本资料为主，自由交流和发挥的空间大；第三，文科研究生教育的考核方式、成绩评定方式和标准等往往并不量化，更适宜沙龙课程化。

下面主要对学术沙龙在文科研究生教育中的运用进行讨论。

第一节 制度化：促进学术沙龙课程化

教育组织的学术性，是实施学术沙龙的根本基础，是学术沙龙得以存在和发展的基础。毫无疑问，研究生培养单位或培养组织是一种教育机构，也是一种学术机构。在研究生教育中开展学术沙龙，促进学术沙龙课程化，有利于活跃学术空气，促进创新型人才的培养，而这无疑首先要树立沙龙课程化意识，使沙龙制度化。

一、树立沙龙课程化意识，促进学术沙龙制度化

教育，不仅仅是教知识，更不是盲从既定的科学知识，对于学生来说，最成功的教育应该是学会学习，并且在为人与为学的道路上不断前进；对于教师来说，教育不仅是教学生，同时也是自我反思、不断成长的过程，是一个教学相长的过程。而不管是对学生还是对老师来说，积极组织和参与学术沙龙，都是一件有利于研究生教育质量的提高和创新性人才的培养的好事。

形成沙龙课程化意识和使沙龙制度化的前提，是教师的教育情怀与研究生的教育追求之间形成互动共激。沙龙具有深厚的教育意蕴，但其作用不是一朝一夕能够显现的，而是需要长期坚持不懈的努力。意识是决定是否行动、如何行动以及行动效果的重要因素，如果没有沙龙课程化意识，即使外在形式和沙龙一样，那也是生搬硬套，而缺少了真正的灵魂，不见得能够取得良好的效果。但如果具备着沙龙课程化意识，即使条件还不完全成熟，只要采取行动去努力改变和营造环境，使其适合沙龙的开展，并持之以恒地坚持下去，沙龙所具有的深厚教育意蕴一定能得到彰显。

一方面，只有教师真正热爱教育事业、充满对学术探究的热忱、怀揣大爱的教育理想、关怀每一位学生真正的成长，才能够有足够的动力将沙龙开展并坚持下去，为沙龙的质量严格把关；另一方面，学

生只有真正发自内心地热爱学习、勇于探索、敢于挑战和创新，充分发挥主动性和积极性，才能够使教师的教育情怀、教育理想得到积极的回应，才能够使沙龙真正开展起来，发挥它应有的作用。

教师需要有教育情怀。教育情怀源于“教育爱”。“教育爱”是一种对学术的追求和热爱、对教育事业的忠实和发自内心的热爱，是秉承着崇高的教育理想，一切为了学术、一切为了教育、一切为了每一位学生的坚韧的精神与坚定的信念。教育情怀实践着“教育爱”。拥有教育情怀的老师，也就是有爱心的老师，真诚希望通过自己坚持不懈的努力，能够使学生获得高质量的教育成果。具有教育情怀的老师，乐于用自己的教育智慧以及人文关怀去照亮每一位学子前行的道路。他们对待学生和蔼可亲、平易近人，而且懂得关心爱护学生，与学生之间的交往也往往采取平等的姿态，他们拥有着宽广的胸怀和十足的耐心去引导学生。他们真诚关爱每一位学生，能够做到心中有数，以便于因材施教。他们鼓励学生们多与老师展开自由的交流与探讨，在彼此交流探讨的互动中传递教育精神与人文关怀，让教育内容春风化雨般地被学生们自然吸收。

学生需要有教育追求。学生是否具有教育追求也是学术沙龙能否长期坚持并制度化的关键。只有学生具备着强烈的教育追求，才有着强烈的内在动力去致力于学术研究。这需要一种为真理而不断探究的精神，一种不畏权威、敢于挑战与创新的气魄。

当具有教育追求的学生与拥有高尚教育情怀的教师进行学术的交流，思想的碰撞、灵感的激发，沙龙的教育意蕴便能有效地实现。要使沙龙制度化，只有使沙龙课程化，使其按照一定的课程安排，有目的、有组织、有计划、有要求地长期坚持，这样，学术沙龙才能持续开展并制度化。正如大学发展的历史所表明的：“中世纪大学的历史加强了这样的观点，如果要使智力活动的契机不被消散，那么在取得学术成就之后，必须迅速作出制度上的反应。缺乏固定的组织，在开始时也许为自由探究提供机会，但是经久不息和有控制的发展只有通过制度上的构架才能得到。”①

---

① ［美］伯顿·克拉克．高等教育系统——学术组织的跨国研究［M］．王承绪，徐辉，殷企平，等译．杭州：杭州大学出版社，1994：4.

二、灵活运用不同的沙龙组织形式

完善沙龙组织形式是实现沙龙教育意蕴和促进沙龙制度化的重要条件。不同的条件下，可采用不同的沙龙组织形式。

（一）沙龙化教学

沙龙化教学包含前文所述的跨学科学术沙龙、沙龙式课堂，以及其他组织形式，它强调学术沙龙与教学过程自然地融合在一起，为课堂提供一个良好的氛围，为沙龙提供制度化保障。

学术沙龙通常都采取一种开放的姿态欢迎有兴趣的人士参加，这使得有着多种身份和背景的人们可以共聚在沙龙中，特别是对研究生们而言，可以扩大眼界，增长见识，领略不同风格的学者的风采，体会不同人的思维方式、研究思路和方法等，与不同学科背景和身份的人交流切磋，学习治学的态度和方法等，从而博采众家之长。再者，通过在沙龙讨论过程中的平等尊重、宽容接纳、群言相激、质疑问难等，无形中有助于提高沙龙参与者平等宽容的意识，以及思维能力、语言表达能力、问题意识、探究精神等，从而促进学生们多方面的发展。

沙龙化教学的组织形式，使得教学不再照本宣科，而是需要学生们真正地去理解，并且能够在沙龙中将知识融会贯通。通过沙龙的形式，在师生之间、同学之间的对话过程中，将知识的“点、线、面”结合起来，在有限的课堂中不断拓展知识，构筑自己的知识网，最终能够融会贯通、举一反三。这些收获是单纯的课堂教学远不能比拟的。

（二）师徒式沙龙

师徒式沙龙是一种非常灵活的沙龙形式，它不受时空的限制，也不像跨学科学术沙龙或沙龙式课堂那般正规和严谨。只要有教师和学生在一起，或交流散步，或坐而论道，或喝茶聊天，都可以进行师徒式沙龙。平日闲暇里师生的相聚时刻，都可以自然开展一场别开生面的沙龙。它不拘泥于形式，而是更加轻松自在，就像是一场场聚会，随意畅谈。导师是整个沙龙的主持人、引导者，在沙龙中起着润滑剂的作用。

师徒式沙龙的教学内容更加多样化，不仅涉及学术问题，还包括很多生活的话题。比如，谈谈生活或工作中的大事小事，谈谈时事政治，分享时尚、家居、养生的话题等，同学们既可以从中汲取学术的营养，又可以通过教师的言传身教以及同学们之间的交流学习许多为人及生活的深刻道理。

第二节　融渗化：优化沙龙化教学过程

教学过程和方法是否融入沙龙化的特征，是沙龙化教学成功与否的重要一环。为此，沙龙化教学需要一些条件或保障，如注重过程，重视参与；强调问题意识和探究精神的培养等。

一、注重过程，重视参与

对于研究生教育来说，除了需要充分把握和利用好课堂时间，还应利用课堂之外的时间，促进沙龙与研究生的生活相渗透、相交融，使得沙龙化教学贯穿于研究生教育的全过程。

沙龙的重要特点之一就是它是一种人们聚在一起进行自由交流探讨的活动。在沙龙中，分享、交流、讨论带来的是精神的愉悦，不同观点的争鸣，有时甚至会针锋相对，但即使是这样，也是有益的。思想的火花往往在激烈的交流讨论中碰撞出来。沙龙的教育意蕴，不论是实现教育对话，还是实现协同效应，形成浓厚的学术氛围，培养创新人才，还是促进人的全面发展，都与沙龙中鼓励交流互动相关。因此，有效的沙龙化教学，一定是重视参与者的互动、交流和讨论的。

沙龙化教学注重过程，重视参与，强调每个沙龙参与者都有参与话题、进行讨论的机会和经历。沙龙本身就是自由交流探讨的所在，其交流探讨的话题没有特别的限制，大家可以海阔天空、畅所欲言。这不仅能够提升研究生对其所研究的问题的重视程度和认真程度，还能够锻炼研究生的勇气和自信、口语表达能力、逻辑思维能力、应变能力以及为人处事能力等，而且可以在交流中、在听取其他同学和老师的批评建议中，进一步完善研究的内容。

另外，沙龙融入研究生教育过程意味着话题多为学术相关的内容，但道德教化的内容也可以以适宜的方式融入其中。好的教育是融德性教育于知识之中，潜移默化，润物无声。

二、强调问题意识和探究精神的培养

探究精神是强烈的认知内驱力在起作用，正如布鲁贝克所说，高等教育的认识论哲学就是“闲逸的好奇”，探究精神在本质上，便是这“闲逸的好奇”精神。这种“闲逸的好奇”精神可以促使人们为追寻真理而不断进行探求，是一种“打破砂锅问到底”的决心，也是一种“不唯上，不唯书，只唯实”的信念，它蕴含着巨大的力量，推进着人类社会和人类文明不断向前发展。

在沙龙化教学中，以问题为中心，进行探究和发现，无疑是培养研究能力的有效方法。研究生所研究的问题，不能完全依赖教师提供，而是要善于自己发现问题、提出问题、解决问题。解决问题的前提要先发现问题，如果研究生不具备发现问题的能力，自然也就谈不上解决问题。研究生的沙龙化教学，注重以问题为中心，有助于培养研究生分析和解决问题的能力，促进研究生探究意识的生成、探究能力的提高、学术研究能力的发展。

探究精神的培养在研究生教育中也十分重要。学术沙龙的重要目的在于培养研究生的探究能力和探究精神。伯顿·克拉克认为：“高等学校的一个独特特征是，它把科学和学问设想为处理无穷无尽的任务——它们从事一个不停的探究过程。”[①] 研究生阶段教学与科研是相

① ［美］伯顿·克拉克．研究生教育的科学研究基础［M］．王承绪，译．杭州：浙江教育出版社，2001：19.

结合的。没有融入科学研究的研究生教学，不是真正的研究生教学。研究生教学要以研究来促进、来带动，通过在教学中提出具有研究性、探索性的前沿课题、创新性课题，激励研究生来思考、来质疑，来形成分析问题和解决问题的方法，从而培养研究生严谨的治学态度，发现问题、分析问题、解决问题的能力等。

第三节　人文化：营造和谐的沙龙文化

沙龙的氛围一般令人感觉自由和安全，人们只有在这种氛围中才更愿意真诚地表达自己，对话交流才能够更加顺利地展开。为此，需要营造和谐的沙龙文化，也即营造良好的人际氛围和学术氛围。

一、营造良好的师生关系和人际氛围

一定程度上说，良好的师生关系，既是沙龙化教育得以坚持的前提，也是沙龙化教育的结果。良好的师生关系有助于实施沙龙化教育，沙龙化教育有助于形成良好的师生关系。因为沙龙的开展需要师生之间真诚的交往互动，师生之间平等对话、切磋讨论、交流借鉴，进而才能实现沙龙的教育意蕴，才能够使沙龙得以持续，且不流于形式。

和谐带来心理安全感。和谐的师生关系有助于师生之间，尤其是研究生们获得心理上的安全感及自由感。在这一前提下，师生之间才能够畅所欲言，才能够进行深度对话，才能使得师生之间能够互相理解和体谅，互相学习，教学相长。所以，和谐的师生关系有利于沙龙的顺利实施。师生之间偶尔的互动不足以形成稳固的沙龙化师生关系，只有在教育过程中以及生活过程中长期坚持不懈，才能够使得师生间这种平等、自由、关爱、尊重、宽容的关系得以内化，形成一种习惯和自然，成为二者之间交往的常态。

在沙龙化的师生关系中，教师同学生之间不仅仅是师生的关系，更像是朋友关系，彼此尊重、互相宽容、接纳并关怀对方。

沙龙化师生关系并非一朝一夕可以形成，它是师生长期的共同努力、相互激发的结果。

（一）对教师的要求

（1）热爱教育，追求学术。教师要对教育有热爱、对学术有追求，只有这样，才能够不断地探索和追求真理，并认同沙龙这种教育方式。爱因斯坦就是一个对于物理学有着无限追求和热爱的人，他说："一个人要是单凭自己来进行思考，而得不到别人的思想和经验的激发，那末即使在最好的情况下，他所想的也不会有什么价值，一定是单调无味的。"①

（2）以平易心关爱学生。教师要树立平等看待学生的意识，将学生视为发展中的人，具有独立意识的个体，具有主体性的人，充分尊重学生并且宽容接纳学生的不足和不同意见。在教学过程中教师也需要心态平和，以开放包容的胸怀来与学生们相处。

（3）耐心。教师要有耐心，在与学生进行讨论时，即使学生有明显不足，也应该以充分的耐心与学生进行探讨，循循善诱、因材施教，使学生获得进步。

（4）虚心。教师也需要本着虚心的态度，接受学生的建议，在与学生交往的过程中能够正视自己的不足并加以改进，在教学过程中能够积极主动发现学生的闪光点，教学相长，不断提高自身的教学水平。

（二）对学生的要求

（1）主体意识。学生应转变传统教育观念，不再一味盲从教师，而是意识到自己是独立的、具有主体性的人。

（2）自信心。学生需要意识到真理是不断发展的，要敢于与老师交流互动，勇于向老师质疑问难，善于与老师讨论切磋等。

平等和谐的师生关系还包括师生之间的相互交流，这是一种教师的教育情怀与学生的教育追求之间的共激。就像怀特海所表述的，大

---

① ［美］爱因斯坦．爱因斯坦文集（第三卷）［M］．许良英，赵中立，张宜三，编译．北京：商务印书馆，1979：303.

学之所以存在，不仅因为其传授给学生知识，也不仅因为其给教师提供研究机会，而是其在“富于想象”地探讨学问中把年轻人和老一辈人联合起来，由积极的想象所产生的激动气氛转化为知识，在这种气氛中，一件事实就不再是一件事实，而被赋予了不可言状的潜力。[①]

二、营造浓郁的学术氛围

教育就是教化，氛围对人有着感染力。人们在氛围的影响下会不自觉地做出与氛围相契合的行为，形成与氛围相契合的思想观念，这是一种潜移默化的影响。浓厚的学术氛围，使人们沐浴其中，产生对学术的向往和追求。“教育是人的灵魂的教育，是互为主体的师生之间的身、心、灵交流的活动。办大学要办出一种浓郁的学术氛围，而这种氛围的形成，是由一个个具体的教师和他的学生们为着学术而共同努力造就的。”[②]

学术沙龙无疑是一种文化生活方式。大学的文化生活方式，源于大学文化育人的需要，体现出人对文化的追求。它既是大学发展的内在逻辑，也是大学充满生机活力的表现。每一所大学，无不在培育一种文化生活。正如金耀基先生所说：“文化生活常决定大学的风格，常影响学生的气质品性……是指一种有文学气质、有文生情调、有生命意义的生活方式。”[③]

浓郁和谐的育人氛围，可以让学生具备充分的心理自由及心理安全感，同时产生出积极的情感，正如美国著名心理学家罗杰斯所说，有利于创造活动的一般条件是心理自由和心理安全，因为只有在心理自由和心理安全的情况下，人与人之间的交往和交流才是真实的，才能够真正地表达自己。这样一种积极的情感，又能激起学生对学习、

① 肖海涛．大学的理念［M］．武汉：华中科技大学出版社，2001：153.

② 肖海涛．试论师生学术共同体的构建——以潘懋元先生的家庭学术沙龙为例［J］．江苏高教，2007（5）：22.

③ 金耀基．大学之理念［M］．2版．北京：生活·读书·新知三联书店，2008：16-17.

生活生出浓厚的兴趣及探究的欲望，促使他们敢于表达自己的观点、看法，在这种氛围的影响下，学生们更加容易为学术而互相交流、切磋、探讨，在这个过程中激发出创新思想，碰撞出奇异的智慧火花，锻炼并培养出一个个具有强烈的问题意识和探究精神的人。

民主自由的风气就在这浓厚的学术氛围中形成，并且反过来使学术氛围愈加浓郁，正是在这样的交互影响之中，拥有浓郁学术氛围以及民主自由风气的集体日益繁盛起来，身在其中的人能够获得源源不断的动力和进步。拥有浓郁学术氛围的集体，在开展沙龙时气氛更热烈，人们在其中能够充分地交流探讨、互相激发，能够真正地互相分享、启迪智慧。大家在浓郁的学术氛围下，共同在沙龙中为着真理而不断进行探求，为着学术而不断努力，使得沙龙的教育意蕴在无形中得以实现。

民主、宽松、和谐的育人氛围不是一朝一夕能够形成的，它需要所有成员的共同努力和长期坚持，还需要每个人都有着民主平等的意识以及对民主、宽松、和谐氛围的向往。

民主、宽松、和谐的育人氛围所营造出来的，是一个弥漫着浓厚的学术氛围的、书香气十足的精神家园。置身其中的每个人，自受到熏陶感染，潜移默化，即使从“家园”中走出去，走向社会，那种饱经熏陶的气质也无法抹去，这是一个受过良好教育的人所具有的气质。

如此，学术沙龙之益，善在其中，道在其中也。

参考文献

［1］涂又光．中国高等教育史论［M］．武汉：湖北教育出版社，2003.

［2］潘懋元．多学科观点的高等教育研究［M］．上海：上海教育出版社，2001.

［3］杨叔子口述，肖海涛整理．育人而非制器——杨叔子口述史［M］．武汉：华中科技大学出版社，2020.

［4］［美］乔治·萨顿．科学史和新人文主义［M］．陈恒六，刘兵，仲维光，译．北京：华夏出版社，1989.

［5］程颐．伊川易传［M］．上海：上海古籍出版社，1989.

［6］杜时忠．人文教育论［M］．南京：江苏教育出版社，1999.

［7］王晓明．人文精神寻思录［M］．上海：文汇出版社，1996.

［8］阎光才．识读大学——组织文化的视角［M］．北京：教育科学出版社，2002.

［9］［德］加达默尔．真理与方法［M］．洪汉鼎，译．上海：上海译文出版社．1999.

［10］夏中义．大学人文教育文存［M］．桂林：广西师范大学出版社，2008.

［11］张汝伦．蔡元培文选［M］．上海：上海远东出版社，2012.

［12］张斌贤，褚洪启等．西方教育思想史［M］．成都：四川教育出版社，1994.

［13］吴自甦．人文思想与人文教育［M］．台北：水牛出版社，1986.

［14］肖川．教育的理念与信念［M］．长沙：岳麓书社，2002.

［15］谭伟平．大学人文教育与人文课程［M］．长沙：湖南人民出版社，2005.

［16］张法琨．古希腊教育论著选［M］．北京：人民教育出版社，1994.

［17］［美］马斯洛等．人的潜能和价值［M］．北京：华夏出版社，1987.

［18］［美］S. E. 佛罗斯特．西方教育的历史和哲学基础［M］．吴元训，张俊洪，宋富钢，等译．北京：华夏出版社，1987.

［19］［古希腊］亚里士多德．尼各马可伦理学［M］．廖申白，译注．北京：商务印书馆，2003.

［20］［德］马克思，［德］恩格斯，马克思恩格斯全集（第 46 卷上）［M］．中共中央马克思恩格斯列宁斯大林著作编译局，译．北京：人民出版社，1979.

［21］顾钰民．健全现代市场体系［M］．重庆：重庆出版社，2009.

［22］［德］雅斯贝尔斯．什么是教育［M］．邹进，译．北京：生活・读书・新知三联书店，1991.

［23］陈国球．文学史书写形态与文化政治［M］．北京：北京大学出版社．2004.

［24］［捷克］夸美纽斯．大教学论［M］．傅任敢，译．北京：人民教育出版社，1984.

［25］余自强．生物课程论［M］．北京：教育科学出版社，2006.

［26］［加］马克斯・范梅南．教学机智——教育智慧的意蕴［M］．李树英，译．北京：教育科学出版社，2001.

［27］冯增俊．现代研究生教育研究［M］．广东：广东高等教育出版社，1993.

［28］联合国教科文组织国际教育发展委员会．学会生存——教育世界的今天和明天［M］．北京：教育科学出版社．1996.

［29］刘鸿．我国研究生培养模式研究［M］．青岛：中国海洋大学出版社，2007.

［30］金耀基．从传统到现代［M］．广州：广州文化出版社，1989.

［31］靳玉乐．潜在课程论［M］．南昌：江西教育出版社，1996.

[32] [英] 阿什比．科技发达时代的大学教育 [M]. 滕大春，滕大生，译．北京：人民教育出版社，1983.

[33] 刘永．牛津人的辉煌 [M]. 延吉：延边大学出版社，2001.

[34] 潘懋元，王伟廉．高等教育学 [M]. 福州：福建教育出版社，2007.

[35] 尤西林．人文精神与现代性 [M]. 西安：陕西人民出版社，2006.

[36] 刘献君．专业教学中的人文教育 [M]. 武汉：华中科技大学出版社，2003.

[37] 陈桂生．师道实话 [M]. 上海：华东师范大学出版社，2004.

[38] 陈平原．老北大的故事 [M]. 南京：江苏文艺出版社，1998.

[39] 邹进．现代德国文化教育学 [M]. 太原：山西教育出版社，1992.

[40] 张金福．大学人文教育与科学教育结合研究 [M]. 杭州：浙江大学出版社，2006.

[41] 吴小英．大学人文素质教育新论 [M]. 杭州：浙江大学出版社，2012.

[42] 刘铁芳．新教育的精神——重温逝去的思想传统 [M]. 上海：华东师范大学出版社，2007.

[43] 肖海涛．大学的理念 [M]. 武汉：华中科技大学出版社，2001.

[44] 杨德广．高等教育学概论 [M]. 上海：华东师范大学出版社，2002.

[45] 杨小微．现代教学论 [M]. 太原：山西教育出版社，2010.

[46] 王策三．教学论稿 [M]. 北京：人民教育出版社，1985.

[47] 教育大辞典编纂委员会．教育大辞典（第 1 卷）[M]. 上海：上海教育出版社，1990.

[48] 李秉德．教学论 [M]. 北京：人民教育出版社，1991.

[49] 王力．王力古汉语字典 [M]. 北京：中华书局，2000.

[50] 中国社会科学院语言研究所词典编辑室. 现代汉语词典（修订本）[M]. 北京：商务印书馆，2001.

[51] 靳玉乐. 探究教育论 [M]. 重庆：西南师范大学出版社，2001.

[52] [美] 美国国家研究理事会科学、数学及技术教育中心，《国家科学教育标准》科学探究附属读物编委会. 科学探究与国家科学教育标准——教与学的指南 [M]. 罗星凯，张琴美，吴娴，等译. 北京：科学普及出版社，2004.

[53] 靳玉乐. 探究学习 [M]. 成都：四川教育出版社，2005.

[54] 钟启泉. 现代教学论发展 [M]. 北京：教育科学出版社，1988.

[55] 陈琦，刘儒德. 当代教育心理学 [M]. 北京：北京师范大学出版社，1997.

[56] 麻晓春等. 探究教学的思考与实践 [M]. 杭州：浙江科学技术出版社，2003.

[57] 张斌贤. 外国教育思想史 [M]. 北京：高等教育出版社，2007.

[58] 林玉体. 西方教育思想史 [M]. 北京：九州出版社，2006.

[59] 贺国庆，王保星，朱文富，等. 外国高等教育史 [M]. 北京：人民教育出版社，2003.

[60] [德] 弗·鲍尔生. 德国教育史 [M]. 滕大春，滕大生，译. 北京：人民教育出版社，1986.

[61] 陈洪捷. 德国古典大学观及其对中国大学的影响 [M]. 北京：北京大学出版社，2002.

[62] [美] 国家研究理事会. 美国国家科学教育标准 [M]. 戢守志，金庆和，梁静敏，等译. 北京：科学技术文献出版社，1999.

[63] 朱汉民. 书院精神与儒家教育 [M]. 上海：华东师范大学出版社，2013.

[64] 薛天祥. 研究生教育学 [M]. 桂林：广西师范大学出版社，2001.

［65］许克毅，叶城．当代研究生透视［M］．西安：陕西人民出版社，2002.

［66］廖湘阳．研究生教育发展战略研究［M］．北京：清华大学出版社，2006.

［67］萧超然，沙健孙，周承恩，等．北京大学校史（1898—1949年）［M］．上海：上海教育出版社，1981.

［68］高平叔．蔡元培教育文选［M］．北京：人民教育出版社，1980.

［69］清华大学校史编写组．清华大学校史稿［M］．北京：中华书局，1981.

［70］施晓光．美国大学思想论纲［M］．北京：北京师范大学出版社，2001.

［71］许建领．大学参与性教学——理论探讨与系统构建［M］．青岛：中国海洋大学出版社，2006.

［72］沈曦，解飞厚．大学教学的多维透视［M］．北京：中国社会科学出版社，2012.

［73］［美］马斯洛．存在心理学探索［M］．李文湉，译．昆明：云南人民出版社，1987.

［74］［美］约翰·杜威．我们怎样思维·经验与教育［M］．姜文闵，译．北京：人民教育出版社，1991.

［75］［美］布鲁贝克．高等教育哲学［M］．王承绪，郑继伟，张维平，等译．杭州：浙江教育出版社，1987.

［76］［美］伯顿·克拉克．研究生教育的科学研究基础［M］．王承绪，译．杭州：浙江教育出版社，2001.

［77］［美］伯顿·克拉克．探究的场所——现代大学的科研和研究生教育［M］．王承绪，译．杭州：浙江教育出版社，2001.

［78］杨布生，彭定国．中国书院与传统文化［M］．长沙：湖南教育出版社，1992.

［79］苏振兴．古典时代希腊教育思想研究［M］．天津：天津人民出版社，2011.

[80] 张祥云．大学教育：回归人文之蕴［M］．广州：中山大学出版社，2004.

[81] 许国志，陈太一．院士谈教育［M］．福州：福建教育出版社，2002.

[82] 曲士培．中国大学教育发展史［M］．北京：北京大学出版社，2006.

[83] 黄济，王策三．现代教育论［M］．北京：人民教育出版社，2012.

[84]［美］尼尔·布朗，［美］斯图尔特·基利．学会提问［M］．吴礼敬，译．北京：机械工业出版社，2013.

[85]［美］文森特·赖安·拉吉罗．思考的艺术［M］．金盛华，李红霞，邹红，译．北京：机械工业出版社，2013.

[86]［德］瓦·托尔尼乌斯．沙龙的兴衰——500年欧洲社会风情追忆［M］．何兆武，译．北京：世界知识出版社，2003.

[87]［美］艾米丽亚·基尔·梅森．法国沙龙女人［M］．郭小言，译．北京：中国社会科学出版社，2003.

[88]［德］哈贝马斯．公共领域的结构转型［M］．曹卫东，王晓珏，刘北城，等译．上海：学林出版社，1999.

[89]［美］费正清．费正清对华回忆录［M］．陆惠勤，陈祖怀，陈维益，等译．上海：知识出版社，1991.

[90] 吴咏慧．哈佛琐记［M］．北京：生活·读书·新知三联书店，1997.

[91] 李均．大学的良心［M］．北京：中国文联出版社，2017.

以仁成人

一、人生有梦

人生有梦，教育有情。

每个人的内心深处都有一个梦，每个人的内心深处都隐藏着一个神秘的精神之源，滋养他一步一个台阶，不断成长。

寻梦？撑一支长篙，
向青草更深处漫溯；
满载一船星辉，
在星辉斑斓里放歌。

这是诗人徐志摩《再别康桥》中的几句诗，很多人都会“信口拈来”诗的开头几句：“轻轻的我走了，正如我轻轻的来。”我却喜欢其中的这几句，它在表达诗人对康桥的眷恋之中，有对梦想的追寻。我想，它也许可以用来表达年轻人对梦想的追求。

寻梦、追梦，是有志向、有梦想；追梦，要努力，要借力，也就是要借助外物、借助资源。如诗中所说的，要“撑一支长篙”，一要借助“一支长篙”，二更要“撑”，要努力。追梦，要目标坚定，不忘初心，努力向着前进方向而去，如诗中所说的“向青草更深处漫溯”。而“满载一船星辉，在星辉斑斓里放歌”，则是追梦的豪情和放达。

学问学问，需要虔诚地、不停地探究，不停地“扣问”学问。就个人而言，求学之路也就是“问学”之路。我于20世纪90年代初读研究生。那时的我，青春热情，单纯美好，生活充实，憧憬未来。现在回想起来，当时的我，对研究生生活和学术之路的真谛不甚了了，但却启蒙了我矢志向学的梦想。我的问学之路，一路走来，从硕士研究生，到博士研究生，到博士后，个中多少的梦想与追求、付出与收获、辛苦与快乐，非亲历不足以言喻也。

20世纪80年代后期，我刚大学毕业，在湖北黄冈一个县城重点中学工作，当英语教师，比我当时正在教的高中学生大不了几岁，我自己的高中生涯也是在那儿度过的。我们唱着当年流行的《青春圆舞曲》《幸福在哪里》《我的未来不是梦》，真诚相信，幸福要靠自己劳动的汗水去创造。当时生活清贫而平淡，我却单纯而热情，相信生活不应只有柴米油盐酱醋茶，还应有日月星辰、琴棋书画，所以身在小县城，胸怀全世界，想要探寻诗意的远方，追寻人生的梦。

很自然地，我想到了考研。身边有榜样，那些年，我所在的学校时有同事考取研究生，我很受鼓舞，认为自己也能行。再往前几年，我在读高中时，教我们的英语老师便考取研究生走了，让做学生的我们好生佩服。读高中时英语教师胸怀大志的言语和总在看书的形象，无形中影响着少年的我们一心向学、壮志凌云，“少年心事当拏云”。我的同桌说，她将来想当女科学家，我说我想当大学老师，这么说的时候，头脑里憧憬着大学老师的美好形象。

当时英语老师的一句话让我受益终生。一次下晚自习，我和同桌去英语老师那儿交英语作业，我们问老师将来做什么好。老师没有讲大道理，只是很平常地说：人生都是一个阶段一个阶段的，走好每一个阶段，上了一个台阶，你就知道下一阶段你要什么、你要做什么。现在想来，这不就是脚踏实地、一步一个脚印的通俗解读吗？老师不知道的是，他的这句话后来曾多少次鼓舞了我，于迷途中找到了奋进的力量。

当年我们年轻教师住在前后两排相近的旧平房里，几个想考研究生的人时常早起晚睡，认真复习备考，看理论书籍、背政治……当时晚上最晚熄灯、早上最早亮灯的多是我们这些想考研究生的人。因为怕感冒，我们还备上了感冒药，万一感冒了，第一时间就吃药，不能让区区感冒耽误了时间。

记得有一次周末晚饭后，周围的同事们热闹地大声吆喝着，相约去学校附近的县大礼堂看电影或跳交谊舞（当年县城娱乐项目不多，时兴跳交谊舞，平日没事时我也会去跳跳交谊舞）。因为要考研，我便留在家复习。一阵热闹过后，周围立即安静下来、静谧下来，我享受着灯下温馨的宁静。虽然所谓的家，也不过是放着一床一箱、一桌一书架的一间旧房子。有书为伴，何陋之有？

上天垂青有准备之人，碰巧的是，研究生入学考试题中考到了我那晚复习的政治方面内容；而专业课中，有一道大题是论述教学上的一种教学流派理论——“情景教学理论”的，让我好生得意。因为这正好是我平日非常喜欢的、试图运用到教学中的理论，当时年轻热情，见到什么有意思的东西就会自觉地去尝试，那时也并没有现在各种各样的“教改”，我只是凭着热情和勇气“实验”着、“教改”着（用30年后师生欢乐相聚时学生们的话说，“带来了新鲜的空气、新鲜的朝气”，学生中现在不乏专家学者）。

还记得研究生报考那天，我坐着长途汽车，去当时的黄冈地区教委（教育局）所在地、苏东坡写下气魄宏大的《赤壁赋》的古城黄州时的情形。破旧的长途汽车在凹凸不平的水泥路上一路颠簸，车窗开着，窗外是绵延的原野和遥远的群山，车行驶带起的风吹乱了我的头发，凭窗临风，心里憧憬着未来，更增添了一份雄赳赳、气昂昂的意气风发。

正如电影《高考1977》一样，我的考研经历充满了故事，一波三折，阻力重重，几乎可称置之于死地而后生。那过了录取线等待录取的奔波，比复习考研更为辛苦，算是体会到了“幸福来敲门”之前的好事多磨……最后不得不由堂堂县委一把手、县委书记亲自出面帮忙，才算得到单位放行。故事里的曲折就不多讲了，但是县委书记充满大情怀、大智慧、改变了我命运、让我永生难忘的一句话必须讲：“爱护人才，为国家培养人才！”还有，我的硕士导师廖哲勋先生认为我“孺子可教”，决定收为门下，并在初次见面时就让师母下了一碗肉丝面当中餐[①]的知遇之恩，同样是没齿难忘！

---

① 后来在读研时我偶然看到报纸上的报道，说华中师范大学的老师，由于忙，中餐多为在家煮个面条。似乎我很有“老师缘”，我后来读博士时，正式进我的博士导师文辅相先生的门下之前也已经在老师家吃过饭。进得门下之后，不知在文老师家吃了多少次饭。还有在涂又光老师家、潘懋元先生家、杨叔子院士家也不知吃了多少顿饭。学生在老师家吃饭，物质食粮与精神食粮同享，总是有一种幸福感。所以，现在我也常请学生到家里吃饭，算是爱心传递。

生活中不是常常会如此吗？一句话影响人的一生，一个观念启发一个时代，一种思想改写一部历史。“爱护人才，为国家培养人才！”不要为年轻人的成长设置关卡，要为年轻人的成长“开绿灯”。现在回想起来，有时磨难是一笔财富，我的考研故事，已然成为我人生路上精彩的亮点、珍贵的财富。

我后来一路读硕士、读博士、做博士后、在大学里教书育人带研究生，做了自己想做的事，算是如愿以偿，也算是人生之幸。大学是天堂，知识之河在里面流淌。“如果有来生，我还愿意做老师！”这是我的老师、著名教育家潘懋元先生说的，我极喜欢这句话，实际上也表达了我的心声，每年教师节常用来自勉。

二、精神享受

记得20世纪90年代末我刚博士毕业南下深圳时，有人问我：“读博士很苦吧?”因为当年博士不多，女博士更少，我所在的学校女博士似乎还是个位数。我听后一愣，脱口而出：“没想过这个问题!”实心眼的我，说了这句实心眼的大实话，我真没想过这个问题，因为我从没觉得读书是苦的，恰恰相反，我认为读书是快乐的。

后来读到杨绛先生在《一百岁感言》中的这句话，心有戚戚焉，还是杨绛先生了不起，她讲得透彻，她讲：

> **一切快乐的享受都属于精神，这种快乐把忍受变为享受，是精神对于物质的胜利，这便是人生哲学。**

读书生涯，物质生活虽是清苦些，但能在无限的精神世界里遨游也是一种快乐，是更大的快乐。

人生在世，你就是你的时间。每个人的生命都只有一次，每个人都是自己的时间，自己不在了，自己的时间便不在了；自己的时间不在了，自己便不在了。

人生在世，你就是你的修行。你不知道哪一餐饭把你养大，但四时行焉，万物育焉，天地之精华，日月之灵气，都是你生命的源头活水。

人生在世，你就是你的主人。你是独一无二的，前无古人，后无来者，念天地之悠悠，独欣然而喜泣，没有人能够代替你，你得好好善待自己，得好好探究人、社会、自然、宇宙。安身立命，健康长寿，成就自己，为他人奉献，不枉人世走一遭，是每个生命的意义。

读书作为一种生活方式，让人怡然自得，恬淡超然。我虽物质上清贫，却也精神上逍遥。面对深圳林立的高楼大厦，我却想起陶渊明的诗：

结庐在人境，而无车马喧。
问君何能尔？心远地自偏。
采菊东篱下，悠然见南山。
山气日夕佳，飞鸟相与还。
此中有真意，欲辨已忘言。

我还会想起孔子的弟子颜回的快乐：

一箪食，一瓢饮，在陋巷，人不堪其忧，回也不改其乐。

我深知自己先天不足，底蕴不厚，于是谨遵恩师涂又光先生（哲学家冯友兰先生的高足）的教诲，在读博期间做了些补课工作，包括用楷书繁体抄写《论语》、读《道德经》等。这对于曾学习外语专业的我，并非易事，但恩师说过：先天不足，后天要补，所缺下的功课需要补，否则在强劲的多元文化冲突中，会有一种无力之感、无根之感，还当什么“中国人”“中国学者”！因而，在森林般的华中科技大学（当时称“华中理工大学”，而“森林般大学”的美誉，得于我的另一位恩师朱九思先生）校园里，每周五晚上，我静坐灯下，如小学生般一笔一画，认真抄写经典。每有所得，便欣欣然，得意忘形，于经典和静谧的力量中，体会与古人的对话、与智者的对话，亦如印度大文豪泰戈尔在《吉檀迦利》（冰心译）中所说：

……这正是应该静坐的时光，和你相对，在这静寂和无边的闲暇里唱出生命的献歌。

与此同时，我也喜欢印度文化中“静修林”这一文化生活方式。我极喜爱“静修林”的感觉，那种于大自然中、于茂林修竹中静思静修而产生的智慧给人以力量，给人以无与伦比的享受。大学同宇宙，(英文中，“大学”为university，与“宇宙”universal为同源词)，我且执着于对大学的理想和理想的大学的追寻之中。森林般的校园环境，浓郁学术氛围的好校风，正是读书的好地方、静修的好去处，“无欲无求而静，有思有想而定”。

如果说兴趣是好的老师，那志向便是好的导向，指引人生的航向。人要有兴趣，更要有志向。所以，“三军可夺帅也，匹夫不可夺志也”，“三军之帅”当然重要，但比较起来，“匹夫之志”更为重要，哪怕只是一介匹夫。所以，孔子讲：“志于道，据于德，依于仁，游于艺。”学会做人，道、德、仁、艺（“艺”古时指礼、乐、射、御、书、数，今天强调专业）都很重要，但首先是“志”，“志于道”，志存高远。

在五光十色、丰富多彩的生活之中，我且单纯地快乐地志于问学。问学之路，道阻且长，有时却如探寻陶渊明的桃花源，两岸缤纷，风光无限，溯源而上，别有洞天，虚静美好。生命的终极幸福或许难以寻觅，但小小而确定的幸福感——“小确幸”——却可以时时遇见、处处遇见，那种知识带来的单纯的快乐和享受，也不是物质生活所能比拟的。

我曾在教学中对大学生讲孔子一生的自叙年谱：

> 吾十有五而志于学，三十而立，四十而不惑，五十而知天命，六十而耳顺，七十而从心所欲，不逾矩。

课后阅读学生的“反刍”作业，不禁哑然失笑，并留下深刻印象。学生太可爱了，有学生写道：

“为什么要等到三十岁才能立，四十岁才能不惑，五十岁才能知天命？我希望，不到三十岁就立，不到四十岁就不惑，不到五十岁就知天命！”

青春年少，风华正茂，正是做梦的年龄，渴望早日成就，早日自立，这种想法很可理解，不少人在年轻时多少都有过类似的想法。但在现实生活中果真能如愿吗？也许，少数幸运儿可以，例如：有些科技奇才会在三十岁以前创造基业，影响世界；有些商界精英会在三十岁以前快速积累资产，名利双收；有些富二代不用打拼也拥有相当财富，富可敌国；早年成名的张爱玲更说过，出名要趁早。但这些“幸运儿”是不是就能真正称得上是“三十而立”“四十不惑”呢？我未加深究，不敢妄下断言。

我想，人生的路从来就不是一帆风顺、笔直向前的，正如：大河奔流，河道从来就是弯弯曲曲的；大路朝天，看上去再直的路，根本就不是笔直的。没有丰富的人生“阅”与“历”，没有遍尝人生的酸甜苦辣，从何奢谈“立”“不惑”“知天命”……？就我自己而言，我可是而立之年未立，不惑之年有惑，知天命之年不知天命，我需要终身学习、终身修炼。

三、共同成长

多年的教学和带研究生的经历中，我体会着孟子所说的“得天下英才而育之”的师者之乐，享受与学生一起共同成长的付出与收获、辛苦与快乐。

记得导师潘懋元先生每年给新入学的研究生的第一堂课总要讲到韩愈《师说》：

> 弟子不必不如师，师不必贤于弟子，闻道有先后，术业有专攻，如是而已。

每年新研究生入学，我给学生的第一堂课总喜欢说的是“师生共同成长”，“研究研究，在研究中学习，在学习中研究”，“研者，将石头打开也；究者，在洞穴里待很久也”，还喜欢分享自己的座右铭。

多年的教学生涯和研究生教育实践，让我体悟到唐代大文豪韩愈所说的“师者，所以传道、授业、解惑也”，我深刻地体会到，教学相长，师生互动。但是作为导师，必须引导学生志于成人，以仁成人，为学生“导航”，引学生能够自主探究，自由远航。师生关系不是一桶水与一杯水的关系，而是学生如春天的小河，奔向浩瀚的大海，“海阔凭鱼跃，天高任鸟飞”。教师给学生的指引，如引导学生在春天的原野上放风筝，自由奔跑，无拘无束，那风筝看似飘飘荡荡，悠游自在，实则一线牵引。那握住风筝线的是老师，张弛有度，收放自如，或者说，教师是放风筝的人，那一线牵引的是“道”，是以仁成人的“道”。

我相信，“教者先教其心”，教师对学生包容爱护，言传身教，带给学生心灵的影响是持续终生的；“教育即教化”，教育如春风化雨，如一棵树摇动另一棵树，一朵云推动另一朵云，一个灵魂唤醒另一个灵魂；“教化如鱼游之乐”，如清华历史上有名的校长梅贻琦先生所言：“学校犹水也，师生犹鱼也，其行动犹游泳也，大鱼前导，小鱼尾随，是从游也，从游既久，其濡染观摩之效，自不求而至，不为而成。”

我也收获着亲密师生关系带来的快乐：

闻
涛声
荔园村
委婉动人
引醉其芳馨
灵思妙韵优盛
博文约礼乐耕耘
教鞭云指含尽柔情
云梯造极桃李竞相登
高山流水仁爱绿满乾坤
盛情厚德宛若一家亲
芗婴又添天真春风
驱散万斛哀愁纹
感相敬之恩盛
念悠悠我心
情不自禁
谢知音
道恩
深

从学生身上收到类似曾静同学这首俏皮的宝塔诗的感言，让我感到满满的幸福。

近些年来，我将研究的视角聚焦于研究生教育，陆续指导研究生们做有关研究生教育的硕士论文。这本书是在我所指导的三位研究生硕士论文的基础上修改而成的。硕士论文最初的完成者是："寓道于业：研究生人文教育"由曾静完成；"探究创新：研究生探究性教学"由何悦完成；"沙龙课程化：学术沙龙在研究生教育中的运用"由张盼完成。她们的硕士论文都完成得不错，现在都毕业了，工作也都干得很出色，作为导师，我很感欣慰。她们在论文写作过程中，付出了感情，付出了辛勤的劳动。

在这期间，我也幸运地从广东省成功拿到两项研究生教育相关的研究项目。

（1）广东省哲学社会科学规划项目："补课与升华：研究生人文教育的理论研究与实践探索"；

（2）广东省研究生教育创新计划项目："研究生探究性教学的理论与实践研究"。

因而，这本书也是这两个研究项目的研究成果。

可以说，这本书不是急就章，不是应景之作，是多年认真研究的结果，前后加起来写了六七年，也凝聚了我们师生沙龙、头脑风暴的智慧。这些年，我一直有个心愿，希望能够将其成书出版。在前期花了心血认真指导的基础上，我最后又从体系到结构、从观点到内容、从文字到标点等，做了充分的、反复的修改，进行系统整理，同时撰写了前言和后记。

常言道："书山有路勤为径，学海无涯苦作舟"。这当然言之成理，书山有路，学海无涯，天道酬勤，一分耕耘，一分收获。但还可稍稍修改，读书也不是苦的，我自己常常一边享受音乐一边读书，天籁般的音乐，如风入松、诗入画，可让问学之路充满诗情画意，可弥世间一切忧愁困苦，"好好学习，天天向上"，不亦乐乎？如对我有知遇之恩的校长杨叔子院士所言："不好好学习，哪能天天向上？只有好好学习，才能天天向上!”勤于读书，以学为乐，我便将此说略做修改，反其意而用之，做成我的座右铭，与君共勉：

书山有路勤为径

学海无涯乐作舟

肖海涛

2019 年国庆于深圳半塘斋

修改于 2021 年五一期间